交通天下

——从蜀道难到蜀道畅

王小玉 朱俐 王卫国 著

西南交通大学出版社
·成都·

图书在版编目（CIP）数据

交通天下：从蜀道难到蜀道畅 / 王小玉，朱俐，王卫国著. -- 成都：西南交通大学出版社，2024.9.
ISBN 978-7-5774-0065-5

Ⅰ. K928.6-49
中国国家版本馆CIP数据核字第20242Z2E99号

Jiaotong Tianxia —— cong Shudao Nan dao Shudao Chang
交通天下——从蜀道难到蜀道畅

王小玉　朱　俐　王卫国 / 著

策划编辑 / 郭发仔
责任编辑 / 罗爱林
封面设计 / GT工作室

西南交通大学出版社出版发行
（四川省成都市金牛区二环路北一段111号西南交通大学创新大厦21楼　610031）
营销部电话：028-87600564　　028-87600533
网址：http://www.xnjdcbs.com
印刷：四川煤田地质制图印务有限责任公司

成品尺寸　185 mm×260 mm
印张　12.5　　字数　312千
版次　2024年9月第1版　　印次　2024年9月第1次

书号　ISBN 978-7-5774-0065-5
定价　68.00元

图书如有印装质量问题　本社负责退换
版权所有　盗版必究　举报电话：028-87600562

目 录

引言 ······ 001

上篇 蜀道难——古蜀道的传奇 ······ 003

北上蜀道改变中国历史 ······ 005
邈远的南方丝绸之路 ······ 016
东出蜀道与巴蜀情缘 ······ 023
最险蜀道向西去 ······ 028
自古文人皆入蜀 ······ 032
一出夔门便成龙 ······ 037
走蜀道·聚四川 ······ 042
"基建狂魔"传千年 ······ 047
成渝之争看蜀道 ······ 050
川渝文化与蜀道精神 ······ 055

中篇 蜀道通——新蜀道的伟力 ······ 059

新蜀道的起点 ······ 061
新中国第一路 ······ 066
中国第一条电气化铁路 ······ 081
人类征服自然的奇迹 ······ 090
普速铁路织成网 ······ 098
铁道兵魂留四川 ······ 107
公路巍巍出盆地 ······ 112
工业时代的川江航运 ······ 118
空中蜀道 ······ 126
铁路是主力 ······ 130

下篇

蜀道畅——新蜀道通天下 · 135

高铁重筑新蜀道 · 137
中欧班列的起步和领跑 · 146
西部陆海新通道与沿江班列 · 153
新天路的新高度 · 157
铁路蜀道的技术进步 · 160
铁路蜀道的毛细血管 · 166
高速公路的险和美 · 171
中国民航第四极 · 177
双核 双枢纽 双城经济圈 · 181
大一统 大交通 大蜀道 · 186

蜀道纪念地 · 189

参考文献 · 194

后 记 · 195

引言

一千多年前，长安酒肆，李白送友人入蜀，发出一声长啸："噫吁嚱，危乎高哉！蜀道之难，难于上青天！"

世人皆知蜀道难，不是因为走过蜀道，而是因为听过、读过、背过《蜀道难》。李白写它的缘由还有其他说法，这里不一一列举。名篇流传千年，使蜀道之险广为传播，大大提高了蜀道的知名度。可惜这不是美名，反而让四川盆地蒙上了一层阴影，使许多人望而却步。

李白说的蜀道，是指从长安进入四川盆地的道路，也叫"秦蜀古道"。关于蜀道，各种文献说法众多，主要有六种含义：

第一种最狭义，特指剑门蜀道，也叫金牛道、石牛道。

第二种也是狭义用法，指北上出川通往关中平原的古道，即秦蜀古道，包括剑门蜀道共七条，有时也会把通往甘肃的陇蜀古道算上。

第三种要广义一些，指古代进出四川盆地的所有道路，包括北上出川的秦蜀古道、陇蜀古道，还包括南下的南方丝绸之路、西向的茶马古道、东出的川江水道等。

第四种含义更广，既包括古代进出四川盆地的所有道路，还包括盆地内的道路。

第五种含义比前面几种再广一些，不限于古代，泛指古今进出四川盆地的所有交通线路，包括古蜀道和现代蜀道（铁路、公路、航空等），但不包括盆地内的道路。

第六种含义最广，泛指古今进出四川盆地的所有交通线路，以及盆地内的道路。

其中，第二种是狭义蜀道的典型用法，蜀道研究院、广元蜀道文化研究中心都采用这种用法；第五种含义是广义蜀道的典型用法，是本书的用法。另外，还有一些用法的含义不清，如分不清四川省和四川盆地的区别，这里不再赘述。

四川盆地古称蜀地，包含今四川省的中东部和重庆市的中西部。在盆地内，川西平原、川中丘陵、川东平行岭谷的交通尚好，与我国东部、中部地区的交通状况并没有多大区别，唯有进出盆地的道路独特而艰难，东南西北四个方向都是险途。

由于盆地内的道路并不难，本书说的蜀道主要指第五种，即进出盆地的所有古今通道，对盆地内具有特殊意义的个别道路也有涉及（见表0-1）。

表 0-1　进出四川盆地的所有通道

蜀道：进出四川盆地的所有通道	古蜀道：农业文明的蜀道	秦蜀古道	蜀地通往陕西的古道：金牛道、褒斜道、陈仓道等
		陇蜀古道	蜀地通往甘肃的古道：青泥道、祁山道、阴平道等
		茶马古道	蜀地通往青藏高原的古道，主要指茶马古道川藏线
		南方丝绸之路	蜀地通往云南、贵州的古道，包括西夷道、南夷道
		川江水道	川江及其支流的木船航运
		其他小道	巴盐古道等
	新蜀道：工业文明的蜀道	铁路	普速铁路：宝成铁路、成昆铁路、襄渝铁路等
			高速铁路：西成高铁、成贵高铁、郑渝高铁等
			市域铁路：成灌快铁、成资铁路、渝合铁路等
			城市轨道交通：成都地铁、重庆地铁等
		公路	普通公路：川陕公路、川藏公路、成阿公路等
			高速公路：雅西高速、雅康高速、广陕高速等
		航空	主要指蜀地的民用航空
		现代水运	川江及其支流的轮船航运
		管道	略

几千年来，蜀道形态万千、雄奇艰险、波澜壮阔、荡气回肠，创造了无数交通奇迹，在世界交通史上独树一帜，犹如一座宏伟的"陆地交通博物馆""交通奇迹博物馆"。本书涵盖的时间纵跨三千多年，囊括了各种交通方式，通览古今，详今略古，追寻蜀道历史，探究蜀道文化，讲述蜀道故事，介绍蜀道风光。

上篇

蜀道难
——古蜀道的传奇

中国地图形似一只雄壮的鸡，四川盆地就像它的卵，保存着母体的营养精华，备份了全部遗传密码。

卵被一层坚硬的壳包裹着，北面有海拔 1 500～3 000 米的秦岭、大巴山；东面有海拔 2 000 多米的巫山、七曜山；南面有海拔 1 500～2 000 米的大娄山，海拔 2 000～3 500 米的大凉山；西面有海拔 4 000～7 000 米的横断山脉，四周几乎被完全封闭。历史上无数入侵者望着这只卵垂涎，又望着这层壳发愁。

入川、出川，蜀道的艰险困扰了中国人几千年，磨砺了中国人几千年，留下了无数鸿篇巨制和英雄传奇。

四川盆地四周的山脉

北上蜀道改变中国历史

从四川盆地向北，越过大巴山后是汉中盆地，再越过秦岭后是关中平原。关中平原也叫渭河平原，养育了十三朝古都西安。连接四川盆地和关中平原的路叫秦蜀古道，是北上古蜀道的主要通道，包括翻越两条山脉的七条线路。它们被群山掩藏，看似偏僻，却在一些关键时刻影响了中国的历史进程。

一、兴亡之道

"蚕丛及鱼凫，开国何茫然。尔来四万八千岁，不与秦塞通人烟。"古蜀国隐藏在历史的迷雾里，李白看不清它的源头，过了一千多年，我们仍然看不清。至于"四万八千岁"，不要当真，李白善用夸张手法，随口一来就上千上万。抛开夸张的数字，我们要问：古蜀国真的不与秦塞通人烟吗？

历史学家顾颉刚先生说，古蜀国由于地理环境封闭，一直在四川盆地里独立发展，形成了独立的文明体系，直到两千多年前的春秋时期，才开始与秦国有了来往。可惜他没有看到三星堆出土文物，否则他或许会改变观点。今人普遍认为，古蜀国与外界的交流早于春秋。

古蜀国历经蚕丛、柏灌、鱼凫、杜宇、开明五个王朝，每个王朝几百年不等，具体年代不详。古蜀国不属于当时的中原文化体系，被称为"戎狄之长"，也就是西部最大的外邦。先秦的《尚书》记载，公元前1046年，古蜀国派军队协助周武王伐商。这个时间不仅早于春秋，还早于西周。他们是怎么翻越秦岭的呢？史书记载甚简，今天已难以想象。

西汉的《史记》也记录了秦蜀两国交往，最早的记录只有轻轻一笔"蜀人来赂"。秦厉共公二年（公元前475年），蜀国派人到咸阳给秦王送礼。

使者走的什么路，我们不知道。从四川盆地到关中平原一定有一些小路。四千多年前，大禹从四川西部的北川或者汶川出发（准确地点已不可考），走向中原，开启他的治水大业，创立夏朝。所以小路一定是有的，或许不能过马队。我们可以想象一下：蜀王使者徒步穿越大巴山和秦岭，走着羊肠小道，甚至还要攀岩、过涧，稍有不慎就没命了，往返要几个月。这种路不是稳定成型的路，不算是蜀道。

既有人来，秦国人就开始了解蜀国的情况。我们不知道蜀国为什么要去秦国送礼，只知道两国的交往逐渐多了起来。秦惠公时，秦蜀两国在汉中盆地打过几仗，争夺南郑（今陕西省汉中市），互有胜负。汉中盆地位于秦岭和大巴山之间，是秦蜀两国的交通枢纽，长期被蜀国控制。蜀国的军队能够穿过大巴山到达汉中，秦国的军队也能够穿过秦岭到达汉中，可见当时蜀道已经能够过大军了。

那么，第一条蜀道是怎样产生的呢？

西汉末年，四川人扬雄写了一本书《蜀

金牛道上的石牛粪金雕塑

王本纪》，记录了很多四川民间的神话和传说。其中，流传最广的是"五丁开山"的故事，说的是一个灭国阴谋。东晋时期的四川人常璩（qú）写了一本《华阳国志》，也记叙了这个故事，内容大同小异。

秦惠王觊觎蜀地，但苦于大军无路可行，于是心生一计。他派人凿了五头大石牛，把成块的金子放在牛屁股里，到处宣称"这是天牛，拉的屎都是金子"。蜀王听言后就想要石牛，秦惠王表示会慷慨相赠。蜀王大悦，派出五个大力士，带着一千个兵丁修建通往咸阳的道路，拓宽了穿越大巴山和秦岭的小路，把石牛运进了蜀国。这条路主要包括穿越大巴山的石牛道和穿越秦岭的子午道。路段中有大量栈道，是通过在悬崖峭壁的石壁上凿孔支架、铺上木板而成的。石牛道又称金牛道，具体完工时间不详。

石牛运到成都后，却拉不出金子来，便被丢弃在了西北郊外。此后，那里就被人称作金牛坝，现在叫金牛区。

这是第一条稳定成型的蜀道，可以通过大批商旅马队，于是秦蜀交流便多了起来。"五丁开山"绝不仅仅是传说，应当是对史实的渲染。很多神话、传说都是如此，史实在人们一代又一代的口口相传中，逐渐演绎、走样，细节失真，但核心内容还在。1933年书法家林散之为考察川陕风情，步行走过褒斜道和金牛道，在大巴山北侧还看到了五丁关、五丁峡等诸多遗迹。至今川陕两省仍有许多含有"五丁"的地名。

另外，还有一个传说。据说古蜀国的五丁力士力大无穷，"能移山，举万钧"。秦惠王忌惮其威力，又想了一策，选了五个美女送给蜀王。蜀王大喜，仍派五个力士去蜀道迎接。力士护送美女走到梓潼县七曲山时，天崩地裂，五个力士全部罹难。成都、绵阳、广元等地都有"五丁开山"雕塑。

广元剑门关景区的"五丁开山"雕塑

蜀道既通，蜀国的命运也就改变了。

蜀国以成都为中心，巴国以重庆为中心，两国的势力都曾经到过汉中。开明王朝的第九代蜀王，把亲弟弟葭萌封在川北的昭化任苴（Jū）侯。苴国是古蜀国的分封国，却暗中跟巴国交好。蜀王得知后大怒，便发兵讨伐。苴国势力弱小，当时巴国都城已迁到阆中，两地离得很近，于是葭萌逃到了巴国。巴国也难以独自抵抗蜀国，于是两国便向秦国求援。

秦惠王本来觊觎蜀地，但大夫张仪主张先攻韩国，因而有些犹豫。大将司马错向秦惠王分析了蜀国的地利，进言：蜀者国之宝，可以兼济中国……得蜀就能得楚，得楚就能得天下。秦惠王听言大喜，便派司马错和张仪举兵伐蜀。秦军是当时最强大的军队，通过子午道、金牛道进入成都平原，在葭萌关（今广元市昭化区昭化镇）打败了蜀军主力，并在追击中杀死了蜀王，灭了蜀国。

兄弟阋墙，国破家亡。开明王朝由鳖灵取代杜宇而建，历时大约300年，就此终结。

张仪亲眼看见了蜀国的富有，还不满足，两个月后顺势又灭了巴国。这是秦惠王后元九年（公元前316年）的事情，距蜀人第一次给秦王送礼过去了160年。当年送礼的使者怎么也不会想到有这么一天。

第一条北上蜀道的打通，直接导致了蜀国、巴国的灭亡。当时的蜀人是悲怆的。蜀国灭亡后，连续三任蜀侯反叛，都被秦军镇压。这个结局让人一言难尽，难说悲喜。对历史的细节，站得近一点能看得更清晰；对历史的意义，要站得远一点才能看得更真切。

从古蜀国的发展来看，被兼并是好事。古蜀国的文化相比于秦国是落后的。《蜀王本纪》说，古蜀国"不晓文字，未有礼乐"。古蜀国的语言、文字、服装、发型都与中原地区不同，没有中原地区盛行的礼乐文化。中原地区有发达的农业，有诸子百家，有六艺（礼、乐、射、御、书、数）；古蜀国有一些实用技术（农业、手工业等）和占卜、算术、神话，流行方术，崇拜巫鬼。徐中舒先生认为，现在发现的上百个"巴蜀图语"，应该是比较原始的文字，停留在象形文字的初级阶段。这个观点是可信的。巴蜀图语与甲骨文相比，不够成熟，是国内唯一没有被破译的古文字。这也可能是古蜀文化被秦所毁灭的缘故，所以保留下来的古蜀文字太少。

部分古蜀人向南、向西逃亡，近的逃到了大凉山等川南山区。最神奇的一支蜀军大约有三万人，向南逃出盆地，穿过贵州、广西，一路马不停蹄，到达越南。逃亡千里，大概有两个原因：一是受到的惊吓太大；二是云贵高原的生存环境太差，他们发现红河三角洲平原像成都平原一样肥沃，于是安定下来，在那里建立了瓯雒国。这是越南的第一个朝代，史称蜀朝。

留下来的古蜀人数量不明，至少底层百姓不容易逃亡，只能听天由命。

秦国要安抚留下来的古蜀人，对巴蜀实施宽松的行政管理和文化改造政策，先实行分封与郡县并行的过渡政策，30年后才实行完全的郡县制。秦国通过蜀道向巴蜀移民上万户。秦灭六国后，将六国的豪族大户强制移民到蜀郡，既防止了六国的反叛，又加大了对古蜀国的同化改造。这些都促进了巴蜀的文化进步，使巴蜀从青铜时代迅速进入铁器时代。自此，古蜀文明逐步汇入中华文化，成为中华文化的组成部分，巴蜀之地再也不是"戎狄"了。

巴蜀文化相对秦文化是弱势文化，在与秦文化融合的过程中还是得到一定程度的保留。举个例子，古蜀国尊崇数字"五"，所修官道宽五尺，叫五尺道。而秦国喜欢"六"，所修官道宽六尺。统一后的蜀郡所修官道仍为五尺宽。

秦在巴蜀的统治稳定后，逐步设立巴、蜀、汉中三郡，成功实现了郡县制改造。都江堰水利工程建成后，蜀郡被打造成秦国的粮仓，为秦军提供粮食衣帛等军需，还提供兵源，促进了秦国的繁荣，为秦国统一天下打下了坚实的物质基础。秦赵之间的长平之战是决定两国命运的战略决战，旷日持久，苦耗三年。正是蜀地的粮草支援，使秦国坚持到了胜利。

兼并巴蜀九十多年后，秦就实现了统一天下的梦想。

战国两百多年间，所建道路众多，最重要的就是这条金牛道。金牛道改变了巴蜀两国的命运，也改变了秦国的命运，进而改变了整个中国的命运。

德阳市罗江区保存的金牛道遗迹

上篇　蜀道难——古蜀道的传奇

二、历代官道

为了政令通达,秦朝大规模修建通往全国各地的驰道。驰道以咸阳为中心,主要有九条。这些路是最早的"国道",最宽处达六七十米,唯有通往巴蜀的路是狭窄的栈道,只有一米多宽。每条蜀道都非常险峻,所谓"逢山开路、遇水架桥",路是栈道,桥是索桥。栈道交通始于蜀地,独秀天下。李白的"地崩山摧壮士死,然后天梯石栈相钩连",说的就是栈道之险。成都最早的索桥距今已有2200多年了,是世界上最早的索桥。目前中国最大、最著名的两座索桥都在四川,即都江堰的安澜索桥和泸定的大渡河索桥。

从周至唐,北上蜀道不断拓展新线,形成了七条重要的北上线路:翻越大巴山的金牛道、米仓道、荔枝道,翻越秦岭的陈仓道、褒斜道、傥骆道、子午道。除了金牛道,最重要的是褒斜道,历史上多次扩建修缮。

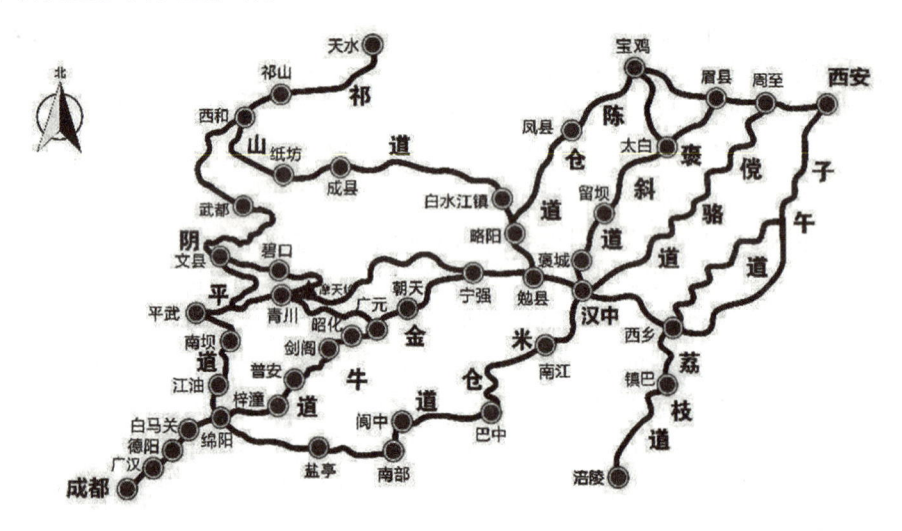

北上古蜀道

西周时期,褒斜道已经可以过军队了。战国时期,范雎为秦相后,耗时十余年,在褒斜道上修建栈道。那时还没有火药,修凿栈道极为艰难,上有绝壁,下有激流,只能采用火烧水激法破崖碎石。公元前267—259年建成褒斜道,全长200多公里,成为从宝鸡到汉中的主要通道。离汉中不远有个褒姒铺,鼓动周幽王"烽火戏诸侯"的褒姒就生长在那里。陈仓道太绕,子午道、傥骆道太险,褒斜道最好。褒斜道又被称作"北栈道"。

古时从陕西关中地区入川最重要、最繁忙的路线是:从西安向西,沿渭水旁的官道到宝鸡,可坐马车;再向南走褒斜道到汉中,再向西南走金牛道到广元。这两条道以步行为主,也可坐滑竿、骡马。然后往南到成都,又可坐马车。这条通道又被称作"连云栈道",三千多年来,一直是中原王朝政治中心通往西南地区最重要的通道。

从汉中翻越大巴山到成都的主要通道是金牛道,又叫石牛道、南栈道。这条道一直作为官方驿道,由官府管理维护,服务军政人员,传输军政物资,同时满足商旅需要,设卡收税。

三国时期,诸葛亮为了北伐,对金牛道进行大规模扩建,在大巴山南侧设立剑门关,号称"一夫当关、万夫莫开"。隘口悬在几丈深的绝壁旁,山间只有一条小路可行,异常险峻,世称"剑门天下险"。自此,金牛道也被称作"剑门蜀道",而狭义的蜀道往往特指"剑门蜀道"。

　　明清时，金牛道是官吏北出四川的唯一官道，又称"四川北路""四川官路"。商旅马队、车队在这条路上走了上千年。德阳市罗江区保存了金牛道上独轮车（鸡公车）的车辙，并塑像纪念。

独轮车塑像

三、兵家诡道

　　有了北上蜀道后，中原的军队多次攻入四川，路线一般为：经褒斜道穿过秦岭抵汉中，从金牛道过明月峡、天雄关、葭萌关（昭化古城）到剑门关，过了剑门关往南，山势趋于平缓，以丘陵为主，可以顺利抵达梓潼、绵阳、德阳，最后攻下成都。

　　其中，有两次进攻没有走传统路线，出其不意地走了另外两条险路，成为历史上的经典战例。

　　第一次是向北，明修栈道，暗度陈仓。汉元年（公元前206年）一月，项羽自封为西楚霸王，把巴、蜀、汉中三郡分封给刘邦，立其为汉王。七月，刘邦在去汉中途中，按张良的建议，令部下烧毁了褒斜道上的部分栈道，向项羽表白没有向东扩张的意图，同时也防备他人袭击。

　　刘邦在汉中励精图治、积极休整。同年八月，刘邦按照韩信的计策，派他最信任的大将樊哙带领一万人去修褒斜道的栈道。工程浩大，三年也建不成，从而麻痹了陈仓的守将。汉军主力却从褒斜道西面出其不意地摸着无人知晓的小道，翻山越岭偷袭了陈仓（今陕西省宝鸡市陈仓区），打败了雍王、塞王和翟王，一举平定三秦，夺取了关中宝地。汉军走的道叫故道，沿嘉陵江河谷形成，路程远，后来被就称作"陈仓道"。

　　第二次是向南，明攻剑门关，暗度阴平道。魏景元四年（公元263年），大将军司马昭下令攻蜀。钟会率主力十万人穿过褒斜道，顺利夺取汉中，却在金牛道上受阻于剑门关。姜维率三万人镇守剑门关，挡住了钟会数月的进攻，让钟会望关兴叹，无计可施。于是，西路军统领邓艾上书朝廷，请求批准他率本部人马从西面绕过剑门关，偷袭蜀汉腹地，直取成都。这就是他说的"攻其无备，出其不意"。

邓艾率军走的是川甘两省交界处"山高谷深，至为艰险"的阴平道。说是道，其实是山民、猎手走的羊肠小道，自甘肃文县到四川平武县南坝镇，七百余里渺无人烟。小道难过大军，他们不得不凿山开路，修栈道，架索桥。途中因粮食不济，几次陷入绝境。当走到摩天岭时，面临悬崖，道路断绝，进退不得。基于此，邓艾以决战疆场、马革裹尸的豪气，把毛毡裹在身上往山下滚。主帅如此舍命，将士们也跟着亡命跟随，结果大半将士摔死。悬崖之下，邓艾清点残部，三万人只剩下不到两千。这是一场险中求胜的豪赌，需要非凡的勇气，也需要一些运气。

将士们经过九死一生，更加团结，直奔江油关（今绵阳南坝镇）。江油关守将万万想不到魏军会出现在面前，以为神兵天降，便不战而降。邓艾率军顺利进入成都平原，攻克绵竹（今德阳黄许镇），兵临成都城下。刘禅也被这支奇兵吓坏了，带着太子和群臣出城投降。此时，驻守剑门关的蜀军还在，但蜀汉灭亡了。

从此以后，各个朝代的四川守军不仅要死守剑门关，还要派兵防范阴平道，当然还是有人麻痹大意。明朝初年，朱元璋手下大将傅友德攻蜀，扬言要走金牛道，实则偷渡阴平道，再次成功，一举平定蜀地。

从甘肃到四川的古道叫"陇蜀古道"，行人比秦蜀古道少得多，主要有青泥道、祁山道、阴平道。能进入四川盆地的只有阴平道，是北上蜀道中最险的一条古道，军队奇袭时才用。一般的商旅马队都走褒斜道、金牛道。

剑门关地势险要，两千多年来，经历了上百次战斗，被攻破的次数只有几次。最近的一次是1935年，红四方面军奉命长征，强渡嘉陵江。川军在剑门关长期设

剑门绝壁

防，遍设地堡，密布战壕。红军副总指挥王树声率部夺取剑门关，实施东、西、南三面包围，于4月2日冒雨血战。七名勇士组成小分队，在当地村民的带领下，从山间小道绕到诸王山西侧，再化装为川军迷惑守敌，以迅雷不及掩耳之势占领了剑门关关楼。敌军被迫退守主峰阵地。雨越下越大，山体湿滑，仍挡不住红军的攻势。从拂晓打到黄昏，红军大胜，歼灭了敌人三个团的守军。次日，红军顺势攻下昭化古城。

红军是创造奇迹的军队。剑门关战斗打开了红军北上的通道，并为正在四渡赤水的中央红军减轻了压力。

剑阁当地留下歌谣："风吹雨淋雷打闪，红军攻克剑门关。各路军阀如山崩，我送红军出四川。"民歌映照着民心。历史上从来没有哪支军队像中国共产党领导的人民军队那样，与人民血肉相连，这大概就是奇迹的来源吧！

四、避难要道

秦汉隋唐的京城都在长安，北上的秦蜀古道是蜀地与京城相连的最重要的通道。诸葛亮扩建剑门蜀道后，官商行旅更是络绎不绝，官府便在这条蜀道上设卡收税。之后的一千多年

里，秦蜀古道演绎了无数传奇故事，流传最广的是唐朝两个皇帝的避难经历。

唐天宝十四年（公元755年），安禄山起兵叛乱，兵锋直指长安。次年，唐玄宗带着杨贵妃与杨国忠逃往蜀地。他们向西去宝鸡，出长安不久，途经马嵬驿（今陕西省兴平市西）时，以陈玄礼为首的随驾禁军军士哗变，乱刀杀死杨国忠，并包围皇帝，声称"杨贵妃乃祸国红颜，安史之乱乃因贵妃而起，不诛难慰军心、难振士气"。唐玄宗镇不住场面，为求自保，不得已赐死了杨贵妃。

"六军不发无奈何，宛转蛾眉马前死。"这个故事被白居易的《长恨歌》演绎得缠绵悱恻，人尽皆知。

唐玄宗一路郁闷，沿陈仓道逃到汉中，再沿金牛道逃到四川梓潼县，在七曲山的张亚子庙小住。据说张亚子神托梦给他，告知安史之乱即将平定，大唐国祚还将延续。果然，没过几日前方就传来消息，太子李亨在郭子仪、李光弼的辅佐下打败了叛军，不久京城就可光复。唐玄宗欣喜之余便打听张亚子是谁，得知张亚子曾起义抗击氐族的入侵，是维护正统的象征。于是他便追封张亚子为"左丞相"，将张亚子庙改名"七曲庙"。

跟唐玄宗密切相关的另一条北上蜀道是荔枝道。杨贵妃喜食荔枝，而荔枝又极难保鲜，玄宗便专门设置运送荔枝的驿队，建成翻越大巴山的"荔枝道"。荔枝主产地在广东，但广东太远。四川涪陵（今属重庆）也产荔枝，离长安近多了，有了快马运输的可能。从涪陵县向东走长江水路到万州，再向北走陆路到万源县，从荔枝道越大巴山至陕西的西乡县，再向东北走子午道越秦岭到长安。荔枝要走1 100余公里，不知道累死了多少匹马。

唐玄宗在成都避难三年，方得返京。

唐朝广明元年（公元880年），黄巢发动起义，直逼长安。次年，唐僖宗跟着五百神策军也走上了剑门蜀道，逃到四川。他也到了梓潼县的七曲庙，惶惶之间想起了其先祖唐玄宗对张亚子的追封，心里寻思，或许正是对张亚子的恭敬才使唐室转危为安吧。于是，他又追封张亚子为"济顺王"。

他在四川躲避了四年，把成都当成临时首都，在成都举办全国科举考试。大批官员、文人、名流云集成都，入蜀避难的富商、百姓不计其数。他利用蜀地的富庶组织对黄巢进行反扑，终得逆转。当时，成都成为全国政治中心，这是它三千年历史上唯一的一次。

"九重天子去蒙尘，御柳无情依旧春。今日不关妃妾事，始知辜负马嵬人。"唐末诗人韦庄所作《立春日作》，说起两个皇帝的出逃，语带讥讽。皇帝两次避难，凸显了蜀道的重要性。

宋朝、元朝的皇帝出于各种目的，也对张亚子多次加封，最终使一个"梓潼小神"逐渐演变成全国性的"文昌帝君"。清朝时，文昌祀典还被列为国家祀典，地位几乎与孔子并尊，甚至有了"北有孔子、南有文昌"的说法。

北上蜀道给四川带来的变化实在太多。宋朝以后，首都东移到开封，从剑门蜀道进京不再是最便捷的通道。后来首都继续东移南京，再移北京，离四川越来越远。每逢国难，帝王贵胄们仍要坐上马车南逃，但很难再到四川。南宋时，四川茶商为了躲避剑门蜀道的关税，改走川江水道，剑门蜀道逐渐衰落下来。

四川不仅是皇帝的避难所，还是农民起义军避难的首选地。明末李自成、张献忠起义，张献忠在两次走投无路时都进入四川避难。第一次入川后曾一度扭转颓势，第二次入川后在四川建立了"大西"政权。两百年后，另一个农民起义将领石达开，走投无路之际也进到四川避难，企图建立根据地未果，但四川延缓了他们的灭亡。

1934年，红军在第五次反"围剿"失利后，三大主力几乎同时身临绝境，随即同时进入四川，度过危机后又都离开了四川。四川不仅是红军的避难地，还是红军的胜利场。红军走的路大多不是现成的蜀道，而是在没有路的地方，用自己的双脚走出了一条险路——那是一种更加雄奇的蜀道。

抗日战争时期，四川再次成为全国人民的避难地。逃难的人有了汽车、飞机、轮船，古蜀道、新蜀道一齐拥挤起来，输送了几千万人入川避难。

五、文化大道

北上蜀道包括陕西通往四川的秦蜀古道，主要有七条；还包括甘肃通往四川的陇蜀古道，主要有三条。在这些北上蜀道里，人文精华主要集中在金牛道。

金牛道上成熟的景点从北到南有：明月峡、千佛崖、皇泽寺、昭化古城、牛头山、剑门关、翠云廊、七曲山、白马关。这条线路积淀了几千年的人文历史，有资格成为世界文化遗产，开发潜力巨大。

最著名的是剑门关。1936年修建川陕公路时，剑门关的关楼被整体拆除，1992年曾重建，在2008年汶川大地震中严重受损，2009年又在原址重建，仿明代风格，气势恢宏。周围山貌因川陕公路建设被改造，没有当年那么险峻了。

剑门关景区里有一条几百米长的"鸟道"十分惊险，原是猿猴攀岩越山的小道和山区个别老百姓上山采药的便道，沿悬岩缝呈"之"字形，最窄处仅宽15厘米左右。景区修复了这条小道，作为旅游设施，用以渲染"蜀道难"。事实上，古蜀道是可以通马队的官道，不是鸟道。旁边还有条"猿猱道"，也是只有几百米长的羊肠小道，跟古蜀道没有任何关系。这些新建旅游设施误导了游客，让许多游客误以为是古蜀道。一些媒体也接受了这种错误历史信息，向社会错误介绍了古蜀道，这些都需要修正。

剑门关

最险峻之处在嘉陵江河谷地带，沿江绝壁架设木栈道或石栈道，形成了后世所称的"嘉陵云栈"。

最壮观之处在明月峡，嘉陵江两岸岩壁耸立，河宽几十米。沿着峡谷，古栈道、古驿道、古水道、纤夫脚道、川陕公路、宝成铁路集于

明月峡

一处，世所罕见，被誉为"中国交通历史博物馆"。

广元的千佛崖不仅有千年佛窟，还汇聚了各种古今蜀道，从古老的金牛道到现今的高速铁路、高速公路都有，也是壮观之地。

千佛崖

最迷人之处在翠云廊。旅游界流行一句话："黄山归来不看山，九寨归来不看水。"在四川也流行一句话："剑门归来不看树。"剑门蜀道自古就有植树表道的传统，从秦汉到明朝一直在官道两旁种植柏树，用以标识道路并为行人遮阴蔽日。金牛道全长约 344 公里，至今尚存古柏一万二千余株，分布在一百多公里的古道旁，以普安镇（剑阁县老县城）为中心，往北到下寺镇（新剑阁县城），往东南到阆中，往西南到梓潼，以剑阁县境内最为密集。至今，翠云廊段保存得最好。翠云廊现在是 4A 级旅游景区，古柏多为汉朝和明朝所种，树木粗壮挺拔，浓郁参天，形态万千。其中有一株皇柏，树龄 2 200 多年，仍郁郁苍苍。金

翠云廊古柏

牛道是四川最重要的官道，历朝历代都有保护古柏的法令。明代颁布了《官民相禁剪伐》禁令，严禁采伐树木，后来每棵树木还悬木牌编号，每逢官员更替，都要当面清点交接。

翠云廊古老的行道树是古代陆地交通的活化石，树龄之长、规模之大举世无双，被誉为森林化石、绿色长城、蜀道灵魂。特别是在夏季，徜徉其间，沁人心脾。站在翠云廊景区古金牛道的入口处，不禁让人发呆：眼前的景象好像一幅画，密集的古树完全遮蔽了骄阳。

一百多年前，金牛道沿线基本上都如翠云廊那般，古柏森森，参天蔽日。每逢乱世，古柏失去保护，都会受损，特别是靠近城市的路段受损最严重。大规模毁林往往都伴随着某个大工程，如"阿房出，蜀山兀"。1935 年修建川陕公路的时候，古柏被大量砍伐。民国时期，修路、建城、办厂都在毁林，乱世叠加工业化，法令不彰，让人扼腕不已。民国后期终于制止了毁林。新中国成立后又对古柏进行明令保护，给每株古树挂牌编号。今人要看古柏就要离大城市远一点，从梓潼县往南到成都一段已无古柏，要往北，走小道。

文化遗迹最多的是昭化古城。它是全国保存最完好的三国古城，古金牛道穿城而过，还

上篇 蜀道难——古蜀道的传奇

013

有昭化县衙、昭化文庙、考棚、费祎墓、古城墙等古迹。古城住着很多居民，商业化开发适度。当地居民最自豪的不是古迹，而是夜不闭户的民风。

昭化古城

梓潼的七曲山大庙极具特色，非佛非道，是文昌帝君的祖庭，集元明清三代建筑于一体，也有古柏森森。文昌文化有古蜀国巫术文化的基因，集儒释道于一身，自成一派，兼具宗教性和世俗性，是巴蜀文化的一朵奇葩。明清时文昌文化传遍全国，有"北孔子、南文昌"之说，文昌阁遍布海内外，深受海内外华人尊崇。现在进庙祈福的以求学之人为主。

罗江的白马关保存了古金牛道的大量遗迹，独轮车（当地人称鸡公车）在石板上留下的深深车辙依然清晰，三国名人庞统的祠和墓蹲守在曾经繁华的古道边。

七曲山大庙

白马关

包括金牛道在内的整个北上蜀道有条件像大运河、丝绸之路（中国段）那样，以"文化线路"申请进入世界文化遗产名录。广元市近年举办"大蜀道"旅游文化活动,试图扩大影响力。如果申请成功,北上蜀道的影响力会增强,有助于当地旅游业的发展。但又要避免过度商业化,导致遗产受损,或者造出一些假遗产来。

  金牛道上还有一些遗迹已经被人忘了,年久失修,甚至被挪作他用,如邓艾墓、邓艾庙、天雄关、苦竹寨,令人遗憾。因此,要坚持"保护为主、适度开发"的原则,这需要法治,更需要增强全民文化意识。只有真心建设文化,才能持久发展经济。保护遗产,根本在于保护人心。

上篇

蜀道难——古蜀道的传奇

邈远的南方丝绸之路

邈远的时光，邈远的路。

翻开四川地图看一看，西面的横断山脉、北面的秦岭、东面的巫山的海拔都高，很难跨越，南面的大凉山、大娄山相对要低矮一些。蜀人走出盆地，最早会不会是从这里开始的？

丝绸之路是西汉时张骞率队开辟的，从长安通向西域，通到欧洲，距今 2 000 多年。向南出川有一条南方丝绸之路，比它更久远，至少要早 1 000 多年。由于太过邈远，很多细节今天看起来依然朦胧。

一、丝绸的困惑

1993 年 3 月《纽约时报》报道，奥地利维也纳大学的考古学家在研究一具古埃及女木乃伊时，在头发中发现了一块丝绸。《新华文摘》1993 年第 11 期也作了报道。这个木乃伊属古埃及二十一王朝，相当于中国的商周时期。那时，世界上的丝绸产地只有一个：中国。

丝绸起源于中国，这是无疑的。在五千多年前的新石器时代，中国有多处遗址发现了丝织印记和遗存。中国织造丝帛比其他国家早 4 000 多年，东罗马帝国开始养殖桑蚕是公元 522 年以后的事了。但丝绸最早起源于中国何处，一直没有定论，很可能是多地起源。种种迹象表明，四川盆地至少是最早的起源地之一。比如：传说最早养蚕缫丝的是黄帝的正妃嫘祖，她生于四川，发明了"养蚕取丝"，为黄帝制五色衣裳，后来被全国各地奉为丝绸业的始祖；古蜀国第一代王叫蚕丛，意为"野蚕丛聚"，传说他发展了栽桑养蚕技术，教民农桑；"蜀"字在甲骨文里就是野蚕的象形字，《说文解字》注解为"蜀，葵中蚕也"，葵即桑；2021 年三星堆遗址发现丝绸遗迹；蜀锦被称为"天下母锦"，比其他锦都要古老。四川盆地被称为蜀地，几千年来从没变过。

学术界普遍认为，古埃及的丝绸是蜀锦，来自蜀地。古蜀国丝绸业发达，远超当时的楚国、吴国等地。中国丝绸西传，最早传出去的就是蜀国丝绸。也就是说，3 000 多年前古蜀人就走出了盆地，把生意做到了埃及。那么，他们走的是哪条路？

三星堆遗址在成都以北 20 多公里。三星堆文明距今 3 000 多年到 4 000 多年，大致属于古蜀国的鱼凫时代。三星堆出土的文物惊世骇俗，让考古学家和历史学家们困惑不已。既有带中原风格的青铜器、玉琮，又有带西亚风格的黄金面具、金杖，还有来自南亚的海贝，不知道是来自南亚还是本地自产的象牙，更有全世界独一无二的青铜神树、青铜大立人像、青铜面具。三星堆文明的来源尚无定论，但至少有一点可以确定：三星堆文明与外界有大量交流。

三星堆人怎样与西亚、南亚进行交流呢？是他们走出去了，还是西亚人、南亚人走进来了？他们走的哪条路呢？

三星堆大立人像的衣服是蜀锦和蜀绣

除了三星堆,在四川盆地以南,西昌的瓦打洛遗址出土了商代海贝,盐源出土了西汉海贝……

巍峨险峻的高山挡在古蜀人的四面,古蜀人渴望走出盆地,环顾一圈后,首先看向了南面。南面的群山比其他三面要平缓一点、友好一点。

二、非常之人的非常之功

战国后期,蜀郡太守李冰在古蜀人治水的基础上,组织修建了都江堰水利工程,成为蜀地繁荣的大功臣。很多人不知道,他还组织修建了一条路。

四川盆地南沿有个宜宾城,坐落在长江边上。公元前311年,李冰开始组织人员在这里往南修建出川通道,即"僰道",因路宽五尺(约相当于现在的1.4米至1.7米),又被称作"五尺道"。民间的泥泞小道,变成了规整的石制官道。秦统一全国后,把这条路继续往南延伸到了云南的曲靖。修这条路的难度不比修都江堰小,它成了南方丝绸之路的一部分。

公元前135年,汉武帝为了弄清楚南越(今广州)的地理状况,派江西番阳县

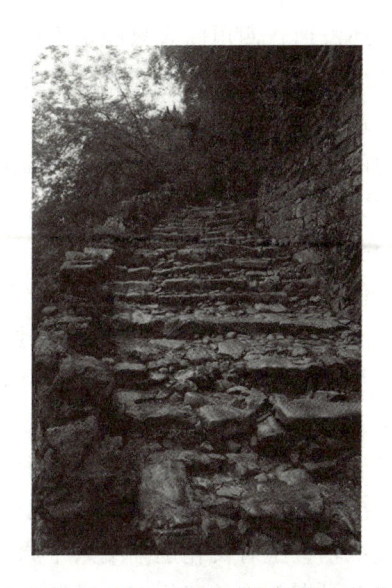

位于南方丝绸之路东线的豆沙关秦五尺道遗址

令唐蒙出使南越。唐蒙在南越品尝到一种酱，觉得味道不错，就问是从哪儿来的。南越大臣见汉使喜欢这种风味小吃，就得意地说，这种食物叫枸酱，产自蜀中，当地人叫它蜀枸酱，是从牂（zāng）柯江运来的。牂柯江就是现在的北盘江上游，属于珠江流域。可见，当时有一条南下出川的路经夜郎到南越。这条民间形成的路，由此进入官方视野，开始获得大发展的机会。

汉武帝听了唐蒙的汇报，便令他开通这条路。唐蒙率数万人从四川宜宾出发，往贵州方向凿山开路，通往牂柯江。

这条南夷道工程浩大，耗资甚巨，人员伤亡也很大。消息传到朝廷，各种责难就来了。汉武帝便派司马相如去抚慰征用巴蜀民众而引起的民怨。

司马相如颇具政治头脑。他前往实地视察后，对唐蒙修建南夷道的行动大加赞赏，并与反对开道的蜀中士绅和朝廷大臣进行激烈辩论。其间写了一篇《难蜀父老》，留下一句名言："盖世必有非常之人，然后有非常之事；有非常之事，然后有非常之功。"修建南夷道正是一件非常之事，具有非常之功。司马相如不仅赞成开南夷道，而且请求参战。

在汉武帝的支持下，司马相如担负起开通西夷道的重任。他在西南广交边民，设置郡县，用军队镇压一些部落的阻拦骚扰，组织数万民工施工。唐蒙在东线，司马相如在西线，同时往南铺路，打通了从成都到云南大理的两条道路。

两条线耗费巨大、伤亡很重，加上北方匈奴问题严重，汉武帝只好暂停工程。这时候的汉朝官方使者能够通过新开的路到达大理至保山一带，通过各部族、印度等中介与大夏商人间接贸易。

公元前129年，张骞率队出使西域，历时十年来到大夏国（今阿富汗），发现当地商贩出售四川产的蜀布和筇竹杖。张骞只在中原见过这些东西，可以想象他当时多么惊讶。当地商人告诉他，蜀布是从身毒（yuān dú）国进口的。当地人非常仰慕汉朝，却受匈奴阻扰，无法直接去汉朝，只能到南面的身毒国买货。身毒即天竺，是印度的古译名。那时北方丝绸之路还没通，四川商人只能走南面，从云南经缅甸到印度。

张骞回到长安后，将所见所闻上奏汉武帝。一条隐秘的南方丝绸之路进入了官方视野。

汉武帝意识到，开通西南夷道不仅可以强化对当地的控制，还可以开辟一条直通身毒、大夏等地的国际通道。于是他又一次掀起开通西南夷道的高潮，决定打通从西南到印度的官道，由官方参与商业贸易，并扩大疆土。武帝即封张骞为博望侯，派遣四路使者出使西南各小国，分头探索通往印度的道路。

四路使者受到氐、僰、昆明、且兰等部落民族的骚扰，有的被抢，有的被杀。武帝大怒，决意征伐。于是，汉军在长安挖了一个昆明池，让士卒练习水战。公元前109年，准备工作完成后，数万汉军进击夜郎、滇等西南小国和部落，大获全胜。汉军乘势前进，将新修的道路进一步向前延伸，打通了南方丝绸之路最后一段——大理至中缅边境的"博南道"。

为了确保交通、巩固边疆，汉武帝下令在新建干道沿线设置驿站，实行"移民实边"和"屯田"政策，将内地人口迁至边疆地区，设置郡县。自此，西南地区众多少数民族归附中央政府直接统辖，土著文化逐渐纳入中原文化体系。

汉武帝时期新修的路很多。开疆拓土者，必然要开路架桥。到公元72年汉明帝时，滇缅通道全面打通，汉朝与缅甸的掸族有了经济文化来往，又通过缅甸经印度入大夏。

《史记》把这条路叫做"蜀身毒道"，即由蜀地通往印度的路。20世纪80年代以后统称"南方丝绸之路"。

为了这条路，李冰、唐蒙、张骞、汉武帝、司马相如都成就了非常之功。随着蜀道的大规模扩展，中原文化更深入地进入蜀地。在汉武帝时期，随着蜀道的畅通，古老的巴蜀文化完成了与中原文化的融合，彻底成为中华文化的一部分。

三、最早的国际贸易通道

南方丝绸之路是中国最早的国际贸易通道，以成都为起点，向南分为东西两条主道：西夷道和南夷道，其间又分出许多支线。

西夷道是西线，自成都南门万里桥，经邛崃、雅安、荥经至汉源。过大渡河后，进入今四川凉山彝族自治州，顺安宁河谷南下，经西昌、德昌、米易、会理，渡过金沙江进入攀枝花市仁和区，翻越川滇交界的方山后进入云南永仁，经大姚、姚安、祥云，直达洱海边的大理。其大部分路段与今天的川滇公路相重合。因邛崃至西昌段是司马相如为经营"西夷"地区而开的，故名"西夷道"，又因此道经过越西县境内的"零关"，名为"零关道"。

南夷道是东线，也以成都为起点，顺岷江南下，经眉山、乐山、犍为至宜宾，溯横江而上进入云南境内，过盐津豆沙关后到昭通市。向南过会泽、东川、曲靖，再向西至晋宁、楚雄、南华，也到大理。此道由战国李冰、秦代常頞和西汉唐蒙等先后开凿，主要通川南、贵州及云南东部的牂牁、夜郎等南夷地区，故名"南夷道"。这条道路是贯通川滇黔的重要交通线，对促进三省的经济文化交流、稳定西南边疆起过十分重要的作用。

东、西两线汇合于大理，合称"西南夷道"。

两道汇合后称"博南道"，向西南经永平，渡澜沧江至保山，越怒江至德宏州首府芒市，在今云南畹町、瑞丽及腾冲一带出境，通向缅甸、印度、泰国等东南亚、南亚国家。

南方丝绸之路由西夷道、南夷道、博南道三条主道构成，历史上名称繁多，不胜枚举。

民间的泥泞小道升级为官方的石制驿道，交通能力大增，马队畅行。中国的丝绸、蜀布、筇竹杖、工艺品、铁器等商品源源不断输出到国外，外国的琉璃、宝石、翡翠、光珠等陆陆续续输入国内，还有农作物种子、手工业品等交易。这条蜀道大大促进了商业经济发展，加速了中华文明的传播，在政治上把中原与西南边疆地区紧密地连接在了一起。正如学者李远国所说："南方丝绸之路促成了巴蜀文化、中原文化、滇南文化、印度文化、西亚文化等多种文化的交流，实现了中西方最早的相互了解。"

南方丝绸之路有许多支线，不计其数。支线的设施往往要简陋一些，随着行旅的不断探索，更好的新路不断被开辟出来。最初的古道逐渐人马稀少，只留下骡马蹄印、诗联题刻供人凭吊。

交通天下
——从蜀道难到蜀道畅

最具代表性的古道遗迹在云南省昭通市盐津县豆沙镇，现存秦五尺道遗址，长约350米，宽约1.7米，是迄今保留最长、最完好，马蹄印迹最多的秦道。悬崖边上的古道屹立着今人复建的豆沙关（原名石门关），是由川入滇的第一道险关，惊险程度超过剑门关，一侧山崖呈90度垂直入天，另一侧悬崖深不见底，"五尺道"直通山腰，十分惊险。古道已失去平整，行走不便，今人修了栏杆，建成景区保护，当地村民仍可自由通行。光滑的石头上有二百多个马蹄印深凹清晰，历史的沧桑感扑面而来，观者无不震撼。中国古迹虽多，但多有维修痕迹，基本丧失原有功能。原汁原味的千年古貌，还在发挥作用，而且可触可摸，除了翠云廊，就是豆沙关。

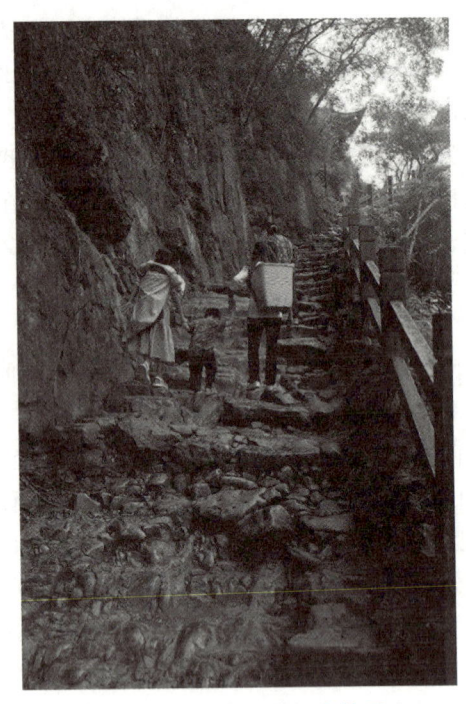

豆沙关的秦五尺道还在使用

有一条通往贵州的盐马古道，可以算作南夷道的支线。川南的自贡盛产井盐，而盐是人类生活必需品，长期作为国家战略物资，由政府直接经营。自贡等地的盐通过水路运到四川盆地南沿的叙永县，转陆路往南翻越大娄山，运到贵州的毕节，在威宁与南夷道相接。至少在一千多年前，人背马驮的商队就走出了这条盐马古道。

贵州不产盐，严重依赖川盐输入。川黔古盐道还有其他线路，主要有：合江—赤水—茅台，綦江—松坎—桐梓—遵义，都是从四川盆地走向云贵高原的山路，海拔落差一千多米。它们不参与国际贸易，此不细述。

到了开放包容的唐代，南方丝绸之路更加繁忙，一直兴旺到明清。民国后出现公路、铁路，古道逐渐被人遗弃。

剑门蜀道上的明月峡，被称为"交通历史博物馆"。南方丝绸之路上也有几个类似的"交通历史博物馆"。豆沙镇的水道、五尺道、川滇公路、水麻高速公路、内昆铁路汇聚关河峡谷，形成古今蜀道五路并行奇观；宜宾市叙州区伏龙口的步行道、栈道、公路、铁路交会一处，都展示着蜀道的千年变迁。

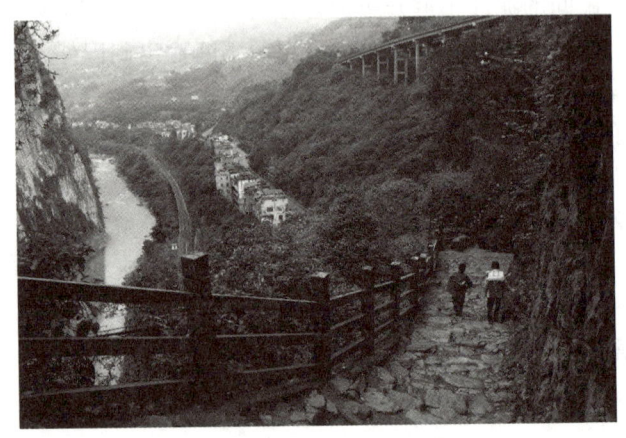

豆沙关的五路并行奇观

四、起点纷纭

笼统地说，南方丝绸之路的起点在成都，这是没有争议的。但具体在成都的哪个地方，至少有四种说法。

第一种说法是三星堆。三星堆地处广汉市，历史上大部分时间广汉是属于成都的。今人在三星堆博物馆建了一个"古代南方丝绸之路 0 公里"地标。南方丝绸之路的久远是可以和神秘的三星堆文明相提并论的，或许三星堆人正是通过这条路和南亚、西亚交往的。

第二种说法是在成都市新都区三河街道。那里建了一个南丝绸之路起点广场，还有一个矮矮的纪念碑叫"南丝绸之路起点"。这里处于成都北门外，为什么是起点？这个标志的百米远处有一个四川丝绸博物馆，又叫"南方丝绸之路博物馆"，或许与此有关吧。

"古代南方丝绸之路 0 公里"地标

第三种说法是在成都代管的邛崃市。2 300 年前，秦国为了拱卫成都，派蜀郡太守在成都西南方向成都平原的边缘，靠近青藏高原的地方，建了一座城池——临邛，意为临近"邛人"（邛人是当时一个剽悍的少数民族）。后来又改名邛州，民国时叫邛崃县，现在叫邛崃市。据说，南方丝绸之路西线和茶马古道川藏线都是从这里出发的。

秦国向这里移民，后来唐宋时又移民，清初时再移民，几经起落，几度繁盛。这座城池一直没有迁址，古城遗址今仍在，世所罕见。战国时从中原发配来的卓氏一族带来了冶铁业，到西汉时已使临邛成为盐铁重镇。当地的冶铁业、盐业和制茶业发达，铁器、食盐、茶叶从这里销往云南、西藏和东南亚等地。后来陶瓷业兴起，有"邛窑"之称。这里是商贸重镇，但是不是起点呢？

"南丝绸之路起点"纪念碑

西汉的司马相如和卓文君在这里演绎了一段传奇般的爱情故事，一曲《凤求凰》流传千古。南宋的魏了翁在这里开办书院，引得文风日盛。这里的名气比新都大一些，作为南方丝绸之路起点的可能性也更大。

邛崃境内遗存的古道（属南方丝绸之路和茶马古道共用段）

第四种说法是成都南郊的簇桥镇，又叫簇锦古镇。这里自古以来盛产蚕丝，至少秦汉以来桑蚕业就很发达，丝织品的生产和交易有上千年的历史。或许起点本就不止一个，邛崃或是西线的起点，簇桥或是东线的起点。

起点应该是一个比较大的区域，如某个城市；如果小一点，可以是某个交易活跃的古镇或市场。学术界对南方丝绸之路的起点没有定论，因为它太过邈远，朦胧不清。今人匆匆建起纪念地标，也是怀古之意，是对先人的敬意。

东出蜀道与巴蜀情缘

遥远的东方有一条龙,它的名字叫长江,它是东出蜀道的主力。它积蓄了青藏高原的强大势能,以万钧之力冲出巫山峡谷,进入广袤的江汉平原。

金沙江和岷江在四川宜宾汇合,然后才被称作长江。从四川宜宾到湖北宜昌一段又叫川江,长1 044公里。这是长江最险峻的一段,水情的复杂程度是世界通航大河之最。通过这条水路走出盆地,巴蜀人摸索了几千年。

一、大一统前的川江水道

成都、重庆两地的网友经常打嘴仗,什么事都想争个高低,互相不服气。说起这个渊源,要追溯到三千多年前,四川盆地内有两个古国:蜀国和巴国。

古蜀国的历史比古巴国长得多。古蜀国先后有五个朝代:蚕丛、柏灌、鱼凫、杜宇、开明。每个朝代约数百年。由于史料欠缺,不能弄清楚准确年代。震惊世界的三星堆遗址是鱼凫王朝的都城,距今大约三四千年。

三星堆出土的青铜像告诉我们,那时有两个民族:一个民族梳辫子,一个民族梳发髻。辫子一族大概就是北方的氐羌族,发髻一族是南方的濮越族,他们在成都平原融合发展。氐羌族就是古代的羌族,是中华民族古代最主要的组成部分之一,是中国西部的主要族源。羌,即牧羊人,以羊为图腾。他们最早居住在西北的甘肃、青海那边,大概由于气候的变化,气温降低后生存环境变差,于是他们顺着横断山脉往南迁移,先迁到岷山地区,再从山上迁到成都平原。这条迁移路线被称作"藏羌民族走廊"。

民族迁移一般不会整体迁移,而是随着人口的增多不断迁移一些分支。

古蜀人也是古羌人的一支。在蚕丛时代,古蜀人居住在岷山地区,高山峻岭,环境恶劣。柏灌时代,很多人迁到了山下,迁下来的人就叫氐族,"氐"即"低",也就是山下的羌族。鱼凫时代(大约相当于商代后期,也有人说相当于夏朝的中晚期),他们迁到了成都平原,留下三星堆遗址。这里河流纵横,常有水患,他们以渔业为生。杜宇时代,大约相当于西周时期,留下金沙遗址。

另一个民族是濮越族,是从湖南、湖北、贵州进入四川盆地的,人数少于氐羌族。什么时候迁来的,走的什么路线,都不得而知。我们只知道,迁移的过程就是开路的过程。陆路还是水路呢?

位于成都市郫都区的望丛祠(祭祀古蜀国的望帝和丛帝)

川江,是向东走出盆地最便捷的通道。三峡工程建成以前,长江三峡的水路极为艰险,仍是从东面进出川的主要通道。

在鱼凫时代，蜀国以成都平原为中心，建立了一个强大的王国，是西南第一大国。它的势力曾经扩展到了整个四川盆地及周边山地，还越过大巴山，扩张到了汉中平原。

东晋时，四川人常璩（qú）写的《华阳国志》记录了早期的四川历史，包括巴国。川东地区古称巴方，巴人在商朝末期参与了武王伐纣，于是周王朝便封立巴国，把居住在江汉平原（主要在今湖北省）的姬姓族人迁入巴国。巴国史料比蜀国还少，今天只能推测它的踪迹。

巴国最早建在汉中平原东部及湖北西北部，春秋时期四次出兵，伐邓国、申国、楚国、庸国，三胜一败。巴国与楚国的联系十分密切，楚国曾经流行巴国的通俗歌曲，留下了"下里巴人"的成语。巴国后来得罪了楚国，实力又远弱于楚国，被迫迁至川东山地和盆地东部。

蜀人是从川西高原进入盆地的西羌人，大概无姓。巴人是东北方向南下进入盆地的姬姓人，与周天子同姓。两个民族文化不同，但进入盆地后都被这块沃土所滋养，再也不愿回去。巴蜀两国"相爱相杀"，曾经作为同盟国共同伐商。周天子的实力不能战胜蜀道难，可以让蜀国在盆地里自娱自乐，但不能容忍它向外膨胀。巴国的使命就是阻挡蜀国的扩张。蜀国向东扩张必然要争夺长江水道，两国恩仇由此开启。随着蜀国向东发展，巴国向西发展，两国之间不断发生冲突和战争。到末代蜀王时期，两国已经形同水火。这为秦国提供了灭亡两国的机会。

巴国在楚国和蜀国的两面挤压下，首都不断向西迁移，从平都（今重庆市丰都县）迁至江州（今重庆市巴南区），再迁至垫江（今重庆市合川区），最后迁到阆中。可见它的政权极不稳定。西边有强大的蜀国，无法向西发展；东边有更强大的楚国，巴国东面的势力范围不断缩小。

川西平原比川东山地肥沃得多、物产丰富得多，所以蜀人繁衍更快。蜀国人多，在与巴人的冲突中长期占据上风。巴国地处四川盆地东部、东北部，以山地为主，兼有丘陵，生存条件比蜀国恶劣，经济发展水平远远赶不上蜀国。这种环境锤炼了巴人的尚武性格。

楚国是战国时与秦并列的大国，不断向四周扩张，与蜀国产生了密切交往。公元前377年，蜀国向东扩张，跨越巫山，与楚国打了一仗，夺取了楚国的兹方（今湖北省西部的松滋市）。不管是出于什么纠葛，蜀国东出伐楚，要过大军还得靠水路，顺流而下。翻越巫山的陆路也许没有秦岭那么惊险，但要过大军还是很难。这一仗说明巴国很弱小，无法阻挡蜀国向东扩张，只能为蜀军让路。

巴国存在了七八百年，整体实力一直弱于蜀国，却一直不甘示弱，与蜀国明争暗斗，奋力阻挡蜀国向东向北扩张。巴人尚武好勇，是最早的"战斗民族"，最终没有战胜看似文弱的蜀国。这是一个值得深思的问题。

秦国统一天下后，为防止蜀郡壮大后割据，采取以巴治蜀的政策。后世各个朝代，大体上都沿用了这种政策，让巴渝之地继续充当阻碍蜀地扩张的绊子。

川江水道

重庆是四川盆地庞大水系的枢纽。川江及其支流 1 万余公里水路，将大量货物源源不断地供应重庆，并由此输往长江中下游地区。巴蜀争斗，使川江水道的运输潜力得不到充分发挥。

二、大一统后的川江水道

公元前 316 年，巴国和苴国不敌蜀国，向秦国求救，结果引狼入室。秦军的铁骑结束了巴蜀两国的争斗，让两个敌国变成了兄弟。随后有了"巴蜀"合称，延续了两地的千年情缘。川江水道成了巴蜀共同的东出通道，有了和平发展的基础。

秦国对巴蜀两国总体上采取了怀柔政策，实行优惠的赋税、徭役政策，但又有区别。对蜀国，直接派秦王的儿子做蜀侯；对巴国，则利用当地的巴族大姓进行统治，延续了周朝用巴制蜀的统治政策。后来逐渐把巴蜀变成两个郡，派驻郡守。自此，两地的武斗结束了，转以合作为主，偶尔搞搞文斗。两地在经济上合作，在文化上融合，同时保持各自的传统，巴尚武、蜀尚文，特点依然鲜明，以致有了"巴出将、蜀出相"的说法。

出川走川江水路是顺流而下，比走陆路方便很多。秦灭巴蜀后，经济实力大增，多次通过川江水道大规模行军伐楚，最后灭了楚国。这几十年里，军队和粮食等物资的运输，形成了川江航运的第一个高潮。

楚汉相争时，刘邦令萧何为丞相兼蜀守，负责筹集军粮。萧何组织了上万船的军粮沿长江到重庆，再转嘉陵江而上，沟通汉水、渭水，支援关中和中原。盆地内的运输，水运具有明显的优势。

三国时期，巴蜀境内大部分时间是安定的，长江沿岸商船成队，运输繁忙。江上出现了一种大船"万斛舟"，长 20 余丈，载重 500 余吨。西晋时发展出有两层夹板的战船。隋朝时出现了最高 5 层的战船，能容纳 800 名士兵。

唐朝的川江航运更加发达，长途客货运输都用大型商船。官府开始在川江设置水驿站，以传递军情为主，一般每 15 公里设一站，配驿长、驿夫、船夫。

李白、杜甫出川都是从这条水路顺流而下的。李白走过两次，写下"两岸猿声啼不住，轻舟已过万重山"。杜甫走过一次，写下"无边落木萧萧下，不尽长江滚滚来"。

诗里很轻松，峡江很惊险，历史上有多少木船覆没在三峡，不计其数。

李白的名句镶嵌在瞿塘峡的山腰

宋朝首都在开封，此后历朝首都再也没有回到长安。从四川盆地到首都最便捷的道路不再是剑门蜀道，而是川江水道。水运具有运量大、成本低的显著优势，是陆路蜀道无法比拟的。有人测算，水运的成本大约是陆路的二十分之一。宋朝以后，川江水道日益兴盛，成为最主要的出川通道。

在南宋和元朝，川江和它的支流时常成为战场，民船航运被迫萎缩凋敝。元末明玉珍率红巾军沿川江水道逆流而上，攻取重庆，建立大夏国。清初"湖广填四川"的移民也大多走此水路，逆流而上。

中国三峡博物馆收藏的木船

元朝的疆域最广，为实施有效管理而大力发展交通，大建驿站。驿站分陆站和水站，陆站用马、牛、驴、车、轿做交通工具，水站用船做交通工具。元代的水驿站最为发达，兼管官员、举子、商贾、赋税的转运输送，有时也管航运安全。四川的陆站有48处，有马986匹；水站有84处，有船654艘。其他省份都是陆站多于水站，唯有四川的水站多于陆站，可见四川水运的发达。

明朝大力发展川江航运，出川的粮食、茶叶、食盐、蜀锦迅速增加。修建皇宫的大量楠木从川江运出，再转大运河运往北京。

清朝时，米粮运输成为川江木船航运稳定的大宗货源。云南的铜、贵州的铅等大宗物资从长江支流运入泸州汇集，再装大船从川江运出，在扬州转大运河北上。

川江水道木船航运的荣光一直保持到民国。工业文明兴起后，现代轮船入川，木船航运逐渐衰落。抗日战争爆发后，长江中下游的轮船大量撤向后方。但是，这些轮船多数吨位太大、吃水太深，不适应三峡段的航行。而轻巧的木船不仅能过三峡，还能通达川江的各条支流，通航里程是轮船的两倍多。抗战所需的运输量极大，于是木船重新繁荣，增加到一万余只，抢运入川货物，运输军用物资，开辟水上联运。

在铁路入川前，川江航运是重庆交通运输业的主力。

三、驾驭川江的人

整个长江流域，上游的落差比中下游大得多，使四川成为全国水利资源最丰富的省份。从重庆到宜昌要经过三峡，是川江最惊险的一段。平水时，下行平均需要10天，上行需要35天。洪水时水流加快，下行需要8天，上行需要61天。枯水时水流减缓，下行需要12天，上行需要45天。

三峡最著名的四大险滩：青滩、泄滩、崆岭滩和滟滪堆，吞噬了无数船工和乘客。滟滪堆如拦路虎般盘踞瞿塘峡口，青滩、泄滩、崆岭滩都在西陵峡，滩滩都是鬼门关。

木船的驾驶是个技术活，需要很多人默契配合；同时也是个辛苦活、危险活，葬身鱼腹者不计其数。川江一段水流湍急，木船逆流而上时需要岸边的人力辅助，于是产生了一个辛苦无比的行业——纤夫。他们遍布川江两岸，以及它的支流嘉陵江、沱江、岷江等。

重庆到宜昌 660 公里河道的每一块石头，都浸透了船工和纤夫的汗水。纤夫们常常赤身裸体，俯身趴地，一步步艰难前行。他们与风浪和险滩做斗争，用生命和险滩博弈，顽强生存。

"哟——哟嚯——展把劲哟，前面就是观音滩咯。嘿咗！嘿咗！"劳动号子可以统一纤夫的用力节奏，也可以打发纤夫的苦闷，鼓舞士气。纤夫号子高亢而悲怆，节奏感极强，鼓舞性极强，是一种独特的民间音乐。这里的"展劲""嘿咗"都是四川话"使劲"的意思。

改革开放以后，机动船发展迅猛，纤夫逐渐在江岸消失，纤夫号子开始走上舞台。舞台上的川江号子经过美化改造，依然惊心动魄。每次听到号子声，顿然浑身有力，心底升起一股悲壮的情感。

千百年的艰险历程，锻造了川江人坚韧的精神、豪爽的性格。今人把这种精神概括为：吃苦耐劳、勇往直前、不惧挑战、敢闯敢拼。

纤夫拉纤图

四、东出的陆路通道

除了水路，东出蜀道还有陆路，最典型的是巴盐古道，也叫川湘古盐道。

盐是人民生活不可或缺的物资，也是古代重要的战略物资。川南、川东是中国最重要的井盐产地，所产食盐不仅供应四川盆地，还要供应鄂西、湘西、贵州等地。川盐外运除了依靠川江及其支流运输外，还需走陆路翻山越岭。

川盐经水道运到重庆的石柱县西界沱镇，就要卸下来。这里与湖北相邻，再往前就是惊险的长江三峡。盐很贵重，如遇翻船或者被江水浸湿，将损失巨大。销往湘西的盐在西界沱镇转陆路运输，用人力背运，翻越蜿蜒曲折的巫山，进入湖北西部的利川，再经恩施进入湖南湘西的龙山、凤凰。西界沱镇是川盐入楚的重要转运口岸，古时十分繁荣，现名西沱镇，是首批中国历史文化名镇。

运输木材的轮船在三峡水道航行

川盐被称作"巴盐"，指从巴国运来的盐。四川话常常把盐叫做"盐巴"，大概源于此。

陆路的运输成本比水路高得多，只能运输食盐、丝绸这样的高价值商品，在东出蜀道中起辅助作用。木材、矿石之类的大宗商品只能走水路，这是市场规律对运输方式的选择。

最险蜀道向西去

向北，是为了与京城相通，与关中平原交易；向东，是为了与富裕的江汉平原交易；向南，路途较为容易，可以与南亚交易。向西，是为了什么呢？

盆地西面是横断山脉，是世界上最密集的高山峡谷区域，是盆地四面屏障中最高的那一处。出盆地向西走，要横穿海拔四五千米的众多山脉，还要横渡岷江、大渡河等众多河流，是出川最为险峻的方向。

一、茶和马的交易

几千年来形成的向西出川的山路，如今被统称为"茶马古道"。当时，没有马车、牛车，连轿子都难以通行，而以马帮、人力为交通工具。古道主要源于"茶马互市"，即用茶换马的交易。这种交易大多在汉族和藏族之间进行，持续时间至少有两千年。

藏族同胞生活在青藏高原，"宁可三日无食，不可一日无茶"。甚至有"茶是血！茶是肉！茶是命！"的说法。这看似有点夸张，却是实情。他们居住在海拔三四千米的高寒地区，需要摄入高热量的脂肪，以牛羊肉、奶制品、糌粑、酥油为主食。这些高脂肪食物不易消化，也使身体缺少维生素。高原不产蔬菜，而茶叶能够助消化、解油腻，所以藏族同胞养成了喝酥油茶的生活习惯。

四川是世界上种茶、饮茶最早的地方。秦汉以前只有四川产茶，茶的主产地在雅安、成都、绵阳一带。马是古代最有力的交通工具，民间商旅和军队征战需要大量马。汉地缺马，而藏族聚居区多产良马。"番人嗜茶，汉人需马"，具有互补性的茶和马的交易便应运而生。

茶马古道有滇藏线、川藏线和川甘线三条主干道，还有大量支线通向四面八方，形成网状，覆盖区域极广。

滇藏线的起点在云南省普洱市宁洱县，川藏线的起点在四川省雅安市（或成都的邛崃市）。两线在西藏拉萨汇聚后，继续向西延伸到境外的尼泊尔、印度、不丹，甚至更远。

川甘线从四川向北，经陕西略阳，过甘肃徽县、天水至兰州，然后向青海，再到西藏、宁夏、新疆等地。

滇藏线与"南方丝绸之路"有重合，川甘线与北方"丝绸之路"有重合。最典型的"茶马古道"是川藏线：邛崃—雅安—泸定—康定—巴塘—昌都—拉萨—日喀则—尼泊尔—印度，全长四千余公里。这只是大致走向，中间还有分岔，分南线、北线。

另外还有一条较短的路线，从灌县（今都江堰市）通往茂县、松潘等地，也称"松茂古道"。

除了官茶走的这些官道外，茶马古道还包括私茶小贩走的小路、险道。

雅安市的茶马古道雕塑群

茶马互市是军马的重要来源，也是古代政府重要的财源，还是控制藏族聚居区的一种手段。茶马古道除了进行茶马交易外，还带动了藏族聚居区的牦牛、皮革、药材、佛像、经书、法器等物资，与川、滇及内地其他地区的布匹、盐、日用器皿等商品的交易，衍生出茶叶加工、马匹驯养、运输仓储、驿馆酒家等服务行业，繁荣千年。

古道繁荣，带来了经济互惠，还带来了文化交流。藏传佛教的文物流入雅安、都江堰，四川方言通行甘孜、阿坝、西藏。

二、茶马古道的历史演变

茶马古道起于何时，谁也说不清，应当始于藏族聚居区流行喝茶时。最初是民间小规模交易，三三两两地以马换茶。至少在西汉时期，雅安的茶就传到了大渡河以西地区。也就是说，四川的康巴藏族聚居区在西汉时已经流行喝茶。

隋朝时，四川天全县已经形成了茶马交易的市场。

唐朝贞观年间，文成公主入藏，把雅安的茶带入西藏。随后饮茶在西藏也流行起来。

唐开元十六年（728年），吐蕃请求在青海日月山和四川松潘设立茶马交易市场。唐朝只同意了在青海日月山设立，并立碑刻约，正式设立"茶马互市"。后来，政府发现交易量巨大，其中蕴藏着重要的经济价值和政治意义。唐大和九年（835年），唐朝便开始对外销的茶实行官营官卖政策，以官方控制和直接经营为主，限制私人经营。从此，"以茶治边、以茶稳边"成为历代的官方政策。

宋熙宁七年（1074年），朝廷对西北失去控制能力，将茶马互市的口岸由青海改为四川。由此，青海市场快速下滑，四川雅安一带的茶马交易迅速繁荣。

北宋时，北方的夏、辽、金政权经常劫掠宋朝边地，与宋战争频繁。宋军对战马的需求量很大，使茶马互易的数量大幅增长。宋朝政府对茶马互市实行专卖，设立茶马司等专门机构从事茶马交易，并控制民间交易，甚至规定四川的名山茶只许用于买马，不得他用。宋神宗熙宁七年后，每年通过古蜀道运送川茶四百万到五百万斤，每年可得马匹两万匹左右，宋军所需战马几乎全靠川茶换取。到了南宋，"茶马互易"成为一项基本国策。

明代开国之初，为保障全国统一战争的需要，朝廷在茶马互易的各个关隘设置了一大批茶、马巡检站、所，用以落实"以南方茶易北方马"的国策。政府还给茶和马发准运证，贴印花税票。政府设立了"批验茶引所"，当时人称"茶院"。茶过"茶院"时，必须缴纳税款、领取花引，也就是茶的准运标志，否则就是违法。后来又设置茶马司，将其作为茶马交易的唯一机构。还制定了《茶法》："凡犯私茶者，与私盐同罪。私茶出境，与关隘不讥者，并论死。"可见，明代对茶马交易的控制比宋代更加严厉。

朝廷管制严苛，压缩了茶马交易量，企图通过减少茶叶销量来控制藏族聚居区。市场需求无法满足，于是催生出一批铤而走险的私茶走贩。私茶的贸易通道与官茶不同，只能走偏僻的支线、小路，奇险无比，造成不少悲剧。

1391年，朱元璋下诏"改团为散"。明代之前制作茶，都是压成饼，明代开始把饼茶改成散茶，降低了茶的制作成本。散茶节省了铲饼取茶的过程，把煮茶变成了泡茶，得到迅速普及。散茶恢复了茶的本来形态，从此茶就被称作"茶叶"。

清政府对战马的需求量不大，主要用茶交换牛羊等，茶马互市交易量下降。清政府仍然将茶马交易作为定边国策，沿用明代的"茶法"，并加以细化，对茶马互市管理得更加严格。官方茶马交易通道主要是四川官路、云南官路、桂林官路和长江水路。

清康熙三十五年（1696年），朝廷批准在打箭炉（今康定市）开展茶叶交易。边茶交易中心开始从雅安转移到康定。从雅安到康定的路，几乎穿越了整个横断山脉，是古道最险峻的一段，骡马都难以行走，两地之间开始出现大量运茶背夫。现在的雅康高速公路只有130多公里，当年的人行古道不知要长多少倍。

康定在明朝时是一个小村子，此后逐渐繁荣起来，成为南线边茶的贸易中心，现在是甘孜州州府。

康熙四十四年（1705年），朝廷停掉了青海的茶马互市，使川甘线彻底衰落，而使川藏线愈加繁忙，很多城镇因茶马古道而繁荣。大渡河上著名的泸定铁索桥建于康熙四十五年（1706年），就是源于茶马古道的繁荣。四川雅安是茶叶主产地，销量持续增加，在雍正时期达到历史最高峰。

雍正十三年（1735年），朝廷终止了官营茶马交易制度，仍对私商进行严格管理，规定哪些地方的茶叶只能销往哪些地方，违者重罚。乾隆年间放宽了交易限制，古道上交易的品种越来越多。

民国初期，四川军阀混战，导致雅安一带的茶商大量倒闭。藏族人不可一日无茶，藏族聚居区对茶的需求始终旺盛。实力雄厚的商号趁机发展，填补了市场缺口。茶马古道由此依旧繁忙。

茶马古道起于西汉，兴于唐宋，盛于明清，一直使用到民国。

新中国成立后，很快建成川藏公路，各种公路不断延伸。工业文明进入藏族聚居区后，茶马古道逐渐衰落、废弃。没有了马蹄嘚嘚，只留下光滑的石板路遥想当年的繁盛。雅安、康定，两个当年的交易中心都已发展为城市，都建有茶马古道雕塑群，纪念那段悠长的历史。

康定市的茶马古道雕塑群

三、古道天险

茶马古道川藏线与金牛道、南方丝绸之路不同，它的海拔更高，要穿越更多的深谷，不仅要经过悬崖峭壁，还要穿过皑皑雪峰，崎岖坎坷，艰险重重。历代政府对较缓的路段进行了拓宽加固，建了一些石板路，但很多路段还是"走的人多了，也便成了路"。运输工具主要是马和人力，汉族背夫、藏族马帮穿行在崇山峻岭之间，走在弯弯曲曲的小路上。

从雅安到泸定，最高的山是二郎山，海拔3 400多米，以险著称，骡马难以通行，被称"天堑"。翻过二郎山到达泸定，还要过大渡河，颤颤巍巍地走索桥。从泸定到康定，最高的山是折多山，海拔4 300米。除了陡峭的山路，还有高原反应，随时都能要人命。

过二郎山只能靠背夫，当地人称"背二哥"。背夫是最苦的谋生手段。农闲时分，许多农民参与进来，一些极度贫困的妇女、儿童也加入这个行列。茶包用竹篾条包装，约 20 斤一包，一人背 10 至 15 包，共 200 至 300 斤。茶包一旦上背，便不能轻易卸下，到了平缓处才能用随身拐杖撑住茶包歇口气。他们自带干粮，结队成行，一天走二三十里路。高高的茶包压弯了背夫的腰。为了减轻心理压力，他们在路上边走边摆"龙门阵"。有时摆着摆着，后面半天没人答话，回头一看，人没了，可能掉到悬崖下面去了。因为在二郎山跌落山崖，遇到土匪打劫，都不是稀奇的事。更痛苦的是，从雅安到康定，要走 20 多天。

　　马帮似乎要好一些。藏族商人、头人、寺庙组织马帮，在康定驮上茶包，转运到各个藏族聚居区。有的路途非常遥远，几百公里上千公里的山路，几个月都在路上。在最险峻的路段，有些小路挂在陡峭的岩壁上，如果两马相遇就无法错行，双方只能协商作价，将瘦弱马匹丢入悬崖之下，而让对方马匹通过。因此有民歌唱道："砍柴莫砍葡萄藤，养女莫嫁赶马人。"

　　背夫千千万，皆是穷苦人，山歌一吼泣鬼神。马帮一代代，受雇有钱人，铃铛一响上征程。背茶人、赶马人，用辛勤的血汗促进了汉藏交流，有的在途中丢掉性命，有的在古道上耗尽青春。他们的血汗促进了边疆稳定、民族团结、国家统一，其作用不可替代。

背夫雕塑

　　1986 年，时任全国人大常委会副委员长的十世班禅额尔德尼·确吉坚赞视察雅安茶厂时说："这个茶是我们藏族不可缺少的一种生活用品。文成公主将茶带入西藏后，那时是吐蕃。在藏汉民族关系进一步发展方面，茶叶作出了大量贡献。"

　　汉茶藏马互市盛，民族和谐千年兴。

自古文人皆入蜀

入蜀，入蜀！两千多年来，入蜀文人一拨又一拨，不惧蜀道难。"自古文人皆入蜀"，是蜀地的魅力，还是蜀道的魔力？

一、入蜀成就"诗圣"名

寒风凛冽的冬日，一位老人疲惫地骑着马，"白头乱发垂过耳"，带着一家老小，走在秦岭的高山深谷里。其实他才48岁，未老先衰，在中原是个有点小名气的诗人。他就是未来的诗圣。

唐肃宗乾元二年（759年），"安史之乱"四年后，杜甫一家为了避乱，在走投无路之际，不得不入蜀谋生。

755年，安禄山叛乱，攻陷东都洛阳。756年正月自立为大燕皇帝，6月攻陷潼关，随后攻陷长安，大掠三日。757年，肃宗先后收复长安、洛阳。回纥兵协助唐军收复洛阳时又大掠三日，纵火烧死烧伤上万平民。759年，史思明叛军又攻陷洛阳……"安史之乱"有多乱，难以尽述。

杜甫44岁才在长安当上一个八品小官，干了几个月就因战乱被迫逃离长安。757年逃到凤翔，官拜左拾遗，从六品。这是他当过的最大的官，只当了一年。宰相房琯被贬，他去求情，结果也被贬。他深感自己在政治上没有出路，不能回故乡河南，只能逃往没有战火的地方。他去过秦州（今甘肃天水）、同谷（今甘肃成县），都不能解决生计问题。那时，入蜀避乱的北方士大夫成群结队，包括他的舅舅、表弟。而且，当时他的好友高适在四川彭州任刺史，他的世交严武在四川任东川节度使。于是，杜甫也踏上了入蜀之路。

走在秦岭的栈道上，山峰之陡峭、栈道之险峻，都让杜甫惊叹不已。"终身历艰险，恐惧从此数。"他入蜀时郁郁寡欢，仍然一路写诗，山川景物、风土人情，加上自己的心路历程，统统入诗，就像人们写日记一样。也可以说，他把日记写成了诗，被后人称为"诗史"。

杜甫一家翻过秦岭，穿过汉中平原的略阳，进入金牛道。总共走了大概一个月，才到达成都。此时，杜甫的好友严武升任太子宾客兼御史大夫，出任成都尹、剑南节度使。杜甫得到许多亲友的帮助，在西门外浣花溪畔经营起了自己的草堂。这里风景秀丽、气候宜人，还有故友新交、左邻右舍，杜甫的心情也好了起来。"窗含西岭千秋雪""黄四娘家花满

杜甫雕塑

蹊""锦城丝管日纷纷""好雨知时节"……一首首名传千古的佳作从他的心底流淌出来。

杜甫前后两次在成都居住了近四年，留下260多首诗。其中，描写田园山水的不下百首，更多的则是忧国忧民之作。他热爱锦城风光，但从没忘记时局，从没忘记儒者的救世使命。"出师未捷身先死，长使英雄泪满襟。""安得广厦千万间，大庇天下寒士俱欢颜。""君不见昔日蜀天子，化作杜鹃似老乌。""穷年忧黎元。"

广德元年（763年）正月，史朝义兵败被杀，长达八年的"安史之乱"终于平定。杜甫欣喜若狂，"剑外忽传收蓟北，初闻涕泪满衣裳"。他想河南老家了，"白日放歌须纵酒，青春作伴好还乡"。

不料，北方战乱又起。随着唐军大批调往内地平叛，西部边关空虚，吐蕃乘机大举攻唐，很快攻陷长安，劫掠宫室，焚毁陵墓，长安再遭洗劫。杜甫叹道："隋氏留宫室，焚烧何太频。"他写诗斥责吐蕃背信弃义，慨叹和亲无用，渴望战胜吐蕃。同年冬天吐蕃被击溃，长安被收复。

广德二年（764年）春，杜甫携家眷来到阆州（今四川阆中），准备沿嘉陵江南下重庆，再东出三峡，离开四川。一方面是他思乡心切；另一方面是四川也不太平了，既有地方军阀的相继叛乱，又有吐蕃的连年骚扰。这时传来严武再次入蜀的消息，杜甫大喜，立刻重返成都。经严武推荐，杜甫出任节度使署中参谋、检校工部员外郎。严武曾四次劝杜甫入仕，前三次他都谢绝了，他已经过了热衷功名的岁月。这一次他勉强答应，很快就发现幕府的刻板生活不适合自己，官场的逢迎、攻讦使他难受。半年后，他离职了。

同年七月，严武率兵西征，破吐蕃七万余众，拓地数百里。西部安定，杜甫真的要走了。

大约765年春夏之交，杜甫一家离开成都，乘船沿岷江南下，途经嘉州（今乐山）、戎州（今宜宾），再沿长江而下，经渝州（今重庆）到忠州（今忠县），因病在忠州住了约半年。766年春夏之交走到夔州（今奉节），他因生病，便留下来住了一年零九个月。直到768年正月才过三峡出川。从离开成都到出川，竟然花了两年七个月，这是他始料未及的。

忠州、夔州都位于川东山区，一派贫困荒凉景象。杜甫带着多病之身，受到当地官吏的慢待。年过半百，壮志未酬，写下的诗歌也多是悲凉的。"飘飘何所似，天地一沙鸥。""万里悲秋常作客，百年多病独登台。"记录民间疾苦的诗句数不胜数。

对安史之乱平定后仍不稳定的政治局面，他忧心忡忡。"不眠忧战伐，无力正乾坤。""莫令鞭血地，再湿汉臣衣。"这些诗句都表明杜甫具有相当的政治眼光，反映了他的儒者本色始终不变。他和那些逃避现实的隐士不同道，他是大儒、真儒，终身践行"致君尧舜上，再使风俗淳"的理想。

杜甫在四川的十年，是盛唐诗坛明星纷纷陨落的十年，也是杜甫

上篇 蜀道难——古蜀道的传奇

杜甫塑像

诗歌创作丰收的十年。蜀地带给他的温暖与欢乐多于苦痛与忧伤，使他进入创作高峰。现存杜诗1400余首，其中800多首作于四川，在夔州两年多作诗430多首。他在四川的诗歌创作达到了炉火纯青的地步，沉郁顿挫的艺术风格完全成熟。他对七律的创造性发展，使唐诗在艺术形式上臻于完善。

杜甫在世时，"不见有知音"。死后四十多年，才得到名家推崇。韩愈说："李杜文章在，光焰万丈长。"于是渐有"诗圣"名。

二、入蜀文人何其多

清代四川人李调元说："自古诗人例到蜀。"

北宋以前，中原地区是文人的中心舞台；南宋以后，江南地区成为文人的集聚地。蜀地是靠什么吸引众多文人入蜀的呢？文人入蜀有多种原因。

一是宦游。由于官员交流制度等原因，许多文人官员被派往蜀地。

战国时期，山西人李冰入蜀，出任蜀郡太守，主持修建都江堰水利工程，名垂千古。今天四川不仅建有二王庙祭祀他，许多地方还建有川主寺供奉他的牌位。

西汉时，安徽人文翁（名党，字仲翁）入川任蜀郡太守，看见蜀地重视巫鬼祭祀，有"蛮夷风"，于是决意兴办教育。他在成都创办官办学校"学官"，后人称"石室"，把儒家文化系统地引入蜀地。他首开地方政府办学的先例，使蜀地文风日盛。

陕西人司马迁奉朝廷之命视察巴蜀，接受西南众多部族的归降，考察盆地南部、贵州和云南东部设郡事宜，最终完成了"西南夷"归入汉朝的历史进程。他走了褒斜道、金牛道，看了五尺道，感悟良多，在《史记》中叹道："然四塞，栈道千里，无所不通。"他带着修史宏愿考察了都江堰，赞道："甚哉，水之为利害也。"于是汉语中有了"水利"一词。后来，都江堰人在司马迁驻足西望的地方建了西瞻亭，纪念这位"史圣"。

三国时期，诸葛亮入蜀，治蜀施政二十年，造福一方百姓，成就一代名相，还留下《出师表》《诫子书》等名篇。川人还将汉昭烈帝庙称作"武侯祠"，以纪念他。

唐代的高适、岑参等人也被派到蜀地任职。晚唐时，大诗人李商隐仕途不顺，入蜀四年只当了一个幕府参军，留下名句："何当共剪西窗烛，却话巴山夜雨时。"

宋朝任命的成都行政首长全部是外省人。从《全宋诗》的记载来看，北宋入蜀的文人有200多人，较为著名的有宋白、宋祁、张方平等；南宋入蜀的文人有100多人，著名的有陆游、范成大、韦庄等。

诸葛亮雕塑

陆游于1172年从东线水路入蜀，在夔州任职；后经金牛道到汉中短暂任职，又沿金牛道南下到成都府任一闲职；后来改任蜀州（今崇州）通判，还到嘉州等地任过职。他踏遍巴山蜀水，很快爱上了天府之地，萌发出"终焉于斯"的念头。他一路写诗，把所经之地和蜀中名胜写了个遍，留下厚厚的诗集——《剑南诗稿》85卷。他在蜀九年，无论仕途起伏，始终"位卑未敢忘忧国"；同时，他的文学创作进入成熟期，诗风一改工巧的风格，转而追求宏肆奔放，充满战斗气息和爱国激情。因诗名日盛，他受皇帝召见离蜀。今天的崇州市还建有陆游祠来纪念他。

陆游祠

二是避难。唐代的"安史之乱"、五代十国的军阀混战、北宋末期的金兵南侵，都导致大量文人入蜀避难。安史之乱时，彭州刺史高适描述了当时的情景："关中比饥，士人流入蜀者道路相系。"北宋司马光道："是时，唐衣冠之族多避乱在蜀。"

避难文人的名单很长，最具代表性的当然是杜甫。杜甫长期居住在蜀地核心地区成都，对巴蜀文化产生了重要影响。冯至说："人们提到杜甫时，尽可以忽略了杜甫的生地和死地，却总忘不了成都的草堂。"

三是被贬。战国时期，吕不韦失势后被贬往蜀地。因为蜀道难，蜀人很难影响朝政。唐代白居易被贬忠州，刘禹锡被贬夔州，元稹被贬梓州，贾岛被贬遂州，宋代黄庭坚被贬涪州。他们在蜀地的时间不长，又多处蜀地边缘，对巴蜀文化的影响很小。

四是漫游。唐代文人的集聚地有三个，依次是关中、江南、巴蜀。蜀地独特的景观和风土人情引来大量文人漫游。山西的大诗人王维从金牛道入蜀游览，然后从川江水道出川，一路写诗作画，吟诵大散关、嘉陵江栈道、长江三峡等景物。到了宋代，文人入仕主要取决于科举考试，不需要通过漫游来博取社会名声，漫游入蜀的文人就少了。

到了元明清时期，蒙古军入蜀、元末明末战乱、清军入蜀，都造成惨烈的人祸。蜀地全面凋敝，对文人的吸引力大大减弱，入蜀文人的数量锐减。

近代以来，西方文化涌入中国，引得文人们集聚于沿海地区。抗日战争爆发后，大量文人重新发现四川盆地的战略价值，纷纷入蜀避难。这个名单太长，就不一一列举了。抗日战争结束后，大部分入蜀文人纷纷离去。

伴随新中国的三线建设，又有大批文人入蜀，并定居于此。这一批入蜀文人给四川文化带来的影响更加明显、强烈、持久，

位于广元市剑阁县的翠云廊（千年古柏群护佑着古金牛道）

上篇　蜀道难——古蜀道的传奇

至今还在沉淀，还需总结。

入蜀文人走的蜀道主要是北线陆路和东线水路，两千多年来都没有变过。今天，四川有据可查的驿站有 199 个，是全国最多的。

三、文人入蜀的双向影响

清代徐心余在为《蜀游闻见录》所作的序中说："四川一省风景之美，名胜之多，物产之饶，矿苗之富，殆为天下冠。出海货外，应有尽有，良足闭关自守，此殆他省莫能抗衡者。"

吸引文人们的不仅有自然之美，还有人文之奇。在中原地区，儒家文化始终占据核心地位。在蜀地，儒家的地位没有那么崇高神圣，而与道家、佛家基本平起平坐。蜀地物产丰富，文人们不必为生计发愁，闲适无忧；民风喜游乐，尚自由，人为的条条框框、儒家的道德约束都较弱。文人们身处这样的环境中，生命中最本能的因素更容易被激发出来。这些都为文人的创作提供了极佳的条件。

四川很少出儒学大师，常常出道教领袖，如张道陵、陈抟、袁天罡等。这种特有的地域文化孕育了灵动飞扬的人文精神。蜀地不出杜甫那样的大儒，而盛产司马相如、李白、苏轼这样的文人，他们的人格魅力引无数人向往。截至今天，李白、苏轼都是中国绝大多数读书人最喜爱的古代文人。

入蜀是不同地域文化的交流。

西汉文翁入蜀，兴办官学，把儒学带入蜀地，培养本地的儒学人才。五代十国时期，北方战乱，大量北方士族南迁，形成了中国文化最发达的两个地区：后蜀和南唐。这些都扩大了中原文化的影响，使蜀地拥有了浓厚的文化氛围。入蜀文人同时也会受到巴蜀文化的濡染，与当地文人共同创造巴蜀文化。对巴蜀文化影响最大的入蜀文人是文翁、诸葛亮、杜甫、陆游等。

入蜀文人一般都会出蜀，重新回到文坛的中心。他们会把蜀地的见闻和感受传播出去，从而扩大巴蜀文化的影响。陆游的《入蜀记》就是代表。这是中国第一部长篇游记，也是陆游的散文代表作，史事、考据、诗文、故事应有尽有，内容丰富，形式灵活，饶有趣味；尤其是过三峡部分，对自然风光、名胜古迹、历史人物都有描述和品评，字里行间透露着对巴蜀地区的喜爱。

巴蜀文化传出蜀地后，引来越来越多的文人好奇。明代何宇度在《益部谈资》里对巴蜀文人有一个很高的评价："蜀之文人才士每出，皆表仪一代，领袖百家。"

一出夔门便成龙

出川，出川！川人总想走出盆地，不惧蜀道难。

出三峡的第一个峡是瞿塘峡，也是最险峻的峡。瞿塘峡两岸断崖垂直矗立，高达数百米，形似大门，江面最窄处不到 50 米。它属夔（kuí）州管辖。夔州自唐朝开始得名，现在是重庆市奉节县，所以瞿塘峡别称"夔门"。民间素有"夔门天下雄"之说。夔门是四川盆地的东大门，从川江水路顺流而下，是出川最便捷的通道。

夔门

注：三峡大坝蓄水后，夔门没有那么险峻了。

一、苏门父子出川行

古代文人千千万，最受世人喜爱的莫过于川人苏轼（苏东坡）。

唐朝初期，曾官至宰相的河北人苏味道被贬到四川，任眉州刺史。他死在四川，留下一个儿子，于是眉山苏氏开始繁衍。眉山苏家连续五代没有人当官。苏东坡的弟弟苏辙回忆家族史时说，眉山的士大夫都是不愿当官的。

倘若世道太乱，士大夫不肯当官是可以理解的；大唐盛世还不肯当官，恐怕就是一种托词了。主要原因还是蜀地太小，当大官的机会太少。像苏门父子这种有大抱负的人，则不会安于乡里，要大展宏图就要出川。

宋仁宗天圣二年（1024 年），苏洵的哥哥——24 岁的苏涣进京考取进士，立即被授官，其父苏序父以子贵，也被诰封。这让苏序得意了很久。自此以后，"读书求仕"的风气在眉山大盛。

苏轼 7 岁时开始读书，在父亲苏洵的严格要求下非常刻苦，十几岁时就能对文史知识信手拈来。

苏洵入京科考不利，灰心回家，专心教育两个儿子。他吸取了科考失利的教训，在教导儿子的时候反对"为文而文"，要儿子写"不得不为之文"。这符合文坛领袖欧阳修的主张，既合苏洵自己的初心，又应时代风尚。这种教学，一开始就把儿子的大好前程铺好了。苏洵也教学相长，自己的为文水平也不断提升。

宋仁宗至和三年（1056年），苏家父子离开眉山沿金牛道北上，越秦岭、过关中，进入京师汴梁（今河南开封）。在八月份的考试中，苏轼与弟弟苏辙双双考中，苏轼名列第二。此时苏轼20岁，遇上伯乐欧阳修，少年成名。

宋嘉祐二年（1057年）正月，苏轼兄弟继续参加欧阳修主持的礼部考试。二人文风质朴，文笔流畅，深受主考官喜爱。三月，苏氏兄弟参加金殿御试，宋仁宗亲临现场。二人同登进士，苏轼成为榜眼。欧阳修惊呼："读轼书，不觉汗出。快哉，快哉！老夫当避此人，放出一头地也。可喜，可喜！"苏轼迅速成为一颗文坛新星，也是政坛关注的新星，一时门庭若市。

正当苏轼春风得意之时，家乡传来母亲病逝的消息。于是，苏氏兄弟日夜兼程回家奔丧。

嘉祐四年（1059年），苏轼兄弟为母亲服丧完毕，与父亲商议举家搬迁到京城。他们见识了京城的大舞台，看到了自己的潜力。小小的蜀地已装不下兄弟二人的宏图大志。

这次他们没有再走北上蜀道，而是改走东向水路，显然是对北上蜀道的险峻印象深刻。他们从眉州坐船，经宜宾、泸州、重庆，过三峡，到荆州。水路走了1 680公里，速度虽慢，但没那么辛苦。一路上山川壮景，父子三人心潮起伏。为了打发时光，三人写了一百篇诗赋，合为《南行集》。

修复后的夔门古炮台、栈道，新建的灯塔

他们从荆州下船改走陆路向北，于嘉祐五年（1060年）二月到达汴京。从地图上看，两条路的长短差不多，但水路是顺流而下，至少比北上蜀道要舒服一些。

一大家子在京城的西岗租了一间宅子居住，兄弟二人开始备考。嘉祐六年（1061年），经欧阳修和韩琦协力推荐，苏洵当上了霸州文安县主簿，大概相当于今天的副县长，终于圆了他的为官之梦。苏家告别乡土，进入京师，开启了光耀门楣之路。

苏轼没有接受吏部任命的县主簿一职，而是准备参加制科考试。制科又名制举，是皇帝专门下诏举行的考试，是临时设置的考试科目，相当于进士科的升级版，意在选拔各类特殊人才。与试者需要将文章投递于当朝大臣和中书舍人、翰林学士，获得其推荐后才能参加考试，非常隆重。苏轼写了《上富丞相书》，表达了一种不保守也不激进的思想。经过两轮筛选后，只有三人进入由皇帝主持的"御试对策"，其中就包括兄弟二人。最后自然是苏轼夺得第一，成为大宋第一"考霸"。宋仁宗兴致勃勃地对曹皇后说："吾为子孙得两宰相。"

在大宋政坛，苏轼大起大落。根源在于他既不是王安石的改革派，也不是司马光的保守派，而是一个反对王安石变法的改革派。从凤翔县起步，他在京城和杭州、密州、徐州、湖州、定州等中原各地频繁调动，当了多地的知州，每到一地都颇有政绩。后来因乌台诗案，连贬黄州、惠州、儋州。

不管政坛上的起落，苏东坡在文坛上始终占据领袖位置。不止于此，他融儒释道于一身，历练成一个文化巨人。在他眼里，每一样东西都蕴含美，都值得写一首诗。一块猪肉，一颗荔枝，一棵翠竹，一个湖，一场雨，都是他乐观豁达的理由。

苏辙在政坛更顺，一步步升迁，一直干到翰林学士、吏部尚书、宰执，也就是坐上了副宰相的位子。苏辙在政治上比苏轼老成持重，在文学创作上并不比苏轼逊色多少，只是他太敬重兄长，处处帮兄长解难，把出镜闪光的机会尽量让给兄长。

眉山市三苏祠里的苏轼塑像

九百多年过去了，凡是苏轼住过的地方都可以找到他的纪念设施，如纪念馆、亭、台、碑、堤等，可以写出一个很长的名单，遍布西南、西北、中原、岭南、海南、长江中下游。这待遇无人能及。

苏轼出川，奉献给中华大地一颗最耀眼的文学巨星、最温暖的文化巨星，留下"天下第一文人"的美名。

二、文人出川与不出川的区别

世上既然有"天下第一文人"，有没有"天下第二文人"呢？坊间没有这种说法，但我还是想到了李白。李白出川，方成"诗仙"。

李白从5岁开始，就生活在四川江油。他自幼刻苦读书，留下"铁杵磨成针"的故事。蜀中山水风情养育了他的才华，也培育了他的三观，特别是道家思想对他影响深远。

他23岁时离开家乡，"仗剑去国，辞亲远游"。他游览了成都、峨眉山，乘船沿青衣江到岷江，再顺长江穿越三峡，走到九江。这是一条传统的出川水路。他游历了庐山、南京、扬州、苏州、杭州，一路交朋结友，一路写诗吟诗。然后折返，沿长江而上，来到湖北安陆。机缘巧合，入赘宰相家为孙女婿。成家十年，夫人病逝。李白性情大变，开始纵酒酣歌，继续游历，带着两个孩子搬家到山东。

唐天宝元年（742年），李白奉诏入京。他为唐玄宗和杨贵妃作诗数百篇，深受器重。李白没有从政经验，又不能真正适应刻板的官场生活，两年多后只能领了赏金回家。他本来就不愿过"摧眉折腰事权贵"的日子，喜欢放浪形骸、肆意纵情的生活，"放金赐还"是最好的结局。他不像苏轼，做不了能臣。

回到山东，他借酒狂欢，诗歌的巅峰之作汩汩而出。"君不见，黄河之水天上来……"秀口一吐，震古烁今。他活回了自己，与杜甫、贺知章等诗友成了知音。在朝为儒，下野为道，是中国文人的传统。李白不仅是道家信徒，还成了正式的道教徒。

安史之乱爆发后，缺乏政治头脑的李白，看不清纷纭的世情，站错了队，加入了企图谋反的永王队伍。后来在九江被捕，随后流放夜郎（今贵州遵义一带）。李白以戴罪之身回川，沿

上篇　蜀道难——古蜀道的传奇

交通天下——从蜀道难到蜀道畅

长江逆流而上，一路向西磨磨蹭蹭，再过三峡。到达奉节白帝城，准备南下流放地时，突然遇到朝廷大赦，恢复自由。他欣喜若狂，立即掉头向东三过三峡，写下"朝辞白帝彩云间，千里江陵一日还"。他出川后再也没有回过家乡，外面的世界太精彩，一有机会他又走了。

李白没有走过北上蜀道，但写出了《蜀道难》。他的家乡离剑门关不远，他一定听说过剑门蜀道上的很多惊险故事，还有"一夫当关，万夫莫开"的惊世传说。或许正是由于听闻过于骇人，他有意避开了北上蜀道，选择东出水道出川，然后凭想象写出了《蜀道难》。他没有说明为什么要写这首诗。

江油市青莲镇太白碑林里的李白塑像

李白是四川人的骄傲，他用《蜀道难》显著提升了蜀道的名气，同时也产生了一些副作用。对蜀道难的过度夸张，给许多外省人造成不恰当的印象，谬种流传至今。许多川人对这种负面影响感觉迟钝，有意无意地继续演绎这首诗，不仅在景区里宣传，还把它搬上舞台，给世人强化"蜀道难"的印象。有人说，因为《蜀道难》名气大，吸引了很多人来探险。这只说了事实的一半。具有探险精神和探险财力的人始终是少数，大多数老百姓只想过安稳日子，不想探险。事实上，《蜀道难》吓退了许多外省人，让他们害怕入蜀。不说文学价值，只论宣传价值，对这首诗的使用要慎重，不要成为反向宣传。如在剑阁县城的剑门关高铁站放上《蜀道难》碑刻，颇有些违和之感，应该写"今日蜀道，畅行天下"。

《蜀道难》碑刻

可以确定的是，李白出川成就了"诗仙"盛名。

唐朝还有一个著名的四川诗人陈子昂。年少时出三峡，上长安，入国子监。科考失利后返乡，苦学之后再次入京科考，受武则天重用。他两次从军北征，留下名篇："前不见古人，后不见来者。念天地之悠悠，独怆然而涕下。"

杜甫在四川避难时，曾到射洪参观陈子昂的故宅，给了他很高的评价："有才继骚雅，哲匠不比肩。公生扬马后，名与日月悬。"认为他的诗文可与《诗经》《楚辞》以及扬雄和司马相如的赋比美。

再说汉朝。

成都人司马相如离开蜀郡来到长安，为梁王写下《子虚赋》，一举成名。又为汉武帝写了《上林赋》，深得武帝欢心，被封官，后来出使蜀中、衣锦还乡。因此被后人称为"赋圣""辞宗"。

巴郡阆中人落下闳，经同乡推荐，离开家乡来到长安。他为汉武帝改革历法，创制"太初历"，第一次把二十四节气纳入历法，提出浑天学说，制作浑天仪。英国科技史学家李约瑟称他为"中国天文史上最灿烂的星座"。

扬雄是郫县（今郫都区）人，著有第一部古蜀史《蜀王本纪》，是第一位把古蜀国文化与中原文化融会一体的人。四十多岁时离开四川到长安，因写赋得到汉成帝的赏识。在京城转而研究哲学，完成了《太玄》《法言》等哲学著作。《三字经》称"五子者，有荀扬"。扬雄的成就至少与荀子齐名，甚至超过荀子。

再看扬雄的老师严君平，据说学识很高，但隐居成都市井中，寂寂无闻。

明朝时，新都人杨慎进京科考，荣膺状元。他官场不顺，被贬云南几十年。他没有苏轼通明达义，做不到"吾心安处是故乡"，从被贬地返乡的蜀道上，他辛辛苦苦跑了十四趟。他在被贬后留给后世不少名篇，"滚滚长江东逝水，浪花淘尽英雄……"已尽人皆知。他还是反对宋明理学的先驱。陈寅恪称他"才高学博"，李贽将他与李白、苏轼并称为"仙"。

看看，这些名人都出川了，出川后但凡有点成就的还大多不想回来。

另外，还有一个广为人知的传说：远古圣贤大禹出川，治水，定九州，始有夏朝。史迹难考，此不详说。

近代以来，出川的四川文人也不少，最有名的是郭沫若、巴金、张大千。他们一生的成就也大多来自出川以后。

成都文学家李劼人，年轻时短暂赴法国留学，之后就一直待在四川，各项作品都在四川发表。有人认为他在长篇小说方面的成就在巴金之上，郭沫若说他是"中国的左拉"。但现实社会中，他的名头却鲜为人知。

不出川的文人还有唐朝的薛涛，在成都建吟诗楼，与白居易、元稹、刘禹锡等都有唱和。有人说她的诗歌可以和李清照相提并论。可今天，人们只知道李清照，鲜有人知晓薛涛。

三、出川将士大功业

夔门，刀劈斧削，立在三峡。走出这道门，就能进入逐鹿中原的大舞台。

孙中山就任中华民国临时大总统时，表彰了一批为推翻帝制而牺牲的烈士，追封了十几个大将军。其中有三人就是巴蜀人：成都人彭家珍牺牲在武汉，内江人喻培伦牺牲在广州，重庆人邹容牺牲在上海。他们都只有二十几岁，出川后走在革命前线，建立功业。

邓小平16岁出川，改变了中国的命运，这已人尽皆知。朱德出川，成为总司令。刘伯承、陈毅、聂荣臻出川，成为新中国的元帅。革命理想的引领，使他们走出了夔门，飞龙在天。

平时低吟浅唱，战时慷慨悲歌。刘湘率川军出川抗日，谱写了一曲川军保家卫国的慷慨悲歌。如果他不出川，就只是一个地方军阀。抗战时350万川人出川抗战，占全国总兵员的五分之一，伤亡也占五分之一。

历史上"川人从不负国"，虽身居盆地，却心怀天下。

抗美援朝时，37万川人参战，3万多人成为烈士，参军数、烈士数都占全国第一。两位特等战斗英雄里，四川有黄继光；47位一等战斗英雄里，四川有邱少云、胡修道、柴云振、谭秉云，人数位居全国第一。

俗语说："少不入蜀，老不出川。"盆地太小，生活又太安逸，适合过小日子。想成就大事业，就得出川，寻找更大的舞台。

位于成都市青白江区城厢镇的彭家珍纪念雕

走蜀道·聚四川

古蜀国至少有四千年的历史，而今天的四川人、重庆人绝大部分都是外省移民的后代。这几千年里发生了什么？

两千多年来，大量外省人走蜀道、去四川，在盆地安家定居。其中大规模的移民多次发生，有人说五次，有人说七次。不论多少次，移民潮在性质上可分为两种：一种是人口补充式的移民潮，外地移民占相对少数，需要主动适应当地环境，融入当地文化；另一种是人口大换血式的移民潮，外地移民占据大多数和主导地位，迫使当地文化适应移民们带去的文化。

这两种移民潮都在蜀地多次发生，影响最大的当然是人口大换血式的移民潮。这种移民潮至少发生过两次，伴随着腥风血雨、利益争斗，还伴随着文化交融、和谐共生。

一、古蜀人的悲怆

四川盆地的第一次大移民起于战国后期，是人口大换血。

公元前316年，秦灭巴蜀，大量古蜀人向南逃入山地和其他省份，甚至有一部分人逃到了千里之外的越南。秦国为了加强对蜀地的控制，组织上万户官民，走过金牛道，迁入蜀地。由此，关中文化开始取代古蜀文化，成为蜀地主流文化。

随着秦国的统一步伐不断加快，为了开发蜀地并削弱六国，秦国将六国富商、王室大量迁入蜀地。由此，中原文化进入蜀地。到了秦朝，成都人口已发展至35万人，成为仅次于长安的全国第二大城市。中原文化成为蜀地的主流文化，古蜀文化被迫边缘化。

古蜀国应该是有文字的，哪怕是不成熟的文字，至少在社会上层流行过文字，我们今天看到的"巴蜀图语"便是痕迹。在"书同文"的浪潮中，古蜀文字消失了。法家、儒家思想相继进入蜀地，与当地原有的巫术文化发生明显冲突，使当地文化衰微，退居山野残存。

边缘化并不意味着彻底消亡。东汉的张道陵来到成都平原，游历了西边的鹤鸣山等，受到残存的古蜀国巫鬼文化的影响，创立了道教。他把道家思想列为宗旨，尊老子为道祖。这就是道教的正一道（也叫五斗米教），是中原的道家思想和古蜀国的巫鬼文化融合的产物。至今，正一道仍是道教主流，说明它的生命力很强。今天的川渝文化仍可以看到古蜀国文化的影子。

由秦开启的移民运动一直断断续续，持续到汉末，是历时最长的移民运动。

后来发生过多次普通的移民潮。三国时期的刘备入蜀，带来大量外省人。魏晋时期中原

德阳市罗江区保存至今的金牛道遗迹
（无数秦人由此进入成都平原）

动乱，四川则相对安定，自然有大批中原人入蜀避难。唐朝的安史之乱、宋朝的金人入侵、蒙古大军南下，都促使大量人口入蜀避难，然后乐不思乡。这些移民人数很难统计，在数量上占比少，所以他们需要主动适应蜀地的文化。

二、明清大移民

对今天四川人口影响最大的是明清时期的两次大移民，史称"湖广填四川"，是四川人口的第二次大换血。湖广，指的是湖南、湖北两省。

元末明初，湖北人明玉珍率领红巾军溯流而上，穿过长江三峡进入四川。他们与蜀中元军激战，逐步控制了整个四川盆地，建立起以重庆为中心的"大夏"国。明玉珍从湖北带来20万士兵，加上士兵家属不少于40万人。川人还没有来得及休养生息，明军又杀来了。明军消灭大夏后，大夏的士兵和家属都留在四川定居。蜀地宜居，很多人来了就不想走了。

连续的战争导致四川人口锐减。明朝政府控制四川后，组织移民入川，开展农业生产。大批湖南、湖北等省农民"奉旨入蜀"，也有一些江西人、河南人。移民运动持续了22年，到洪武二十六年（1393年），四川人口回升到180万人，其中移民人数大约占了一半；加上明玉珍带过来的人，四川的移民人口约占到总人数的70%。过了两百多年，到1600年，四川人口增长到近500万人。移民人数超过本土人数，他们开始改造当地文化。

成都市龙泉驿区博物馆浮雕

明末清初，四川盆地战火四起，造成了一千多年来最惨重的人口损失。

大规模的战乱有：张献忠农民起义军二次入川，屠杀川人，明军、清军先后围剿追杀；清军入川，川人顽强抗清；吴三桂叛乱进入四川，清军平叛，在四川进行拉锯战。这些战争从顺治元年（1644年）到康熙十九年（1680年），历时37年。成都和重庆是军事争夺的首要目标，清军六进成都、六进重庆，战况惨烈，整个四川盆地除了西南部所受战祸较轻外，绝大部分地区被战火蹂躏，生灵涂炭。伴随战乱，饥荒、瘟疫接踵而来，雪上加霜，导致人烟稀少。张献忠、吴三桂和清军，到底谁杀人最多，已无从考证。但四川民间仍流传着"张献忠屠川"的说法和故事。

清朝初期，四川人口残存仅约50万人。经过进一步的战乱和自然灾害后，顺治十八年（1661年），官方统计的四川人口减至8万人左右，仅仅相当于明朝万历年间的6%左右。蜀地十室九空，大部分土地荒芜，94%的人口消失，这是一幅怎样的惨景呢？官方的公文说"官民庐舍，劫火一空""人烟久绝，尽成污莱，山麋野猪，交迹其中"。成都城里已有野猪、老虎出现，不再宜居，四川省的官衙被迫暂时移到阆中。省级政府不在成都，这是三千年来的第一次。明朝初期那一代移民的后代已所剩无几，肥沃的盆地长满荒草。

清朝又开展移民，大约持续了一百年。最初是强制移民，后来是鼓励移民，再后来是完全自愿移民。顺治六年（1649年），清廷颁布"垦荒令"，命令地方官将各地逃民，不论原籍、别籍，一律编入保甲开荒种地，并发给印信执照，永为己业。

四川民间有个传说：很多人喜欢背着手走路，别人问他们是为什么，他们说"我们的祖先就是这样被绑着来到四川的"。这种被迫移民是清初移民的情景。四川话把上厕所说成"解手"，就是因为大批移民被捆绑入川，要解便时需要解开双手。

而后，南方各省逐渐流传一个说法"四川是插根筷子都会发芽的地方"，于是大批移民主动涌入四川。顺治十年（1653年），开始推行奖励移民，大批湖北、湖南、广东等十余省的农民"进川立户，开耕就食"。主动移民常常是整个宗族一起迁徙，部族内尽力保持原有的习俗和文化。至今，在成都、隆昌等地还可以看到保持着百年旧俗的客家村落。

湖北、江西移民入川主要走川江水道。湖南、广东、福建移民大部分走陆路，从贵州入川。成都的洛带镇，是移民进入成都最大、最后的驿站，现在还有湖广、广东、江西三座会馆。

移民与当地居民容易发生新垦土地所有权纠纷，新移民和旧移民也有矛盾。一个新移民发现了一块荒地，便开垦出来种庄稼。过了几年，有人来说，这块地是他们家祖上的，还有证明文件，他们全家出去避难几年，现在回来了，要收回土地。这种纠纷往往很难断案，困扰着地方官员。为了鼓励移民，康熙二十二年（1683年），清政府规定："凡地土有数年无人耕种完粮者，即系抛荒，以后如已经垦熟，不许原主复问。"新规明显偏向新移民，简单快捷地处理了疑案、积案。于是，移民运动走向高潮，一直持续到乾隆中期。

直接入川的移民有100多万人，远超当地人口，加上移民后代，移民成为四川人口的主体。这是四川历史上最大规模的移民运动。

"湖广填四川"是四川人口的大换血，移民来源最多的是湖南、湖北，也有大量移民来自其他省份。在川东各县，移民以湖广人为主，也有广东、江西、福建、贵州和陕西人。在四川中部和川西平原地区，还是湖广人最多，其次是广东人、江西人。在川北地区，移民最多的是陕西人。总体来看，湖广籍移民在四川盆地总人口中的比例不会低于60%。湖广话成为四川官话，今天的四川话和湖北话仍很接近。盆地西南的乐山市，方言与其他地区有明显的不同，应该是移民较少的缘故，保留了较多的古四川话的因素。

在以移民为主体的乡村，政府既有的里甲、保甲体制往往并不能有效地发挥作用，移民社会地方管理有自身的特点。各地的会馆起到了独特的作用：联络感情、交流信息、促进贸易，为同乡提供社会化服务，甚至进行民事仲裁。在旧中国，四川地区的袍哥组织特别发达，也是移民社会的特点促成的。

明清两次大移民改变了四川的人口结构，今天90%以上的四川人是这两批移民的后代。蜀地的生产方式、文化传统都发生了重大变化。比如川剧，形成于清朝后期，综合了江苏的昆山腔、安徽和湖广的皮黄腔、陕西的秦腔，形成幽默活泼等特点。川菜文化有两千多年的历史，受移民潮的影响，成熟于清朝后期，具有平民文化的特点。

三、现代移民的历史壮举

走在成都的大街上，经常可以看到一个奇特的现象：两个人聊天，一个人说四川话，一个人说普通话，相互交流毫无障碍；有人一会儿说四川话，一会儿说普通话，随意切换，没有人觉得不自然。那个一直说普通话的人不一定是外省人，很可能是现代移民的后代，也有可能是成都上百年的土生土长的当地人的后代。

进入现代社会，蜀地还发生了几次移民潮。这些移民潮都不普通，进一步促进了当地人口的混血，对今天的川渝文化产生了重大影响。

抗日战争爆发后，国民政府于1935年决定迁都，立即掀起移民潮，无数不愿做亡国奴的人向四川盆地大举内迁。到1940年6月底止，迁入大后方的民营厂矿企业共452家，技术工人1.2万余人，其中迁到四川的最多，有250家。

先后迁往西南的高等学校有56所，占全国的50%以上，教师和学生达2万余人。迁入四川的高校有48所，其中国立中央大学、私立复旦大学等31所高校迁入重庆。当时形成的中国抗战文化四大中心：成都、重庆、昆明、李庄，其中有三个在四川盆地。

李庄是宜宾东面一个古镇，在长江边上，当地士绅热情接纳了来避难的大学。李庄只有三千人，来避难的外省人却有一万人。小镇上名流云集，上海话、浙江话、北方话、英语、法语、德语、西班牙语混在四川方言里。

说他们是移民并不准确，更多的是难民，是来短暂避难的。

内迁的主要通道是川江水道，毕竟运量大。民生公司是重庆一家大型民营船舶企业，统计了1935年至1938年7月通过川江水道转运到重庆的旅客，总数达16万人，其中公务员约占50%，学生约占5%，普通乘客、难民约占45%。通过军用船只运输的量也非常大。另外，还有人从北面的川陕公路迁入，从南面的公路、小路迁入。总之，坐船、坐飞机、坐汽车、步行，将古蜀道、新蜀道都挤满了，一时蔚为壮观。

源源不断的难民涌入，使四川人口急剧膨胀。1937年7月，成都城市人口约为54万人，重庆城市人口约为47万人。到1946年，成都人口增长到76万多人，是战前人口的1.4倍；重庆由于是陪都，城市人口更增至124万多人，为战前人口的2.63倍。盆地内泸州、宜宾、广元等城市人口也成倍增加，为有史以来的最高峰。有人估算，内迁人数达2.3亿人，占全国总人口的一半，其中迁入四川的大约为5 000万人，超过当地人口总数。

重庆人称他们为"下江人"，即从长江下游来的人。内迁企业促进了重庆重工业的快速发展，培养了一大批科技人才。"下江人"引领了重庆的现代化运动，帮助重庆的市政、卫生、交通等事业获得空前发展，对老重庆人的生产、生活方式和思维方式，也产生了很大影响。成都、重庆的工业化和现代教育格局的形成，都源于此。这是抗日战争以前的地方军阀政府无法做到的。

抗日战争胜利后，大部分外省人离开盆地，少数人留下。迁走的、留下的文化人都在四川留下了文化痕迹。

入蜀避难的故事，历史上演绎了无数次。盆地只是他们的临时栖身地，他们才不会用尽才智建设四川。对四川贡献最大的是另一种人，他们是真正的移民。

1949年，刘邓大军进入四川，随军带来了一批"南下干部"，他们来自河北、山东等解放区，受过政治培训。还有在东部地区招募的文化人，组成"西南服务团"一起入川。一批军人就地转业，与这些干部一起接管地方政府和国有企业。这批人数量不是很多，但他们是真正的移民，他们带着建设新中国、服务大西南的崇高使命和责任入川，基本上都留在了四川。他们是各行各业的领头人，对四川的贡献特别突出。

1964年至1980年，中国为应对美苏两个超级大国的压力，开展了大规模的"三线建设"。"一线"是沿海沿边地区，"三线"是不容易受到战火波及的内陆地区。按照"分散、隐蔽、靠山"的战备原则，在"三线"地区进行了大规模的国防、科技、工业和交通基础设施建设。建设遍及中西部13个省（市、区），以四川、贵州、陕西最多，其中四川更是重中之重。重庆迁建、新建的工业项目就有200多个，重庆成为全国重要的常规兵器、重型汽车的生产基地和西南最大的机械工业基地，成都成为航空、电子信息工业基地，绵阳成为中国唯一的科技城。

"三线建设"有一个重点是渡口特区，也就是今天的攀枝花市。一个位于横断山脉只有几户人的小山村，用了十几年的时间，建成了中国最大的钒钛钢铁基地。

大批三线建设者们从沿海地区来到盆地，甚至进入山区，大约有40万人。这时的蜀道已经是铁路、公路了，来去更方便，但他们来了就很少有人再回去。大公无私、服从安排，是他们的青春宣言。他们来自五湖四海，以东北和东部沿海地区的最多，是真正的移民，"献了青春献终生，献了终身献子孙"，把子孙后代留在四川，一代代延续对国家的责任。这批新移民带领四川建成了中国实力最强的后方军事工业基地，大大加快了四川工业化进程。

一代又一代的移民浪潮，带来了最宝贵的财富：人。特别是新中国的两次主动移民，带着崇高的使命而来，全身心地建设四川。他们发挥的作用是那些入蜀避难的千万人所无法比拟的，是伟大的历史创举。他们认同四川，成为新一代的四川人。

延伸阅读

"远胜他省"的川渝移民

"基建狂魔"传千年

今天的中国人被称作"基建狂魔",拥有超绝的基础设施建设能力。不过,"基建狂魔"不是一天炼成的,是有历史渊源的。

一、千年前的"基建狂魔"

秦朝有驰道,可以双向通行马车队,快速输送大军。隋朝有大运河,可以通行大型木船。丝绸之路是天然通道,通行能力实在不强,远不如驰道和大运河。这三条路都很伟大,但和古栈道比起来,它们都是"晚辈"。

著名桥梁建筑专家茅以升说,长城、运河、栈道是中国古代三大建筑奇迹。

长城是军事防御设施,运河和栈道都是交通设施。修长城,修运河,修驰道,都需要大量人力,工程以规模宏大著称。修栈道呢?作业面小,技术难度大,操作危险,人多没用,必须靠一批有经验、有胆识的工匠,精心设计,胆大心细,稳步操作……工匠是从悬崖上方吊绳子下来操作,还是从侧方搭架子前行?我们不知道。修筑栈道的技巧和胆魄都是惊人的,工匠的勇气无与伦比。

走遍全世界,栈道主要集中在伟大的古蜀道上。古蜀道三千年前开始兴建,三百年前还在维护。秦蜀古道、陇蜀古道、南方丝绸之路、长江三峡都有栈道,以秦蜀古道最多。川陕公路修通前,秦蜀古道一直是川陕官道,是两省交流的主要通道。陈仓道发生过刘邦暗度陈仓、诸葛亮出岐伐魏、曹操征讨张鲁、唐玄宗入蜀避难、陆游据守大散关抗金、乾隆帝派兵捍卫西藏等诸多大事件。甘肃省陇南市的阴平道属于陇蜀古道,历史上多次被伐蜀的军队用于偷袭。古栈道一直使用到民国末期。褒斜道、金牛道的历史故事更多。

古代交通设施的精华在古蜀道,古蜀道的精华在金牛道,金牛道的精华在四川省广元市,从明月峡到翠云廊段。

明月峡位于大巴山脉,临近四川与陕西交界处。这里的栈道挂在嘉陵江峡谷的岩壁上,是金牛道最险的部分。在全国栈道遗址群里,这里遗留的栈道孔眼最多,保存最完好,形制结构最科学。栈道类型有标准式、悬崖搭架式、依坡搭架式等,以悬崖搭架式最为险峻复杂。

古栈道在风雨中坚守千年,平时是经贸要道,战时是生命保障线。张仪、司马相如、诸葛亮、唐玄宗、杜甫、苏轼、陆游等大批名人都从这里走过。诸葛亮对金牛道的栈道进行过大规模的整修,宋代设置桥阁官管理栈道,宋末战乱中栈道毁坏,元代予以修复。栈道的修筑和维护都费时费力,而且以木结构为主,经不起风雨侵蚀。

明末清初,在清军清剿吴三桂的战争中,明月峡栈道尽数被毁,金牛道改走碥道。碥道是在崖壁上筑成的土石路,自火药发明以后开始出现。人们用铲削坡铲石,用凿下来的石块在坡上砌成石墙,内填土石,以加宽道路。到清朝时,各地栈道陆续被碥道取代。

明月峡栈道

川陕公路开通后，整个金牛道都被嫌弃了。20世纪90年代，明月峡栈道被修复为旅游设施，2008年汶川大地震时遭受重创。随后，当地政府用现代工艺将栈道复原，使今人也能够一睹栈道的古时风貌。

明月峡被称为"中国道路交通史博物馆"，除了古栈道，还有嘉陵江水道、纤夫道、老川陕公路（108国道）、宝成铁路。跨越千年的古今蜀道挤在一起，可谓一大奇观。其他地方也有修复的栈道，如陕西境内褒斜道上的石门栈道，但没有汇聚形态如此多样的古今交通设施。

古栈道

古蜀道是锤炼基建能力最好的战场，古栈道是中国交通最早的名片。修驰道和大运河的是"基建狂魔"，修栈道的简直是"魔头"。

二、那时的欧洲和西亚

"条条大路通罗马"，通罗马的是什么路呢？

两千多年前，古罗马为了军事扩张和政治统治，修建了罗马大道，从首都罗马以辐射状向外扩散。著名的有阿比亚大道、拉丁纳大道、卡西亚大道等，比秦蜀古道晚四百多年。部分干道用石头铺就，十分耐用，现在的意大利还能看到它们的遗存。

按照罗马大道的官方建设标准，路面是经过打磨的大石块路面，宽度通常在4.57米到5.48米之间，每一罗马里设置一个里程碑，马车双向通行。道路实际宽度为1.1米至7米，长度一般为一两百公里。在戴克里先皇帝统治时期，罗马正规的道路多达372条，全长8.5万公里。罗马大道的著名在于数量多，随着罗马疆土的扩张而不断延伸，在保存时间上比建筑物更长久，为近代欧洲道路体系奠定了基础。

秦驰道和罗马大道大致处于同一时期，规模大，标准高。著名的驰道有9条，从咸阳通陕北的上郡道，通山西的临晋道，通河南、河北、山东的东方道，通东南的武关道，通宁夏、甘肃的西方道，通内蒙古的直道等，长度一般超过一千公里。秦驰道在平坦处宽五十步（约69米），路中间为专供皇帝出巡的专道，每隔三丈（约7米）栽一棵树，路两旁用铁锥夯筑厚实。有少量秦驰道遗留至今，两千年里路中间都不长一棵树，可见夯土有多密实。

论建设标准，罗马大道的宽度不到秦驰道的十分之一；论建设难度，罗马大道比不上古蜀道的栈道；论建设技巧，栽树比建里程碑更有利于道路养护。

古罗马分裂后，欧洲再也没有大一统的王朝，无法修筑新的大型交通设施。随后的一千多年里，欧洲除了年久失修的罗马古道之外，到处都是泥泞的小道，直到近代工业革命兴起。

从两千多年前开始，以琥珀贸易为发端，从北欧的波罗的海向南贯穿欧洲大陆到地中海，形成了一条琥珀之路。它对于欧洲贸易很重要，但在建设技术和规模上远逊于古蜀道。

古西亚是人类文明兴盛较早的地区。两千多年前的亚述帝国称雄西亚、北非，它建设得最好的道路是"御道"，也就是平地上能通过马车而已，具体的建设标准、建设技术都没有留下更多的历史信息。

从地理上看，欧洲、西亚都没有四川盆地这么险峻的交通环境，也就不能产生与栈道相类比的交通设施。所以说，栈道是古代交通技术的"天花板"。

至于美洲、非洲、大洋洲，两千年前古埃及有一些马车道，其他地区只有羊肠小道，不值一提。

三、工业能力之外

曾经有人笑言："只要钱给够，我们可以把喜马拉雅山挖个口子。"由于工程机械发达，没有人会怀疑中国人的这种基建能力。不过，今天的欧洲人、美洲人也拥有发达的工程机械，却不是"基建狂魔"。也许他们曾经是，但现在不是。可见，在工业能力之外，还有另外的能力。

工业革命兴起后，"基建狂魔"的名号转到了西方。中国"病"了一百多年，眼见西方的公路、铁路、航空蓬勃发展，眼馋，自惭。新中国成立后，"基建狂魔"在东方满血复活，不断创造一个又一个基建奇迹。

20世纪五六十年代的川藏公路、成昆铁路，六七十年代的川黔铁路、襄渝铁路，八九十年代的内昆铁路、三峡工程，21世纪的大批高铁和高速公路，还有世界铁路建设的巅峰之作川藏铁路，无不显示了中国人"基建狂魔"的本色。起初靠的是艰苦耐劳的文化传统，一往无前的精神力量；然后积累丰富的施工经验，形成成熟的工程管理，发展先进的施工技术；加上高效的征地制度，富有激励性的劳动薪酬等制度，当代"基建狂魔"迅速成型。这里有技术的积累，有制度的保障，还有勇气的传承。欧美不再是"基建狂魔"，缺了后两样，技术积累也不是万能的。

修筑成昆铁路的战士，修筑川藏铁路、高速铁路、高速公路的工程师和工人，都是中华优秀传统文化的传承人，传承了刚健有为、奋发进取的民族精神。他们和修筑古栈道的工匠一样，不断创造基建奇迹，传承着中华民族的智慧和勇气。人，才是一切奇迹的根本原因。

通往云南的古今蜀道——秦五尺道、水路、铁路、公路、高速公路在豆沙古镇汇聚并行

延伸阅读

割据一方与战略大后方

成渝之争看蜀道

交通天下——从蜀道难到蜀道畅

成渝是兄弟，相争数千年。成渝之争包含两个层面：一是成渝两地在全国的地位高低；二是成渝两地之间的相对地位。几千年来，成渝两地在全国的地位时高时低，在大部分时间里，成都的地位高于重庆。影响这两种地位变化的主要因素是两地的对外交通条件，也就是蜀道之畅，大致上分五个阶段。

一、从远古到北宋：北上蜀道繁荣

古蜀国和古巴国争斗了几百年，古蜀国一直占据上风。但对于全国来讲，中原的大国都没把偏远的巴蜀两国放在眼里。

秦统一巴蜀后，分设蜀郡、巴郡，政治地位看似平等。都江堰建成后，蜀郡成为"天府之国"，富甲一方，是大秦的粮仓，经济地位远远高于巴郡。加上成都离京城更近，交通更便，朝廷自然更看重成都。

汉唐以后，天府之国的美名誉满天下，成都在全国的经济地位不断上升。唐朝中期以后，长安遭到战火摧残，成都和扬州并列为全国最繁华的大都市，于是有了"扬一益二"的说法。唐朝末年，扬州毁于战火，而成都继续繁荣，既是蜀地的经济中心，又是政治中心。唐僖宗入蜀避难期间，成都还成为全国的政治中心。

成都地处川西平原，交通条件天然地比地处山地的重庆好得多。从四川盆地通往京城的要道是北上蜀道，特别是金牛道繁荣了一千多年，所以成都一直是蜀地的政治经济中心。

重庆及周边地区商品经济微弱，对长江水道的需求量不大，重庆仅仅起着过境驿站的作用，地位还不如夔州（今奉节县）。从南北朝、隋唐到北宋，夔州因扼守夔门之险，成为川东地区的军政中心，地位超过重庆。北宋设川峡四路，也就是在四川盆地设有四个路，四川之名由此而来。其中，川东设夔州路，下辖渝州（今重庆主城区）等地。所以，杜甫、陆游等文人过川江时，都在夔州停留，而不是在重庆停留。

这几千年里，成都在全国的地位不断上升，远高于重庆。

广元市昭化古城葭萌关，金牛道穿城而过

二、从南宋到清末：川江水道崛起

自北宋以来，四川盆地一直是中国西部最发达的经济区。同时，长江中下游日益开发，中国经济重心开始从黄河流域南移到长江流域。四川盆地与长江中下游的经济来往增多，带来川江航运的繁忙。

南宋以前，中国大一统王朝的首都一直在北方：长安、洛阳、开封等。自南宋开始，首都从北方南移到杭州，带来了江浙一带的繁荣，同时对蜀地产生了深远影响。秦岭以北的大片土地被西夏、辽、金等反复占领，秦岭一带成为抗金前线，关中平原不再安全。从盆地到首都不能走北上蜀道了，最便捷的路是长江水道。四川盆地的大部分州县都可以通过长江及其支流岷江、沱江、綦江、嘉陵江、乌江等，与重庆通航，并由此通往长江中下游地区。从此，剑门蜀道日渐衰落，长江水道日渐繁忙，位于水道要塞的重庆极为得益，经济地位日益提升。再加上重庆是典型的山区城市，易守难攻，军事地位也日益提升。

到了元明清，首都回到北方，却不在长安、洛阳停留，而是一直移到北京。从蜀地到北京，走北上蜀道和东出蜀道，距离都差不多。于是，两条蜀道都忙了起来。不过，水路具有陆路不具有的大运量、低成本的优势，使它成为更重要的经贸要道。清代时，重庆的转口贸易已十分兴盛，成为川江航运的枢纽，重庆也由此发展成重要的商业城市。

这段时间里，成渝两地在全国的地位下降，低于江浙一带。两地之间，成都的政治地位在大部分时间里高于重庆，经济地位的差距缩小。重庆发展成四川盆地的第二大城市。

三峡大坝蓄水后的川江水道

三、从1891年到新中国初期：水运优势凸显

1891年，按照清政府被迫签订的条约，重庆开埠，成为中国西部唯一的开放城市，开始进入工业时代。西洋、东洋的机动船驶入重庆，先是蒸汽机轮船，后是内燃机轮船。传统的木船看着冒黑烟的铁船，目瞪口呆，无奈衰落。

川江及其支流的航运业一直是重庆交通运输的主体，驿道、公路、航空的运输量都要少得多。机动船运量大、速度快、成本低，使水运的优势得到充分发挥，让陆路运输更加难望其项背。重庆由此发展成西南地区的交通中心，继而发展成经济、政治、军事中心。

这段时间里，工业文明带动中国进入海运时代，沿海地区和水运发达的武汉等地迅速发展起来，把交通不便的成渝两地甩在了后面。

抗日战争时期，沿海地区大量重工业内迁，最主要的迁移线路就是这条水路。成渝两地突然重要起来，其重要性短暂超过沿海地区，但这只是战争带来的昙花一现，随着抗日战争的胜利而迅速下降。

抗日战争时期，由于重庆水运便利，大量重工业聚集重庆，同时还使重庆有了陪都的地位。此时，重庆的政治、经济、军事地位全面超越成都，并成为全国最重要的城市。这几年是它空前的高光时期。

进入工业文明后的成都，发展工业明显比重庆慢了一步，只有在服务业上使劲。

新中国成立初期，重庆成为西南军政委员会驻地，其政治地位继续超过成都。

这几十年里，成渝两地的地位不仅落后于江浙一带，还落后于广州、天津、武汉等交通发达的城市。两地之间，重庆的地位反超成都。

川江上货运繁忙

四、从"三线建设"时期到重庆直辖前：水运让位铁路

20世纪60年代，"三线建设"展开，沿海地区的重工业、电子工业、军工业大量内迁，四川盆地是内迁的重点地区。成都重新回到政治中心地位，同时工业兴起，特别是电子工业、航空工业等高附加值工业大量汇聚。重庆则大量聚集重工业、军工业、汽车业。

成渝铁路、宝成铁路、川黔铁路、成昆铁路、襄渝铁路等铁路干线相继建成，成渝两地都有了出川铁路线。铁路具有大运量、快速度等优势，很快取代了川江水道，成为最重要的新蜀道。这使重庆的水运优势下降，成渝两地在经济上基本保持平衡。

这段时间，成渝两地的地位仍然落后于沿海地区，并随着改革开放拉大了与沿海地区的差距。成都作为省会城市，政治地位重新超过重庆，经济地位则与重庆基本追平。

成渝铁路与川黔铁路立体相交

五、重庆直辖以来：铁路更是主力

1997年，重庆成为直辖市。川渝分家，重庆成为正省级城市，而成都是副省级城市，重庆的行政级别比成都高了半级。重庆名为直辖市，实际相当于一个省。随后，高速铁路、高速公路同步发展，成渝两地的经济都实现了快速发展，重庆的水运优势变得不再那么重要，成都的平原经济优势也不再那么突出。铁路成为出川蜀道的绝对主力，成渝都是重要的铁路枢纽，两地都发展成为国家中心城市。

第一产业是成都几千年来的天然优势；第二产业则与重庆有不同的侧重；在第三产业上，成都的优势越来越大。进入21世纪，成渝两地的对外交通条件越来越接近，可以说不分伯仲。不过，成都的自然环境更宜居，物产更丰富，导致人口更多地向成都流入，促进了成都第三产业蓬勃发展，明显超过重庆。重庆则保持重工业的相对优势。

随着西部大开发的深入，成渝地区成为全国交通第四极，在全国的地位虽然仍不及沿海地区，但差距在缩小；随着"一带一路"倡议的推进，两地的重要性开始上升，开始成为通往欧洲、西亚的前沿。两地之间，政治地位、经济地位基本相当，各有优势，双星争灿。

六、成渝两地间的交通

新中国成立前，四川盆地的道路以成都为中心向四方发展，包括省道、县道、乡道等。省道在驿站的基础上建立，由官府修建，其他道路多为商绅捐建。川江支流大多为南北向，所以陆路以东西向为主。四川商人在陆路上开办了轿行，从事客运，有的兼做货运。

那时，从成都去重庆主要有三条路。

第一条是古老的水路，乘船从岷江顺水而下，经乐山至宜宾，再顺长江经泸州到重庆，至少要一周。李白出川行游，杜甫告别蜀地返乡，苏轼搬家到京城，走的都是这条水路。1923年巴金走过这条路，花了一周。如果要从重庆到成都一般就不走水路了，盆地内的河流落差大，逆流而上甚为艰难。

第二条是陆路北路，唐宋时逐渐形成，由成都经遂宁到重庆。南宋诗人范成大记载，从万州乘船逆流而上到成都需要 100 天，而走经过遂宁的陆路只要 20 天。

第三条是陆路南路，由成都经内江到重庆，形成稍晚。南路起初没有北路兴盛，明朝时逐渐兴盛起来。1933 年南路改造成了成渝公路，成为四川的第一条公路干线，自此就可以通汽车了。那时的公路基本上都是土路、碎石路，一路颠簸要两天多的时间。从此北路衰落。

新中国成立后，成渝铁路通车，成为两地间最重要的交通路线。成渝公路经过改造，运输能力不断提升，也成为重要的交通路线。自此，水路逐渐衰落。

七、成渝两地的风格

世人都说成都尚文、重庆尚武，成都多文人，重庆多武将。两个邻居的直线距离只有两百多公里，却性格迥异。两地文化持续融合了三四千年，但至今依然保持各自的风格不变，自有它的道理。重庆是山城、雾都、桥都，四大"火炉"之首，重庆人以感性、耿直、直率火爆著称；成都是平原城市，成都人以理性、洒脱、会耍嘴皮子著称。重庆话粗重，如石头落地；成都话温柔，如细雨霏霏。在成都的小巷里，两个人可以吵几小时而不动手；而在重庆，吵上几分钟就干上了。

但两地风格的不同不仅于此。

杜甫从成都返乡的时候走川江水道而下，由于生病在忠州（今忠县）和夔州（今奉节）逗留了两年多。他对成渝两地的不同风俗颇有体会。他在《负薪行》中写道："土风坐男使女立，男当门户女出入。"那里的风俗是男人理家，女人外出办事、做买卖。而成都不是这样的，男女都可以外出。

陆游《入蜀记》说："妇人汲水，皆背负一全木盆……大抵峡中负物率着背，又多妇人，不独水也。"夔州妇女不仅要背水，还要背柴去卖，甚至冒险贩卖私盐。而成都人会认为，这是男人干的活。

时光过去了一千多年，这块土地上的居民换了好几拨，这种风俗依然留有痕迹。

民国时，袍哥组织风行川渝，重庆出现一批女袍哥，在外面"操社会"。成都女人的地位与重庆女人差不多，但很少有女袍哥。

20 世纪 80 年代，我在重庆街头看到一幕：一个妇人逛街，看见丈夫手里提了一个布口袋，便一把抢过来挎在自己肩上，说："一个男人拿个口袋，像啥子？"男人双手空空，她便觉得正常了。

更不得了的是红岩女杰们。在重庆渣滓洞、白公馆曾经关押了大批共产党员和进步人士，其中 20 多人是被叛徒出卖入狱的女性。她们全部顶住了酷刑的考验，无一人叛变。

重庆女人了不起，是吧？

成渝两地相似的地方似乎更多，麻将、火锅、辣椒、美女、川剧、龙门阵……在经济上、血缘上的联系非常紧密，一家人不说两家话，各美其美，美美与共。

今天的重庆女人

出川抗日的赵一曼是川人的精神典范

川渝文化与蜀道精神

有一个抖音视频说了一个有意思的现象：南方人吃豆花要甜的，北方人吃豆花要咸的，而四川人要辣的；南方人过冬至吃汤圆，北方人过冬至吃饺子，而四川人吃羊肉汤。四川人不南不北，有多特殊？

一、巴蜀文化与川渝文化自成一体

考古学上讲"巴蜀文化"，指古蜀国和古巴国的所有文明成果，包括宝墩文化、三星堆文化等，时间上到汉武帝时期结束。人们平常所说的巴蜀文化则具有社会学上的意义，指川渝地区古代的地方文化，主要指精神方面的成果，在时间上一直延续到清末。

川渝地区进入工业时代后，地方文化发生了翻天覆地的变化，应改称"川渝文化"。

据国家统计局发布的《中国统计年鉴2021》，第七次全国人口普查表明，四川省人口的男女性别比是102.19（即每102.19个男人对应有100个女人），比全国低2.88。男多女少是全国普遍现象，但四川的情况要好很多，男女数量相对平衡。在全国，城市和农村的性别比差距很大，城市里男多女少的矛盾大为缓和。有11个省的城市人口性别比小于100，也就是女性多于男性。单说城市人口，四川是97.59，重庆是97.86，只有东北三省的数据略低于川渝。川渝两地城市的女性比男性多，是多次人口普查的结论。

男尊女卑、传宗接代的封建思想在中国流传了几千年，东北和川渝是例外吗？这是有历史文化根源的。

清初的"湖广填四川"形成了川渝人口的主体，清末的"闯关东"形成了东北人口的主体。东北是更年轻的移民社会，宗族势力更弱，工业化又早，女性地位就更高，女多男少的现象就更突出。

从地方文化来讲，全国汉族聚居区分为三大块：北方、南方和川渝。南北方以秦岭、淮河为界，四川盆地在地理上属于南方，在文化上则自成一体。在工业文明形成前，这三大块就具有鲜明的特点。

第一，北方文化主要由农耕文明的草根部分和游牧文明融合而成。由于草根大众人数上的优势，北方文化基本上还是以儒家思想为底色，兼有道家、佛家思想，同时具有游牧民族的粗犷气质。这种气质影响地方政府的行政风格，往往措施果断、简单直接。各种思想混杂一处，主流思想不够强势，这样的文化土壤容易受到外来文化影响。

第二，南方文化主要由古代北方农耕文明的精英部分迁徙后，与南方当地文明融合而成。历史上多次"衣冠南渡"，特别是五胡乱华、安史之乱、金国南侵，不仅使中国经济中心南移，而且使黄河中下游儒家的大部分精英分子移到了南方，给南方带去完整的儒家伦理、精致的生活方式、典雅的审美倾向。北方大量的底层百姓无法南渡，只能留在北方。延续下来，南方文化里的儒家思想更加强势，占据绝对主导地位，其他思想都弱势很多。

第三，巴蜀文化不南不北，亦南亦北，是北方文化、南方文化和古巴蜀文化融合的产物。四川盆地是北方、南方移民大汇聚之地，移民后代超过总人口的90%。自秦统一巴蜀以来，古巴蜀文化与秦国、楚国文化不断融合；西汉时又大规模输入中原的儒家文化，在汉武帝时期基本完成整合。古蜀文化融入进了道教文化，与外来的儒家、佛家思想同步发展了一千多年，不分高下，没有哪一方占据绝对优势。在川人身上，儒家的积极进取、道家的乐观豁达、佛家的包容敦厚，各种文化特质共处一身、浑然一体，延续至今。

在巴蜀文化里，北方文化、南方文化的痕迹都能找到，但哪方都不占优势。北方人的豪爽直率更多地留在了重庆，南方人的精致典雅更多地留在了成都，川渝人还有另外一种更加突出的性格——洒脱随性。

绵阳市的佛寺里同时塑有孔子、孟子、老子、庄子、荀子、墨子的像

进入工业时代后，工业文明正在迅速改变各地的文化传统。巴蜀文化演变为川渝文化，保留了不南不北、亦南亦北的特征，独树一帜，自成一体。几千年形成的文化基因种植在民间，根深蒂固。

二、巴蜀文化和川渝文化的道家特色

古蜀文化巫术发达，以神仙术为核心。三星堆出土的文物印证了这个说法。古巴国文化也具有巫术发达的特征，有鬼魅横行的原始宗教。巴蜀文化逐渐纳入中原文化体系后，语言、文字、服装等都被中原化，但崇尚巫鬼的精神底蕴并没有完全消亡。这为四川诞生道教准备了丰厚的文化土壤。

东汉时，江苏人张道陵（又名张陵）入川，任巴郡江州（今重庆）县令。他目睹朝政腐败，愤而辞官隐退。他到河南北邙山学长生不老术，又到江西龙虎山设坛炼丹。汉顺帝时，他率家人和弟子入川，在成都西郊的鹤鸣山修道，正式创立道教。他尊奉老子为太上老君，推崇《道德经》为经典，自著《灵宝》等书籍，用道家思想改造巴蜀地区的巫鬼道，制定教义，发展道众，很快发展了数万人。古蜀文字的印章被作为道士的法器，古蜀文化传统套上了中原的道家思想，为中国文化创造了新鲜血液。

张道陵创立的道教自称"正一道"，又叫"天师道"，民间又称"五斗米道"。

张道陵的孙子张鲁发扬了道教，在汉中短暂建立过政教合一的政权。曹操十万大军压境时，张鲁投降，与教众一道北迁，进入关中。自此，道教正一道通过蜀道传向全国。

道教的特点是什么？

青城山是道教的发源地之一，山上的建福宫灵祖殿有副著名的对联："事在人为休言万般皆是命，境由心造退后一步自然宽。"它告诉我们，道教的真谛并不是消极遁世，而是进退自如。

儒家讲，"达则兼济天下，穷则独善其身"，追求的是家国天下，底线是自身道德完善。道教的进取与儒家的进取同样积极，但不限于家国天下，而扩展到天地自然，进得更前卫，退得更豁达。

巴蜀文化以成都重庆为核心，以道家思想为特色。在这里，儒家的地位没有东部地区那么崇高神圣，道家的影响比东部地区更加突出。

成都是著名的休闲之都，人们注重消费，重视享乐，市民过着"慢生活"。成都人好口舌之利，可以吵架，但不会打架。再大的事都不会想不通，一碗茶、一顿火锅，什么都想开了。"退后一步自然宽""万事莫强求"是成都人的口头禅，也是行为习惯。面对

成都青羊宫藏于闹市间（相传老子出关后在此传道）

天大的事，都可以潇洒地说一句："不存在！"这个"不存在"含义模糊而丰富，主要是"不在乎"的意思。这种豁然通达、随性自然、不拘礼法的风气，正来自于道教的濡染。

道教主张阴阳相生，阴阳之间可以相互转化，并无优劣高下之分。女性的独立人格由此得到川渝人的广泛认可。今天的川渝人大多喜欢生女孩，极少有人刻意选择孩子的性别。汉族女孩结婚也极少有要彩礼的，只要小俩口过得好就行，钱不钱有什么关系？这种现象在全国也是少见的。川渝地区大概是全国女性地位最高的地区之一。

道教在总体上传递了道家思想，对民众的深刻影响达到了"日用而不觉"的程度。移民们来到成都，都逐渐被这种文化同化了。四川最著名的文人如李白、薛涛、苏轼、郭沫若等，都带有明显的道家气质。

三、蜀道精神的生长

川渝文化和巴蜀文化一脉相承，有很多共同点，都包含了蜀道文化。蜀道文化兼具两者的特色，为两者提供了丰富的养分。

修路架桥，积德行善，是中国人几千年来根深蒂固的传统观念。对于川渝人来说，修路架桥更是生存与发展的头等大事。开辟古今蜀道，淋漓尽致地体现了川渝人的精神风貌。

四川省交通运输厅编写的《四川高速公路建设实录》，把古蜀道建设形成的"蜀道精神"概括为：开拓、坚韧、开放、图强。

蜀道精神是蜀道文化的核心。古蜀道属于农业文明，现代蜀道属于工业文明，古今蜀道文化有着明显的区别。

他们把古蜀道文化分为两部分：一是栈道交通，特别体现出坚韧不拔、攻坚克难的突破和开创精神，展示了蜀人先民不畏艰险、前赴后继的英雄气概；二是南方丝绸之路，鲜明彰显了蜀道沟通中外、互通交流的开放图强精神，蜀地本土文化与多种外来文化碰撞融合、和谐共生。

新蜀道主要包括公路、铁路、航空、水运。"改革开放前，四川公路文化质朴微澜。""川藏公路政治意义重大，彰显了不畏艰险、勇于牺牲的精神。"四川公路文化"恪守蜀道文化传统的积淀，在自力更生、吃苦耐劳等精神上传承坚守，而在开放和光大的意义上尤显不足"。

改革开放后，四川公路文化迎来春天。一是农村公路大规模拓宽改造；二是创新公路建设机制；三是"要致富先修路"的理念引导公路毛细血管迅速延伸；四是公路建设逐步从

上篇 蜀道难——古蜀道的传奇

057

"数量型"走向"质量型";五是公路养护文化与时俱进;六是公路建设与环境和谐相生,特别是九寨沟到黄龙公路的建设,体现了安全、舒适、环保、示范的原则,享誉全国。

高速公路的建设形成了五大特色精神文化。一是续写了辉煌的"两路"精神——一不怕苦、二不怕死,顽强拼搏,甘当路石,军民一家,民族团结。二是"冲出盆地、通连四海"的开放精神;三是科技领跑的创新精神;四是"质量第一、关键是人"的质量理念;五是"天、人、路和谐兼容"的筑路模式。

重庆奉节县的铁路桥、公路桥并列,下方货轮密布

这些总结是有益的,但还需要深入研究,梳理得更清晰一些。

川渝地区在铁路建设中也积淀了新的蜀道文化:修建成渝铁路,筑路者高举"开路先锋"大旗,酝酿出"开路先锋精神""火车头精神""成渝精神";修建和养护宝成铁路,形成了"宝成精神";修建和养护成昆铁路,形成了"成昆精神";铁道兵部队在建设西南铁路的过程中,形成了"铁道兵精神"……

中国民航在发展中形成了"敬畏生命、敬畏规章、敬畏职责"的文化,也成为新蜀道文化的一部分。

古蜀道的开拓集中体现了巴蜀文化的特质,特别是积极进取的精神、顺应自然的思想。现代蜀道的开拓充分体现了川渝文化的特质,体现了对巴蜀文化的继承和发展、对红色文化的弘扬。开辟新蜀道,建设新时代的蜀道文化,川渝文化会更加丰满。

通往云南的蜀道(水路、铁路、公路、高速公路并行峡谷)

中篇

蜀道通
——新蜀道的伟力

梦想、奋斗、牺牲、接力，打通新蜀道的伟力惊天动地、感天动地；铁路、公路、轮船、航空，新蜀道展现的伟力改天换地、翻天覆地。

古蜀道以人力、畜力、自然力为动力，新蜀道以蒸汽机、内燃机、电动机为动力，两者泾渭分明。最早进入蜀地的新蜀道是公路，随后航空、铁路蜂起。仅仅几十年，新蜀道就完成了对古蜀道的全面取代。

"交通为实业之母，铁路又为交通之母。""今日之世界，非铁道无以立国。"一百多年前，孙中山先生从不吝啬他对铁路的偏爱。

铁路是一种大运量、快速度、全天候、低能耗、污染小、占地少、安全可靠的大众化交通工具，是国民经济发展的大动脉，在综合交通运输体系中处于骨干地位。中国修建铁路始于清末，比西方发达国家晚了近半个世纪。

1912年孙中山出任全国铁路督办，在上海成立"中国铁路总公司"，设想10年内以60亿元资金建成20万公里铁路。这个规划宏伟而浪漫。

1919年1月孙中山发表《实业计划》，提出国家工业化的整体方案，其中对铁路计划的论述最为宏伟、详尽：要建立中央铁路系统、东南铁路系统、西北铁路系统、高原铁路系统，包括兰州—重庆、成都—拉萨等线路，共修建铁路16万公里。这个计划仍然充满浪漫主义色彩，无法落地。

川渝地区最早的铁路是北川铁路，位于重庆市北碚区，主要用于运煤。1927年，北川铁路由卢作孚发起成立的"北川民生铁路股份有限公司"开始修建，1934年年底建成。线路全长16.8公里，轨距仅732毫米，被称为"寸轨"。这条短短的小铁路，在抗战中为重庆的能源供应发挥了重要作用。后来失去功能，1968年被拆除。

民国时期，还修了一条綦江铁路，也在重庆，主要用于运煤和铁矿石，只有67公里。它是1 435毫米的标准轨距铁路，1965年改造成川黔铁路的一部分。

新中国成立后，孙中山的梦想开始逐步变成现实。今日中国已是世界第一铁路强国，今天的中国人都理解了他的话："国家之贫富可以铁道之多寡定之，地方之苦乐可以铁道之远近计之。"

改变蜀道难，发展新蜀道，铁路是必然之选、优先之选。

重庆机务段整装待发的电力机车

新蜀道的起点

蜀道再难，挡不住川人筑路的决心。打通新蜀道与修筑古蜀道一样，惊心动魄，荡气回肠。

四川盆地的第一条公路是 1925 年修建的成都到灌县（今都江堰市）的公路，只有 55 公里。第一条出川的新蜀道是川陕公路，几十年里一直是最重要的出川公路，对抗战救亡和经济发展都发挥了巨大作用。

一、生于国难之时

1931 年，日军发动"九一八事变"，强占我国东北，对华北虎视眈眈，全面入侵中国的狼子野心昭然若揭。国民政府开始秘密备战，一方面加强华东的军事防御设施建设，另一方面秘密开展战略后方的基础设施建设。川陕公路就是建设重点之一。

建设川陕公路首先是军事运输的需要，而不是经济发展的需要，于是建设手段就带有军事风格。

1934 年 10 月，蒋介石下令建设成都到汉中的公路，与正在建设的西安至汉中的公路连通，从而形成川陕公路。他严令半年完成，由军事委员长重庆行营督责。

川陕公路南段大部分路段与古金牛道相邻，成都经绵阳、梓潼、剑阁、广元，到川陕两省交界的棋盘关止，由"四川公路总局"承建。其中昭化到棋盘关段长 114.5 公里，穿越大巴山，沿路悬崖绝壁众多，最为艰难。

最险处在明月峡。嘉陵江两岸绝壁直立，东岸修有古栈道。这一段是古栈道中最险的路段，川陕公路想绕过去，最终失败了。施工方用炸药、开山机强行开道，在栈道上方凿出一条凹槽似的道路，长 864 米、宽 4.5 米，形成"老虎嘴"似的长廊，也叫"半隧道"。但这种宽度根本达不到国道标准，只能在凹槽中设置会车处，勉强通车。

川陕公路的"老虎嘴"

广元城北的嘉陵江东岸的千佛崖，是四川规模最大的佛教石窟群，始凿于北魏晚期，兴盛于唐代，止于清代，历时千年。在长 420 米、高 40 米的崖面上，堆叠着 13 层佛龛、1.7 万余座佛教造像，古老的金牛道从千佛崖下通过。川陕公路要把金牛道扩宽为公路，施工单位野蛮施工，用炸药爆破山崖，在金牛道的基础上建成公路，对石窟造成极大破坏，1 万余座造像被毁，仅余 7 000 余座。幸存的千佛崖在新中国成立后被列为全国首批重点文物保护单位。

对文物的破坏不仅于此。在闻名千古的剑门关，古关楼被拆除，仅留下一个刻有"剑门关"的石碑。我们今天看到的关楼是 2009 年在原址重建的。万幸的是，川陕公路没有通过剑阁县翠云廊，使这一段的古柏得以幸存。

棋盘关也是一处险境，公路无法像羊肠小道一样上山，只能绕一大圈，盘旋过山。

绵阳到棋盘关段，耗时一年修通，1936 年 6 月通过验收。

川陕公路北段是西安到汉中段，其中西安到宝鸡段已经有路，主要修宝鸡到汉中段。这一段大致沿着陈仓道修建，翻越秦岭的盘山公路十分惊险，因而反复修改线路。修路时发现了古大散关遗址，于是对石门摩崖石刻、张良庙进行了保护。北段施工与南段不同，由一家公司承建，招工 3 万人，采用商业模式修建，没有军方参与，文物保护做得好，

被破坏的千佛崖

但建设成本高昂，1935 年 12 月建成通车。

随后，连接南北两线的广元至宁强段动工，1936 年 12 月完工。川陕公路是出川的第一条公路，全长 801 公里，有桥梁 262 座。1937 年 2 月，川陕两省政府在剑门关举行通车典礼。

二、凝聚民工血泪

川陕公路南段，即绵阳到棋盘关段按"征工筑路"方式，由民国政府直接组织建设，属于强征暴敛，凝聚了无数民工血泪。

川陕两省政府制定的《川陕公路义务征工筑路实施纲要》规定："凡征工区域内除老弱病残妇女外，均有应征义务，一切应有工具由民工自带，不得违抗。"政府下达征集民工命令，要求公路沿途 11 个县成立义务征工筑路委员会，由县长兼任主席，强征民工。

各县接到省政府命令后，不敢懈怠，立即征集民工，由县长送到筑路工地。广元县政府下令："各区民工务于 9 月 25 日到达工地，若有民工饿死者，由该管区保甲长顶替。"如此强令，完全无视民工利益，无视民工死活。有钱人可以缴纳代金，可以雇人，穷人只能被迫出工。11 个县共计征召民工 17 万人，以广元、昭化两县最多。剑阁是山区县，全县 18 到 40 岁的男性壮丁 30 730 人，征工 19 714 人，占 64%。民工不仅要生活自理、粮食自带，还要自备锄头、扁担、箢箕（四川话，即箩筐）等工具。

偏偏这一年川北又遇到几十年不遇的大旱灾，粮食普遍短缺，不少人只能靠野菜充饥。筑路民工只能带很少的粮食到工地，几天就吃完了。有人无粮可带，便空手来到工地，指望着靠干活来吃饭。川陕两省规定，民工自带粮食修路，工程处只有少量粮食作为补贴，完全不敷使用。民工饿着肚子干活，不仅没工钱，连伙食都没有，有人被迫逃跑，有人生病，还有人死亡。据广元县统计，短短几个月，民工饿死、伤亡的就达几百人。

明月峡景区的川陕公路建设浮雕（左侧造型是开山机施工，右侧是民工人力施工）

总工程师万希成是与詹天佑一道工作过的铁路建设专家，目睹广元工区的惨状后，向四川公路总局写了报告："广元工区竟有人相食惨状，有的食白泥充饥而毙命者，日有所闻。至于饿殍载道，无时无之。民工无粮逃散者甚多。这一来工期大受影响，请总局立即派人调查处理。"

四川公路总局接报后也着急，立即给重庆行营打报告，请求中央政府支持。重庆行营秘书长贺国光看了报告，立即电令四川剑阁地区专员田湘藩："严令禁止，加以解决。"他们着急的都是工期，而不是民工的死活。

田湘藩是黄埔军校毕业的军官，当过国民党军旅长、师参谋长、剑阁县县长，1936 年 1 月任四川第十四行政督察区行政督察专员、保安司令，管辖广元、剑阁及周边几个县。他在剑阁强行推行"新生活运动"，派卫队上街巡查，发现抽烟的就把烟杆收缴折断，发现留长辫的就当场剪掉，发现插簪子、戴耳环、包头帕的就强行摘取没收。如此野蛮，民怨自然不少，但他们哪里顾得了民怨。几十年后，插簪子、戴耳环、包头帕依然是当地的风俗。

田湘藩接到重庆行营电令后，立即组织一批粮食运往工地。他是一个 31 岁的小伙子，穿着军装，坐着滑竿，让两个人抬着，吱嘎吱嘎地响，一派威风来到工地视察，见到几个县长就训斥："要是完不成修路任务，要是耽搁了工期，知不知道什么罪？告诉你们，那是破坏国防建设的死罪！"

但是，民工的伙食到底怎么办呢？重庆行营不管，四川省政府不管，行政督察专员也不管，他们只管举着大棒一级压一级，要几个县长自己想办法。县长们只好再去其他地方强征暴敛，勉强供应工地。田湘藩这样的人却被称为"能人"，1945 年获授陆军少将军衔。

川北有一个红灯教，有几千教民。他们不满民国政府"义务征工"，将工地的车辆等设备焚烧，拆毁电话，截取工粮，并派人到几个工地鼓动民工造反。田湘藩带领军队把他们赶出了川北，恢复了施工。

工地用炸药爆破开山，然后由民工挥着锄头整理路面。按国道标准，干线路基要扩宽到 9～12 米，铺成有路肩的双线道；路基要垫高半米，路基两侧有边沟；路基的最小半径为 25 米，最大坡度不超过 6‰。当时的公路分六级，川陕公路只是三级，路面用不了水泥、柏油，只能做"泥结碎石"。看似标准不高，但山区公路土石方量巨大，工期不可能在半年完成，就一拖再拖，拖到了冬季。

民工随身的衣物不能御寒，夜里更是冻得通宵难眠，感冒的人越来越多。得不到治疗，一个个精壮的庄稼汉被折磨得面黄肌瘦。1936年开春后，工地粮食依旧供应不上，竟有民工在工地饿死。新增补的民工开始逃亡。据统计，剑阁县征工1.9万人，81人死亡，其中67人死于疟疾与寒冻，7人死于工程事故，3人死于饥饿。

川陕公路南段的建设成本比北段低很多，都是靠压榨民工血泪换来的。民工的劳动和生命都不算成本，民怨成为更大的成本记在民国政府头上。

川陕公路建在古栈道的上方

三、发挥战时作用

民国时期，出川的通道主要有两条：一是古老的川江水道；二是新修的川陕公路。航空和古栈道的通过能力都太小。1937年9月，川军第一纵队10万人乘坐汽车走川陕公路，开赴抗日前线。更多的川军穿着草鞋，步行走过川陕公路，奔赴前线。

川陕公路连通了四川与陕西。华北地区大量机关、学校、企业和难民，通过川陕公路入川避难。他们大多步行，或者靠人力"拉拉车"，即架子车；汽车太少，想买车票至少要等20天。苏联援华物资也从这条路入川。八路军的军车带着南方局的工作人员，也沿着这条路到了重庆。所有经过"老虎嘴"的人，都为它的惊险冒冷汗。

最惊险的一次发生在1944年夏，日军突然进攻贵州，直逼贵阳。在贵阳和重庆之间，国民党没有部署多少军队，5个军急忙从陕西增援贵阳，2个军空运，3个军沿川陕公路徒步行军，到遵义后改乘汽车。日军攻占距贵阳不足200公里的独山城的那天，大批国民党军队赶到战场，迫使日军全线撤退，取消了对贵阳的攻势。如果没有川陕公路，行军只能走古蜀道，后果是不堪想象的。

川陕公路带动了川北山区经济的发展。砖茶、药材、棉花等山货大量运出。货畅其流，经营运输业的商人大量增加。一辆3匹骡马拉的普通木车，把木滚铁轮换成汽胎胶轮，载货量就能增加到1吨多。当时，剑阁城热闹了起来，广元城里还发展起了棉纱厂等轻工业。经济活跃了，抗战也就更有底气。

四、发展不止，改造不休

川陕公路是第一条现代蜀道，新中国成立后经过多次改造，成为108国道的一部分。

从成都到西安，山区公路狭窄、弯多、坡陡，汽车一般要走3天。路太险，一般只有货车走这条路，客车不敢走。北方的货车行驶到西安或宝鸡后，通常会进行物流转换，找四川当地的货车和司机拉货入川。最险的是明月峡的"老虎嘴"，一面是崖壁，另一面是悬崖，顶上是山顶，还无法会车，每隔几百米才有一个会车台。货车挂到山顶、山壁，就进退两难了；掉下悬崖的不知有多少，九死一生。20世纪90年代，四川生产的长虹电视机大卖，一些老司机经过"老虎嘴"时，看见山崖下层层叠叠堆了很多长虹电视机的包装箱，不知有多少运输电视机的货车掉了下去。

1997年，从广元到棋盘关的"川陕公路改道线"修通，绕过了明月峡、龙洞背等最危险的路段，路面也宽敞了不少。明月峡一段的川陕公路改造成了旅游路，与古栈道、成昆铁路、嘉陵江水路等古今蜀道一起成为旅游景区。其他路段也陆续改造，新修的剑门关公路隧道绕过了剑门关，使千年古迹逐步恢复，新川陕公路逐渐取代了老川陕公路。

2009年，广元千佛崖前的川陕公路改道，不再打扰千年佛窟。老川陕公路被拆除，文物部门清理出古金牛道的石板路、石板桥、栈道孔等遗迹。这里不仅可以观赏古迹，还可以远眺新蜀道大汇聚：嘉陵江两岸的公路、高速公路、铁路、高速铁路密密地挤在一起，颇为壮观。

广元千佛崖景区（右侧是古金牛道遗迹，上方是宝成铁路、西成高铁、高速公路，中间是嘉陵江水道和游览步道）

新川陕公路车辆剧增后，也开始堵车，有时能堵一两天。司机们宁愿堵一两天，也不愿走老川陕公路，因为走过一回的人都吓得不敢再走。

平原地区的路段也在改造拓宽，成都到德阳段被改造为大件路的一部分。德阳集中了中国第二重型机械厂、东方电机厂、东方汽轮机厂等大型企业，生产的大型水力发电设备超宽、超高、超长，需要运到乐山港上船，走水路到三峡大坝。大件路就是为了运输这些大型设备而修建的

广元市明月峡景区改造后的老川陕公路
（河对岸是宝成铁路明月峡隧道）

一条高等级公路，从东方电机厂大门到乐山港大件码头，于20世纪90年代建成。路宽12米，路面货载标准720吨，沿途尽空9米以上，与老川陕路部分路段未重合。每次运输大件都会封路，警车开道，车队绵延。

从2011年开始，交通运输部组织川陕两省对108国道川陕公路进行改造。棋盘关一段被改造为四级公路，其余大部分路段被改造为二级公路，成都平原路段被改造为一级公路，消除了砂石路和渡口，通行能力大幅提高，成为全国干线公路改造示范工程。改造历时两年半，千里国道换新颜。

时至今日，随着城市不断发展，新川陕公路邻近城市的路段还在拓宽改造。城市要发展，改造无穷期。

新中国第一路

一部史诗，两座丰碑，三朝大事，经历四个政权，历时一百多年，这就是成渝铁路。它传奇般的身世，是中国近现代史的缩影——它的建设为清朝的灭亡敲响了丧钟，为民国的颓势记录了样本，为新中国的建设擂响了战鼓；它的运营是新中国工业化起步的里程碑，开创了西南地区经济社会发展的新纪元。

一、辛亥革命的导火线

清朝末期，甲午战争的惨败、八国联军的入侵，彻底刺痛了中国上层社会。1901年，清政府发布上谕，宣布实施"新政"。朝廷制定了《公司律》，第一次让民间拥有自由兴办工商业的权利，开始鼓励修建铁路。

铁路是工商业的命脉，清末所建的各条铁路无不盈利丰厚。各国列强激烈争夺中国铁路的筑路权，疯狂圈占中国的铁路、矿山。

在这样的大背景下，四川官绅纷纷发表文章，把修建铁路与爱国爱家乡联系起来，表达保路争权的决心。1903年7月8日，新任四川总督锡良顺应民意，上奏折请求："自设川汉铁路公司，以辟利源而保主权。"此举有利于把铁路筑路权掌握在中国人手里，得到社会各界的支持，获得外务部与商部同意。这一年是清光绪二十九年。

1904年1月22日，锡良在成都设立官办川汉铁路总公司，成为全国最早成立的省级铁路公司，计划与湖北省联合建设武汉经宜昌、重庆、内江到成都的铁路。他还在成都举办四川铁道学堂，培养铁路人才。不过，公司筹款困难，进展缓慢，引发川人不满。

1905年1月18日，锡良奏报《川汉铁路公司集股章程》，规定公司股本的四个来源：认购股、抽租股、官本股、公利股。其中抽租股为主要来源，"收租在拾石以上者，即抽谷三斗；一百石者，即抽谷三石；依次递加照算。"也就是从农业税的税收中抽取一部分作为"租股"，如果民众无力缴纳，就把所纳正粮扣做租股，再扣上抗粮不交之罪。这是强制入股，当年开始征收，大大加重了人民的负担。川人称之为"铁路捐"。从1905年到1911年，四川民众缴纳股款约1670万银圆。缴纳税捐的过程中，大量基层官吏中饱私囊，进一步加重了人民负担，以致贫民为之卖儿卖女、流浪行乞，引发民怨。就这样，三千万四川人不论贫富都成了成渝铁路的小股东，与成渝铁路的命运挂上了关系。

川汉铁路公司股票

对于怎样办好公司，官府和民间的商贾大户们有矛盾，都想争夺领导权。1905 年 7 月 25 日，锡良为调和这种矛盾，奏请将公司由官办改为官绅合办，分设官总办、绅总办两职，但实权仍在官府，公司负责人仍是官府委派的官员，公司重大事项仍由总督决定。公司进展依旧缓慢，民间商绅还不能过问公司事务，于是群起反对。锡良被迫申请将川汉铁路改为商办，将公司改名为"商办川省川汉铁路有限公司"，迟至 1909 年 12 月才成立公司董事局。

在全国的民办铁路公司中，实际管理权都在官员手里，经营不善、管理混乱是普遍现象。川汉铁路公司资金不足，总想投资生息。锡良用公司股本在重庆建铜元局，铸造铜币以促进商品流通，但迟迟不能正常生产，导致亏损。1907 年，朝廷委派广州知府施典章任"川汉铁路公司驻沪总理"，为公司采购物资，并投资谋利。但他用股本在上海炒股，由于一场金融风暴，股票暴跌、钱庄倒闭，投资巨亏。他投资失败，还有营私舞弊行为，成为轰动一时的大案。最终，案犯于 1910 年企图潜逃时被抓获。

锡良办成渝铁路还能顺应民意，但很快被调走，赵尔丰来了。1908 年 10 月，邮传部应新任四川总督赵尔丰的电请，委派詹天佑为川汉铁路总工程师。詹天佑是"中国铁路之父"，当时因京张铁路的事未完，推迟赴任。川汉铁路 1906 年开始勘测地形，后来在詹天佑的组织下完成了勘探和线路设计。1909 年宜昌至夔州段开始部分施工。

川汉铁路在宜昌举行开工仪式

1910 年 5 月 23 日，英、法、德、美四国银团代表聚会巴黎，签订新协议，划定湖广铁路借款权由四国均分。这是帝国主义列强的分赃协议，根本无视清政府的存在，就自己商定了怎样向清政府贷款。1909 年 5 月英、法、德三国银团在柏林签订过一次协议，这一次由于美国的加入而重新分赃。新协议规定：借款和一切材料购置由四国银行团平均分配；总、副工程师由四国按线路具体分段指派；川汉线延长至成都。四国驻华公使向清政府递交同文照会，提交巴黎协定，要求据此签订湖广铁路借款正式合同。

中国铁路的筑路权由四个外国来决定，清政府尊严尽失，只有签字画押的份。这一年是清宣统二年。

1911 年 5 月 9 日，在邮传部尚书盛宣怀的策划下，清政府突然发布上谕，宣布"干路均归国有，定为政策""各省分设公司集股商办之干路，应即由国家收回"。以前批准的商办铁路干线一律取消，朝廷强制收回路权。对川汉铁路公司来讲，已经使用的部分股金拟用川省财产抵押借外债清偿，但对投资损失的部分不予承认，不作清偿。朝廷知道此事不好办，委派两江总督端方为督办粤汉、川汉铁路大臣，督办此事。

仅仅过了 11 天，5 月 20 日，邮传部尚书盛宣怀就与英、法、德、美四国银行团签订了《粤汉川汉铁路借款合同》。合同条件苛刻，中国不仅丧失了大量经济利益，还丧失了川汉、粤汉铁路的管理权，同时丧失了铁路线两侧的一些利益。朝廷收回铁路干线筑路权的目的大白于天下，实质是将川汉、粤汉铁路的修筑和管理权出卖给四国。川、鄂、湘、粤四省商办铁路都拒绝洋股，拒绝外债，维护路权。朝廷屈从列强的贷款合同而出台铁路国有政策，以路权抵押借款，彻底打击了民众信心，侵夺了民众权利，引发天怒人怨、群情激愤。

成都街头报贩大喊："号外！号外！我们的铁路没得了！"

当月，湖南省的绅商齐集省咨议局开会，抨击这一合同出卖路权行为，一致主张铁路完全商办，要求朝廷收回成命。万余名筑路工人也进城示威。

6月6日，广东粤汉铁路公司召开股东大会，一致决议"万众一心，保持商办之局"。

起初，立宪党人主张"文明争路"，抱着光绪帝的牌位"哭诉""乞求"。对这种软弱的乞求，清政府根本无动于衷。

川汉铁路公司的情况更加复杂。官府既通过强制摊派的方式让所有川人入股，又操纵公司经营，还委派贪官造成股本亏损，现在却对亏损部分不作补偿，全体川人被迫遭受莫名损失，于情于理不合。在具体操作上，朝廷事前不做深入调研，不与地方政府和封疆大吏协商知会，盛宣怀甚至连政府内部的沟通都不做；事后缺乏政治敏感性，坚持高压政策，以傲慢的姿态驳回川汉铁路公司和四川咨议局的所有恳请及申诉，严令赵尔丰切实镇压。

6月17日，商办四川省川汉铁路公司在成都召开第七次股东大会，充满悲壮气氛，有人痛哭："借款亡路，路亡国亡。"四川的立宪派乡绅们对改变朝廷决定彻底绝望，开始奋起反抗，在会上成立四川保路同志会，与朝廷抗争。咨议局议长蒲殿俊、副议长罗纶起到了实际领导作用。咨议局是清朝末期立宪运动中成立的省级民意机构，只有咨询性质，没有任何实权。立宪派人士利用这个机构开展立宪宣传等活动，也为川汉铁路做了大量宣传。罗纶是革命党人，在大会上嚎啕大哭，号召群众"誓死反对"铁路国有。

6月28日，重庆保路同志会成立。随后四川省各州县纷纷成立保路同志协会。

7月5日出版的《四川保路同志会报告》，提出"破约保路"宗旨："保路者，保中国之路不为外人所有，非保四川商路不为国家所有。破约者，破六百万镑认息送路之约，并破不交院议违反法律之约。"这个"约"指清廷向四国借款的合同。"保路"与"破约"紧密挂钩，赋予运动以爱国主义和反封建专制的内涵。

川汉铁路公司在8月24日上午召开股东特别大会，下午召开四川保路同志会大会，数万人参加。川人的经济利益、地方意识、家国情怀交织在一起，成都开始罢市、罢课、罢税。湖南、湖北、广东等省的保路风潮已趋于平静，而四川却越发高涨。

保路运动事起，同盟会会员觉得是个大好时机。他们在保路同志会中对立宪派人士采取"明同暗斗"的策略，外以保路为名，内行革命之实，积极发动和组织群众，积蓄力量，准备进行推翻清政府的斗争。

8月4日，四川同盟会联合哥老会在资州罗泉井（今资中县罗泉镇），召集全川哥老会首领举行秘密会议，决定组织同志军，发动武装起义。自此，四川保路运动由和平请愿开始发展成武装斗争。

9月7日，四川总督赵尔丰认为闹事者有谋反之意，在督署诱捕了保路同志会会长等9人。他以为逮捕几个领头的就可以震慑民众，实际上却激起了更大的民愤。当日，成都数万民众聚集前往督署，请求放人。赵尔丰斥责为首的士绅为叛逆，命令士兵驱赶官署外的请愿群众。人群不散，他便下令开枪，然后派骑兵冲撞人群，致死32人，伤者数百人，造成震惊全国的"成都血案"。第二天又下令解散各处保路同志会。随后下令成都戒严，封锁消息。

成都的同盟会会员找来几百块木板，把成都发生的事情刻在上面，号召"自保自救"，在字上刷上桐油，裹上油纸，放入河中。当时电报进入中国不久，人们惊讶于电报的传递速度，把这种木板戏称为"水电报"。木板乘秋潮水涨，漂流而下，把成都血案的消息传遍沿江各州县。

官府暴行激起四川各州县民众更大的愤怒，纷纷抗捐抗粮，并组织保路同志军向成都进发。不到10天，10万保路同志军聚集成都，在龙泉驿、郫县、温江、中和场等地与官军发生战斗。保路同志军武器差，缺乏统一指挥，实力不如官军，但人数远超官军，人心齐，被打散后又会聚拢再战。

随后全省各地暴动此起彼伏，在一个多月的时间里，四川大半州县被保路同志军攻占。保路运动规模之大，发展之迅猛，大大震惊了清政府。

赵尔丰眼见局势失控，才向朝廷告急。清廷顽固坚持高压政策，急令端方率湖北新军入川镇压暴动。端方是朝廷非常倚重的满族大臣，既支持变法，又坚决保皇。新军是清末按西方军队的新式武器、新式编制、新式训练科目训练出来的军队，是真正具有战斗力的军队；原来的八旗兵、绿营兵都垮了，被逐步裁撤。当时说的川军、滇军、黔军、鄂军、湘军等，都是那时各省按朝廷要求组建的新军。

端方带领武昌新军第八镇（一个镇相当于一个师）的大部分士兵，坐军舰沿长江逆流而上。此举造成武汉防务空虚，为武汉的革命党带来起义的绝佳时机。

10月10日，武昌起义爆发，一夜占领总督衙门，次日成立湖北军政府，宣布独立。此时端方一行还在路上，还没有入川。从武汉到重庆的木船要走一个月，等他们到达重庆时，武汉已经变天。

端方是支持铁路收回国有的，对于四川绅民的态度比较强硬，认为他们的言论"嚣张狂恣，无可理喻"。他给四川总督赵尔丰致电，让他"从严干涉，力拒非理要求"。后来态度虽有所软化，但仍执意镇压川人暴动，带军继续西行。队伍到资中后，11月27日新军中的同盟会员组织哗变，将端方杀死。

11月25日，四川军政府成立，出任军政府都督的就是保路同志会会长蒲殿俊。那个固执镇压川人的赵尔丰，被迫交出政权。他下台后仍不死心，一直蠢蠢欲动，企图复辟。新任都督尹昌衡果断抓捕赵尔丰，并组织公开审判，将其处死。

武昌起义极大地激发了全国各地革命党人的斗志，各地纷纷起义，推翻清朝的地方政府，宣布独立。短短两个月内，湖南、广东等15个省纷纷脱离清政府宣布独立。1912年1月1日，中华民国临时政府在南京成立，孙中山被推举为临时大总统。1912年2月12日，溥仪退位，清朝灭亡。

孙中山说过："若没有四川保路同志会的起义，武昌革命或者要迟一年半载的。"

在修建成渝铁路的过程中，清政府经验不足、决策粗糙、措施武断，对四川民情认识不足，最终导致了自己的灭亡。

四川保路运动比湖南、广东的保路运动激烈得多，不仅实现了"破约保路"的目标，还演变成辛亥革命的导火线。为什么？原因至少有四个方面：

一是省情。四川人对打通蜀道的渴望特别强烈，谁要剥夺四川人的路就等同于剥夺四川人的命。

二是民情。四川人大多是移民的后代，传承了先辈敢闯敢干、不怕事、不怕死的精神。

三是当时的特殊情况。强制入股积累了大量民怨，把每个四川人的切身利益和川汉铁路捆绑在了一起，一有事变，就如星星之火，极易群起而动，迅速燎原。

四是当时的政治背景。同盟会的革命党人、咨议局的立宪派人士都在寻找革命或变革的时机，积极推动运动发展。吴玉章说："什么东西能够发动这些群众呢？第一是国家的存亡问题，第二是人民的利益问题。四川铁路风潮之所以能发动极广大的民众，使他能坚持到底，成为革命的主要动力，就在于他包含了这两个条件。"

二、中华民国是怎样修成渝铁路的

封建王朝统治者对民间风潮的态度有两种：剿灭或安抚。高明一点的统治者可以把握两者之间的分寸，愚蠢的统治者往往迷信武力，只会剿。张之洞病重时，曾向摄政大臣载沣谏言要善抚民众，避免激起民变。载沣却轻松地说了一句："怕什么？有兵在。"张之洞叹了一口气，认为这句话是"亡国之音"。两年后被四川保路运动印证了。

"民为邦本，本固邦宁。"先贤的教诲很难被藏于深宫的皇权所理解，清朝后期更是如此。至于"民主"，他们更没有丝毫概念。

那么中华民国呢？

1912年12月，川汉铁路被北洋政府收归国有，先后发还部分商股。工业文明初入中国，生长于农业社会的民办川汉铁路公司没有相应的管理水平，运营不好这么重要的现代交通企业。

同样是收归国有，民国政府收回过程较为平静，是因为正值改朝换代，人们的关注点变了，政府的手段相对缓和，又没有政治势力唱反调，民众较容易相信政府的还款承诺。当然，最终民国政府还是没有完全兑现还款承诺，留下新的民怨。民国政府没有把成渝铁路出卖给洋人，却一再搁置建设。唯有詹天佑继续为川汉铁路操心，组织测量队对设计线路进行优化。

清朝和民国修建的铁路都主要依靠外国工程技术，依靠外国贷款，只是贷款条件有些差异。政府投资有一部分，民间入股很少。

为了纪念在保路运动中的死难人员，1913年川汉铁路总公司在成都少城公园（今人民公园）建立辛亥秋保路死事纪念碑。碑上刻了两条短短的铁轨浮雕，记录着四川人民未圆的铁路梦。

中华民国成立后，北洋政府、四川省议会、军阀杨森、军阀刘文辉、军阀刘湘先后五次筹议修

辛亥秋保路死事纪念碑

建成渝铁路，全部以失败告终。1932年，四川省政府还组成了"成渝铁路筹备处"，仍没有进展。1933年军阀刘湘入驻成都，准备向法国借款筑路，和法商草签了借款合同，但没有得到民国政府批准。地方军阀之间矛盾重重，地方军阀和民国中央政府之间互不信任，导致成渝铁路建设无法推进。但是，军阀们依然向川人预征筑路税款。从1904年开始，几千万四川人为了这条路不断捐款纳税，国民政府还把铁路税捐强制征收到了1991年。这是世界税收史上的"奇迹"。

"九一八"事变后，日本全面侵华的野心日益暴露。七七事变爆发前，社会各界就普遍认识到，四川是"抗日根据地""民族复兴根据地""战略大后方"，而且"蜀道难"是造成四川军阀割据的重要原因。成渝铁路的建设对国防、经济和国家统一都有重大意义，修筑成渝铁路的呼声日益高涨。

1934年，民国中央政府的势力随着追"剿"红军的步伐进入四川，开始与地方军阀分庭抗礼。1935年召开的国民党第五次全国代表大会通过了国内交通建设议案，成渝铁路被规划入内。民国政府决定成渝铁路"由中央与省府共同兴修，但责成省府负责"。

1935年冬，国民政府铁道部组成"新路建设委员会"。1936年6月，"成渝铁路工程局"在重庆美丰银行成立，负责修建成渝铁路。成渝铁路正式进入筹备阶段，开始勘探测量、设计路线、筹措经费、征地、购买材料、工程招标，计划9月开工，3年完成。

当时设计成渝铁路全长530公里，设计时速50公里，最初估计建筑经费约需4 000万元。

1936年12月16日，民国政府官办的中国建设银公司，与中法工商银行在上海签订成渝铁路贷款合同。同样是贷款修路，民国保住了成渝铁路的修筑权和运营权，但丧失了很多商业利益。中法工商银行是法方控股的中法合资银行，总部在巴黎，代表法国银团向中方贷款3 450万元，期限15年，利息7厘。其中2 750万元是材料费及运费，其余700万元为现款。加上川黔铁路公司的资本2 000万元，合计5 450万元，这就是成渝铁路的修筑费用。

按合同，法国的借款大部分是材料款，所需钢轨、枕木除一部分采用国产外，大部分从法国采购。建筑材料经过漫长的海运到达上海港后，再经过千里长江逆流而上到达重庆，运输成本很高，而且材料采购由法国银团代表——中法工商银行经手，这样的条款意味着中方对材料的价格、质量失去控制。这对业主控制工程造价显然是不利的，属于不平等条款。

成渝铁路的绝大部分材料都要从外国进口，包括螺丝钉。连枕木这种没有什么技术含量的材料也要从法国进口，这就是四川话说的"豆腐盘成肉价钱"，工程造价自然高昂。这不是正常的技术问题，而是法方要最大限度地攫取商业利益。为了降低造价，国民政府铁道部和四川省政府也想法在川内解决部分材料，自制了一部分枕木。

成渝铁路修建现场

1937年3月15日正式开工。工程在重庆、内江间进行，实际开工地段约200公里。修筑隧道的开山机、气压机、削钻机等均需从国外购买，技工也需要临时培训。

不久，七七事变爆发。1938年10月武汉沦陷，进口材料的运输十分困难，加上资金短缺，成渝铁路的建筑工程陆续停止，1941年全部停工。历时4年，完成了部分路基工程、桥梁、隧道、涵洞、码头车站。九龙坡码头是成渝铁路的附属工程，于1939年5月建成，有驳船、起重机，是西南地区唯一的机械码头，在抗战物资运输中发挥了积极作用。

1946年10月，由于军事上"剿共"的需要，成渝铁路恢复施工，但仍时修时停，1947年工程彻底瘫痪。

停工的主要原因有：

一是材料短缺。抗日战争爆发后，上海很快沦陷，从法国进口的建筑材料难以从上海港运输到重庆，导致材料短缺。改从香港港口上岸后，运输入川十分困难。铁轨、大型铁路桥的钢梁、一些建筑机械，国内都无法制造，必须从国外购买。随着上海、香港等地相继沦陷，材料进口之路被切断。

二是经费不足。抗日战争爆发后，各地物价飞涨，导致建设资金不足。欧洲爆发第二次世界大战后，中国进口钢材异常困难，钢材价格暴涨一至三倍，四川的米、面等主要食材比七七事变前上涨20多倍，人工费上涨10多倍。加上民国官场的贪腐风气，资金紧张几乎无法避免。

三是体制不顺。四川由地方军阀把持。1935年年初国民政府军事委员会委员长行营参谋团入川，四川的防区制开始瓦解，四川"半独立"状态被打破，开始逐步纳入国民政府的政治版图之中。但四川几大地方军阀继续争权夺利、明争暗斗，抵触民国中央政府的控制，并在很大程度上继续控制基层政权和帮会。中央政府和地方军阀之间互不信任，中央政府的政令在四川并不畅通。虽然大家都想修好铁路，但一涉及小团体和个人的利益，就会出现分歧。围绕筹款、征地、材料购买与运输、工程推进等诸多问题，建设单位与中央各机关、地方政府、工程队、民众反复交涉，推诿扯皮不断，来往文电一大堆也解决不好一个问题。这也是政治生态问题。

四是民众不配合。工程在征地等问题上进展不顺，时常阻碍施工。报纸《新新新闻》说：四川民众"并不积极配合政府征用土地建设已是数见不鲜"。四川人民渴盼铁路，为什么不积极配合征地呢？是政府施政有问题。成渝铁路用地委员会依靠公权，假借公共利益之名行掠夺之实，使土地补偿价远低于市场价，有些地方不到市场价的一半。而且铁路动工一年多以后，土地补偿款还没有发放。这自然激起了被征地人的强烈不满，成渝铁路沿线村民纷纷组织请愿，要求以市价补偿。

既强征税收积累大量民怨，又压低土地费用，加上贪官横行、漠视民众利益，民众怎么会配合政府？对于民众的不配合，民国政府和社会舆论认为是"经济动员不够"。把民众仅看作"经济人"，显然缺乏政治头脑和眼光。

新文化运动为中国引入了民主、科学两大理念，没经历千磨万击，很难深入人心，难以深入民间。民国时期逐渐有了一些"民主"，有了热热闹闹、吵吵嚷嚷的议会、选举等民主形式。不过，那只是精英的民主、资本的民主，是少数人的民主，跟普通的工人、农民没有什么关系。政府关心工程进度，官员关心自己腰包，没人关心民众的现实利益。那么民众为什么要配合政府呢？

停工的客观原因还有一些。成渝铁路工程局局长邓益光说："四川有一种特殊情形，即枯水时期不能运料，洪水时期桥梁不能施工。"这些是局部困难，是可以克服的，根本原因是政府治理的问题，是政府缺乏为民宗旨导致的。

从开工之日算起共花了11年，最终只完成了总工程量的14%，没有铺上一寸铁轨。全线最大的重点工程是位于内江市椑木镇的沱江铁路大桥，几个桥墩孤独地立在江中，吹着凉风，还没有开始架桥梁。

川人悲凉，有人投书报刊："为了铁路，四川不知道洒了多少热血，牺牲了多少生命？""卅多年来，铁路仍只存在于四川人的口头上，在四川人的梦想中，在四川的画面上。铁路，对四川而说，价值是多么高贵啊！究竟要付出多少代价，才能换取一条铁路呢？"（《粤汉半月刊》1946年第9期）

三、新中国创造的第一个经济奇迹

修建成渝铁路的历史使命交到了共产党手里。

1949年夏，四川还没解放，邓小平来到刚刚解放的上海，两次拜访兵工专家、陈毅的堂兄陈修和，商谈修建成渝铁路的事情。陈修和早年毕业于法国高等兵工学校，曾任国民政府军政部兵工署专门委员、沈阳第九十兵工厂总厂长。他熟悉国民政府修筑成渝铁路的情况，谈了几点意见：第一，汉阳铁厂迁到了重庆，每年的钢轨产量达到4万吨以上，可以支持成渝铁路建设需要；第二，已经建了部分铁路桥墩、路基、隧道，利用起来可以大大缩短修建时间。邓小平听后深以为然，邀请他参加成渝铁路的建设，并请他物色一些兵工技术人才，写一份关于修建成渝铁路的意见书。陈修和欣然应允。

1949年10月，第二野战军进军西南，这支大军被人们称为"刘邓大军"。司令员刘伯承、政委邓小平都是四川人，他们深知四川人民对铁路的渴望，深知成渝铁路的重要性，在进军大西南之前就常说："我们到了四川一定要把成渝铁路修好。"这支大军行前组建了西南服务团，为接管西南做准备。服务团有一支技术大队，是邓小平在沿海地区招募的工程技术人员，随军入川。

邓小平认为，修筑成渝铁路是解决西南诸多问题的突破口，是让西南迅速建立稳定社会秩序的钥匙，修建这条铁路不仅是四川人民的心愿，而且在政治上和经济上都十分重要。

1949年11月30日，重庆解放。12月7日，中国人民解放军重庆市军事管制委员会接管成渝铁路工程局。12月31日，中共中央西南局在重庆召开常委办公会议，西南局第一书记邓小平在会上指出："要以修建成渝铁路为先行，带动百业发展，不但可以恢复经济，而且可以争取人心，稳定人心。"

1950年1月2日，邓小平向中央报告工作时指出，建设西南经济的第一步就是修好成渝铁路。2月8日，西南军政委员会在重庆正式成立，遵照邓小平的指示，该委员会作出的第一项决策，就是修建成渝铁路。

西南铁路工程局在重庆举行成渝铁路开工典礼

新中国百废待兴，摆在毛主席面前急需修建的铁路有7条，哪条都重要。可当时中央财政只能支持一条铁路的修建。邓小平到了北京，当面向毛主席汇报成渝铁路之事，说服毛主席同意先建成渝铁路。这是新中国成立后决定的第一个重大工程，中央拨了2亿斤大米作为建设经费。

1950年3月21日，重庆铁路工程局成立，同年6月7日改为西南铁路工程局，由西南军政委员会交通部长赵健民兼任局长，赵锡纯、萨福均任副局长。赵健民、赵锡纯都是部队转业干部，萨福均是原国民政府交通部次长、工务司司长，是铁路技术专家。西南服务团技术大队的 80 余名技术人员全部参加建设，原民国政府的成渝铁路工程局的技术人员和工人两千多名全部留用。另外，重庆铁路工程局还从社会上招募了 400 多名技术人员，组织业务培训班培训了一批技术工人。铁路开工后又从其他单位调来 1 000 多名专业人员。就这样，成渝铁路的核心技术力量建立了起来。

6 月 15 日，西南铁路工程局在西南军区大操场举行成渝铁路开工典礼，邓小平出席并致辞，贺龙将"开路先锋"锦旗授予筑路大军。西南军区直属部队组成的第一筑路队开赴九龙坡、油溪等工地，正式开始了成渝铁路的修建工作。整个西南军区前后共投入 3 万余名官兵参加建设。部队参加建设，一方面可以节约建设经费；另一方面有利于对付沿线土匪和特务的破坏。在重庆九龙坡就遇到过上百名土匪的骚扰。

邓小平提出："对专家要大胆使用，让他们有职有权，并在工资待遇上给予从优照顾。"许多专家担任了领导职务，一些党外技术人员担任了段长、技术指导等职。邓小平亲自点将，聘请萨福均担任总工程师。年逾六旬的萨福均经常通宵达旦地工作，后来被评为"全国劳模"，参加了国庆观礼。原成渝铁路工程局老工程师蓝田，新中国成立前多次参与成渝铁路修建，为这条路费心、伤心、灰心；新中国成立后主动请缨，要为家乡修铁路，出任

高举"开路先锋"旗帜的筑路大军

西南铁路工程局巡视组主任和西南铁路设计分局线路勘测队队长；亲历新中国的新气象，他焕发青春，步行上百公里勘探线路，提出改线方案，缩短铁路线程 23.8 公里，为工程节省了巨额经费。后来他被授予"全国铁路劳动模范"称号。

成渝铁路迅速推进，共产党的务实作风感动了很多人。华中轮船公司负责人说："过去反动政府借口修筑成渝铁路，不知搜刮了多少民脂民膏，结果只是在地图上画了一条虚线。现在西南解放才几个月，西南人民四十多年来的理想，在人民政府领导下就开始实现了。"

1950 年 10 月，抗美援朝战争爆发，参加建设的解放军指战员陆续归队，北上参战。西南军政委员会决定招募四川游民和失业工人参与筑路，既解决了劳动力问题，又为贫苦人民提供了生活保障。成立成渝铁路民工筑路指挥部，下设川东、川南、川西、川北 4 个区指挥部，每个区指挥部下辖支队、大队、中队。县长或副县长兼任支队长，县委书记或副书记兼任政委，组织农民工、城市贫民、失业工人形成了一支 10 万人的筑路大军。

许多民工不了解共产党、解放军，怀着忐忑不安的心情，带着被抓差、服徭役的想法来到工地，有人担心被骗，害怕拿不到工资、被欺辱。西南铁路工程局对民工实行"以工代赈"，明确规定完成土方 3 立方米为一标准工，发给大米 3.2 市斤作为工资，多劳多得，使民工生活得到极大改善。夏季发蚊帐，冬季发棉袄，春秋搞防疫接种。这些在旧社会长期被欺压的民工，看到共产党说话算数，真心关切民工，就发自内心地拥护共产党。

成渝铁路是我国唯一一条没有发放现金工资修建的铁路，民工的经济利益却依然得到了保障。

共产党的干部与民工"同吃同住同劳动"，住一个工棚，吃一个锅的饭，处处冲锋在前，给予民工极大震撼。干部们半天参加体力劳动，另外半天搞管理，协调各项工作。有时候饭不够吃，指导员先放下碗；工棚潮湿，指导员把稻草让给民工多铺些；发生塌方，指导员让民工先出洞口，自己最后出来……

施工现场

西南铁路工程局为民工组建了工会，切实维护民工利益。开办了各种专业训练班、业余夜校、扫盲识字班，组织民工学技术，进行思想政治教育。开展立功创劳模活动，把表现突出的民工树立为劳动模范，授红旗，献鲜花，在《新华日报》上报道他们的先进事迹。两年工期共评选出劳模和先进生产者 24 000 余人，部分劳模代表赴北京参加了全国铁路劳动模范代表大会。在节日期间对民工开展慰问活动，组织铁路文工团开展慰问演出。这些做法都是旧中国从来没有过的。民工们的思想觉悟提高了，劳动热情也被极大地激发出来。

评选表彰劳动模范

隧道里放炮后，常常硝烟未散，工人们就冲进去干活。工地没有运输机械，他们就肩挑手捧，进而创造了"单人冲钎法""单轨独轮车运土""杠杆打夯机""自动卸土车"等施工技术，大大提高了工效。民工谢家全创造了"压引放炮法"，增大了爆破威力，每方爆破用的黑色炸药由 250 克减为 94 克；民工颜绍贵发明了"单人冲炮眼法"，使开凿坚石冲炮眼由原来每班钻进 8 米提高到 24 米，工效提高了两倍；工人们还用土办法自制打夯机、运土机、挖泥弓及扒杆卸砟等工具，提高了工效，减轻了劳动强度。

在内江有一座沱江铁路大桥，旁边耸立着一座筑路烈士纪念碑，共产党员柴九斤在此为修桥而牺牲。在成渝铁路建设过程中，由于工程事故，共有一百名建设者献出了生命。

总工程师萨福均感慨地说："人民政府一声号召，从最高级的政府到最下级的政府全部动员，几十万民工马上集合到路线上来。过去国民

热火朝天的施工现场

075

党抓都抓不来，现在他们是争着来，干了不肯回去。"人民的力量一旦被唤醒，就能改天换地、移山填海。许多人听说修建铁路，便自带工具，自备粮食，参加建设。铁路修到哪里，哪里的群众就成立护路队，日夜看守，严防土匪、特务破坏。铁路建设还为国家培养了一大批政治觉悟高、技术过硬的铁路建设骨干。

面对国家穷、工程经费少的现实，党中央指示："依靠地方，群策群力，就地取材，修好铁路！"西南军政委员会组织重庆钢铁厂等企业自制钢轨、道岔、螺丝钉、炸药、水泥等材料，使一大批濒临停工的公私企业恢复了生产，带活了经济。铺路需要100多万根枕木，四川人民掀起了献枕木的运动，一些青年献出做新床的木料，一些老人献出了做寿棺的方材，有的人还献出了珍藏多年的樟木、楠木，并积极采伐送往工地，共献出枕木129万根。

为节约成本，施工尽量少用水泥，沿线许多桥梁、隧道都大量使用石材，节约了大量资金。

没有大型机械，修路全靠钢钎、二锤和自制的炸药。在缺乏机械设备的困难条件下，筑路军民凭着铁锤、钢钎、扁担、竹筐等简陋工具，夜以继日地施工，共挖掘土石方1460余万立方米，砌御土墙15万余立方米，开凿隧道14座，修建大桥28座、小桥189座、涵洞446个。由于水泥、钢筋非常紧缺，成渝铁路修建了许多石拱桥，其中全长316米的王二溪石拱桥是全国最长的铁路石拱桥。

当年的筑路者方树云回忆起来依然激动："每天早上天刚发白，我们就起床了。晚上大家都自觉留下来加班。没有鞋子，就打光脚；没有工具，就手工凿石头开隧道。50多公斤的担子挑起来就跑，好像有使不完的力气。"张隆恩也记忆犹新："那时候我们每天补贴2公斤米，没有工钱，但大家都热情高涨。铺铁轨需要枕木，沿途的农民就砍了自家的树送来。他们捐献的可都是高级木头，香樟木啊，紫檀木啊，谁也不提报酬。"

1952年4月是成渝铁路建设的关键时期，可此时，长江遭遇30年未有的枯水位，大量钢坯堆积在湖北宜昌码头，等待运输。长江航运局的员工在川江河段开船舶夜航的先河，及时为成渝铁路运送钢坯、桥梁等器材31万余吨。蒸汽机车、客车、货车在武汉被分解成几大块，用海军登陆艇运到重庆九龙坡港，卸下来后再组装。这中间需要很多个单位的协调配合，在西南军政委员会的筹划下都得到圆满解决。中央一声令下，各地积极配合，反映了共产党良好的政治生态，反映了社会主义制度集中力量办大事的制度优势。

铁路分段通车。1951年12月重庆到内江段通车，围观群众人山人海。多么年轻的面孔！多么沸腾的场面！

1952年6月13日，铁轨铺到终点站成都，总计完成正线铺轨505.06公里、侧线136.67公里。成渝铁路由原设计的530公里缩短为505公里，节约了大量投资，靠的是工程技术人员的主观能动性。

7月1日，成渝铁路举行通车仪式，两辆蒸汽机车分别从成都、重庆出发。铁路沿线城市万人空巷，成都30万市民上街游行，见证这个历史性的时刻。"共产党万岁"的口号声此起彼伏。

"一唱那成渝路，有话说从头。四十年来说修路，征款又拉夫，刮尽了人民的血汗钱，只见他们盖洋楼。成渝路不是成渝路，是反动政府的摇钱树。人民的愿望付流水，成渝路汇成了人民的血泪仇。""40年愿望实现了，鞭炮响连天。永远跟着共产党，幸福万万年。"歌声响彻天空。

一些民众给筑路单位送去锦旗，写着："毛主席来了，火车也来了！""人民政府把我们的幸福的道路修通了！"

毛泽东主席亲笔题词："庆贺成渝铁路通车，继续努力修筑天成路。"（天成路后来变更为宝成路）

周恩来总理题词："修建铁路，巩固国防，发展经济，改善人民生活。"

朱德总司令题词："庆祝成渝铁路完工。一定要把天成路修好，并把川黔滇桂湘等铁路联系起来。"

邓小平为《新华日报》题词："庆祝成渝铁路全线通车。"

一条铁路线拥有如此高规格的领导题词，空前绝后。

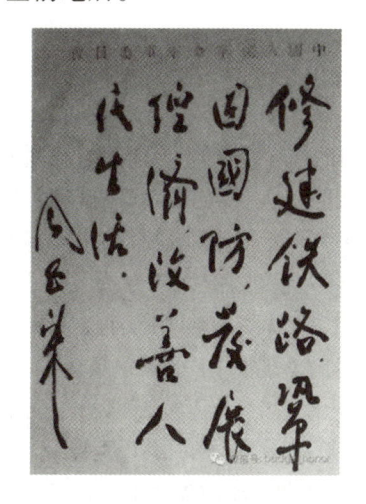

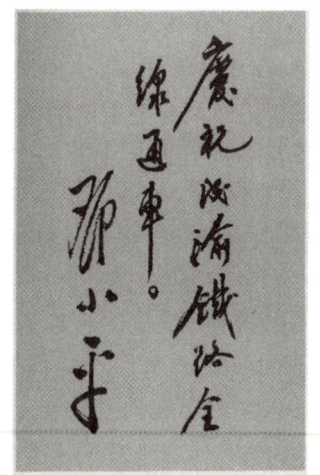

题词

仅用两年时间建成成渝铁路，是一个奇迹般的速度，是新中国成立前任何时期都不敢想象的事情。成渝铁路的建成通车，体现了中国共产党强大的执政能力，体现了社会主义制度的优越性，反映了四川人民对新政权的高度认同。

共产党为什么能够这么快建成成渝铁路呢？

邓小平在进军大西南后反复强调："我们党是依靠劳动人民，替劳动人民谋幸福的。"这就是根本原因——共产党的宗旨是为人民服务。在为民宗旨的引领下，发挥上下一盘棋的体制优势，体现共产党干部优良作风的示范带头作用，激发起建设者的积极性。

　　国民党喜欢说共产党是"大老粗"，但民国政府修建川陕公路时，严重破坏了千佛崖、剑门关等古迹。新中国修建成渝铁路时，专门成立了文物调查征集小组，由重庆大学著名学者张圣奘教授担任组长，从资阳九曲河大桥泥泞的基坑里挖出一颗古人类头盖骨化石，命名为"资阳人头骨"化石。这一成果是继"北京猿人"和"山顶洞人"之后，考古学界又一重大发现，轰动世界。

　　成渝铁路是中国西南地区第一条铁路干线，是新中国成立后建成的第一条铁路，是新中国自行设计施工，完全采用国产材料修建的第一条铁路。它在中国铁路发展史上具有极其重要的意义，它增强了全国人民建设社会主义的信心，让世界开始看见一个崭新的中国。

　　修路架桥历来被民间称为"大功大德"，中国的历代官府和老百姓都会为有功人员树碑立传。共产党为四川人民带来了渴盼已久的成渝铁路，却没有为自己建功德牌坊、树功德碑，心里装的只有人民。1952年9月16日，铁道部西南铁路工程局决定，用工程结余款项，在内江市梅家山（现梅山公园）修建"成渝铁路筑路民工纪念堂"，纪念10万民工的历史功绩，缅怀在筑路中献身的民工英雄。"成渝铁路筑路民工纪念堂"于12月建成。1954年春，又在纪念堂前40米处修建了"成渝铁路筑路民工纪念碑"。这是全国唯一的民工纪念碑，碑身朴素、敦实，正面刻有毛主席的题词，背面下方刻有"公元一九五四年七月一日奠基"。它与成都人民公园的"辛亥秋保路死事纪念碑"遥相呼应，浓缩记载了成渝铁路的风云激荡，记载了中国共产党的为民宗旨。

成渝铁路筑路民工纪念碑

　　江津县（今重庆市江津区）也曾经建了一座民工筑路纪念堂，可惜在城市建设中被拆除，没有保存下来，只留下一块石碑存进博物馆。

　　清朝修成渝铁路，对外趴在地上任洋人践踏，对内则迷信武力，结果送掉了自己的老命。民国修成渝铁路，对外跪在地上让洋人狂赚，对内则贪腐扯皮，结果劳民伤财，耗尽元气。新中国修成渝铁路，真正让中国人站了起来，扬眉吐气，自立自强，大功圆满。

　　历史是最好的教科书。从建设时间、工程意义等各方面来看，成渝铁路都是当之无愧的"新中国第一路"。

　　有人对成渝铁路建设中形成的"成渝精神"做了总结：自力更生、艰苦奋斗、忘我拼搏、无私奉献。这种精神既有中华传统文化风格，又有社会主义时代的特点，为新中国大规模的社会主义建设描画了精神底色，也为成都铁路局企业文化孕育了源头。"开路先锋"成为一面精神旗帜，至今仍在中铁二院、中铁二局等铁路企业飘扬。开路先锋精神滋养了他们的企业文化，形成他们的"开路先锋文化"。

四、成渝铁路的改造运营

成渝铁路是四川的第一条干线铁路，改变了四川的交通格局。

成渝铁路通车之初，采用MK1型蒸汽机车牵引，速度慢；为降低工程难度并便于蒸汽机车取水，线路沿长江、沱江蜿蜒，线路长。通信采用3路载波电话，信号采用非集中电气联锁色灯信号、臂板信号，全线采用路签闭塞。成渝铁路最初开办临时营业，开行旅客快车、货物列车、客货混合列车各1对。客车旅行速度32.4公里/小时，从成都到重庆超过30小时，货车更慢。

最严峻的问题是，铁路技术人员极为匮乏，运营十分困难。铁道部陆续从沈阳、哈尔滨、吉林、北京等铁路局抽调了大批技术人员支援成渝铁路，使成渝铁路逐步开始试运营。重庆铁路管理局组织铁路职工开展文化补习、技术培训，组建了几所职业学校，为成渝铁路培养大批技术工人和管理干部，确保成渝铁路顺利运营。

1953年7月30日，成渝铁路正式交付运营。每天开行两对客车，一趟慢车一趟快车，当年发送旅客300余万人。铁路成为成渝两地间的主要交通方式，公路为其次，水路则逐步退出客运市场。

位于资阳市雁江区的王二溪大桥（全国最长的铁路石拱桥）

成渝铁路运营后，1 200多种西南特产开始大量运往华东华北等地，运价大幅下降。永川的大米用火车运到重庆，运价只是原来的四分之一。永川的煤用火车运到成都，运价从80万元旧币降到25万元左右。内江的糖运到重庆，运价降低了三分之二。铁路沿线城市主要生活用品的零售价普遍下降了15%~20%。成渝两地间的各种资源向铁路沿线聚拢，资阳、内江、隆昌、永川、江津等城市因为这条铁路繁荣起来，形成一个沿铁路线的城市带。

成渝铁路不断进行更新改造，扩大运输能力。最大的改造项目是位于线路中点的内江站。它原为号志口站，仅有2股道。随着内江—昆明铁路的内宜段通车，号志口站变成枢纽站。1961年改名为内江站，以客运为主；原来的内江站改名为内江东站，以货运为主。1974年内江站扩至23股道，成为成渝线上除成都、重庆外最大的火车站，属一等站。内江铁路地区是成渝线上除成都、重庆外最大的铁路地区，聚集了十几个铁路单位。内江站所属街道在20世纪80年代初改名为壕子口街道。2021年内江东站又改名为牌楼站，内江东站的站名交给绵泸高铁使用。

20世纪70年代，成渝铁路仍用蒸汽机车牵引，运力吃紧。成都到重庆的旅行时间缩短为约13小时，铁路仍是两地间最主要的交通方式。

改革开放后，成渝铁路运输量快速增长。1982年至1987年，成都铁路局对成渝铁路进行电气化改造，不仅铺设了输变电线路，还改造了曲线半径过小的路段，改建了一些车站、桥梁、涵洞、护坡。重庆枢纽和环线54公里电气化工程，除重庆站、珞璜站外，1987年12

月开通投入运营。改造完成后，采用韶山1型电力机车牵引，信号系统升级为电气集中、继电半自动闭塞，运输能力大幅提高，最高时速80公里。货物列车年输送能力由400万~600万吨提高到1 300万吨。

位于内江市椑木镇的沱江铁路大桥气势雄伟

1988年的客运量和货运量分别比1953年增长了8.4倍和4.3倍。1991年开行列车增加到11对，旅客发送量增加到2 000万人。1998年全线路运输能力达到2 876万吨，是新中国成立初期设计能力的14倍多。2004年成都至内江段完成应急扩能改造，运输能力进一步提高。2012年，成都至内江段图定通过能力37对，实际开行列车36.6对，能力利用率98.92%。

运力增加了，但运输需求的增长更快。改革开放后，四川大量民工外出务工、经商，成渝铁路是主要通道，处于超负荷状态。"买票难、乘车难"甚至成为社会关注的焦点。

20世纪八九十年代的成渝线有多繁忙？举个例子。车站售票员交接班的时候，点钞都要花一两个小时。春运时，成渝铁路的客运拥挤程度堪称恐怖。很多车站专门成立"关门队"，负责把旅客推上车，然后才能关上车门。90年代初，成都铁路局电视台派人乘坐成都到广州的列车，拍下车内车外的拥挤状况，上报铁道部和中央政府。中央领导看后纷纷落泪，下决心要解决"蜀道难"的问题。

蜀道通了，还不畅。成渝铁路毕竟是单线，设计标准又低，扩能潜力有限。

2006年1月，成遂渝电气化铁路（成都—遂宁—重庆）建成通车，设计时速160公里，是当时西南地区最快的铁路。这条铁路的走向与成渝铁路不同，与古代成渝通道的北线大致相同。2012年12月，成遂渝铁路二线建成通车，设计时速200公里。成遂渝铁路比成渝铁路短，设计标准高，运输能力大，极大地分担了成渝铁路的运输压力。

2012年7月，成渝铁路全线完成无缝化改造，把25米长的钢轨全部更换为500米长的钢轨，并进行无缝焊接。从此以后，列车车轮撞击钢轨接头的"哐当"声消失了。

2015年12月，成渝高速铁路通车，与成渝铁路走向基本一致，沿线客流几乎都转向了高铁。成渝铁路彻底松了口气，转为以货运为主的铁路，重庆至内江段保留了一对公益性慢火车。客货分线运营，运输效率显著提高。

从川汉铁路公司成立算起，成渝铁路走过了一百多年，是四川工业发展史的最佳缩影，是反映中国近现代史的恢宏史诗。

中国第一条电气化铁路

建铁路蜀道，坐火车出川，四川人从 1913 年开始做这个铁路梦，一直到新中国这个梦才成真。

成渝铁路连通了盆地内的两大城市，但不能出川。陇海铁路从连云港经郑州、西安、宝鸡、天水到兰州，从清末开建，到 1953 年也全线通车了。这两条干线如果能够连接起来，就能发挥网络效应，解决火车出川的问题。但是，这条连线需要穿越秦岭和大巴山，修建和运行的难度都远远大于成渝铁路，远远大于川陕公路。

一、建设有多难

民国时期，铁路部门经过多次勘测比较，曾选定天成线（天水—成都）建设方案。但民国遗留的大巴山区地形图严重失真，初测的天成铁路资料残缺不全，失真不少。新中国成立后，从 1950 年开始，历时两年多，上千人对这条铁路进行了重新勘测，最终按苏联专家的意见，选定宝成线（宝鸡—成都）方案。宝成线使出川列车可以更快地进入关中平原，运营更为合理。宝成线全长 669 公里，与天成线相近，但修建难度更大，是中国第一条高难度的山区铁路。

清末和民国修建的铁路基本都在平原和丘陵地区，修建难度低，经济效益好。硬骨头留给了新中国。

宝成线南段在四川盆地内，部分与金牛道相邻；北段基本上沿着古老的陈仓道修建，需要穿越上百座大山，填平上百个深谷，是当时最艰巨的铁路工程。最难的是穿越秦岭。秦岭山脉东西长约 1 500 公里，南北宽约 150 公里，把关中平原和汉中平原分割开，是古蜀道、新蜀道都必须跨越的障碍。

1952 年 7 月 2 日，成渝铁路通车第二天，宝成铁路在成都端动工。1954 年 1 月，宝鸡端也开始施工。第一、二、四、六工程局和部分铁道兵部队参加建设。

简陋的施工工具

那时没有挖掘机，只能用锄头和铁锹挖方，再把土方用扁担箩筐挑走；没有铺轨机，几十个人抬起一根铁轨，喊着号子，踩着枕木，一步一步移动，把铁轨铺在枕木上。因为机械太少，一般的隧道采用人力打眼、放炮、开挖，手摇木制通风机排烟，煤油汽灯照明，一个月只能打几米深。个别较长的隧道才能使用小型机械。一个工区60多公里，聚集着六七千人作业。施工最紧张的时候，动用了全国新建铁路一半左右的劳动力，调动了4/5的筑路机械。然而全线只有一台最大载重50吨的架桥机。

川陕两省政府组织木材、燃油、粮油等大批物资送往工地，动员沿线民工参加铁路建设，得到热烈响应。男人们到工地挖土、挑土、抬枕木、抬铁轨，挣取工钱；女人们到河边捡拾不大不小的鹅卵石，用软锤敲破，制成规格合适、大小均匀的石块。软锤不重，用竹片做手把，敲起来有弹性，不震手。施工队收购这些石块，用作路基道砟石。

想想古人修栈道的情形，这些艰苦的体力活已经好多了。

想想今天的铁路施工，挖方、运渣、铺轨、掘进隧道等全部机械化，60多公里的工区只需要100多人，一个月可以掘进隧道100多米。经过70多年的发展，修路技术已经天翻地覆。

宝成铁路聘请苏联专家指导勘察、设计、施工。苏联专家提出了很多宝贵意见，优化了线路选线，降低了工程造价，提高了施工效率。

宝成铁路建设的模拟场景

施工最难的一段在秦岭的青泥岭一线。修建观音山车站时，铁道部部长带着苏联专家现场指导，装上142.8吨炸药，一次爆破成功。这是中国铁路史上第一次成功的大爆破。青石崖车站也是用炸药炸出来的车站，立于海拔1300多米的秦岭之巅。

按当时的设计规范，线路最大坡度不能超过千分之二十（20‰），也就是1千米的线路最多只能升高20米。这在秦岭段是无法做到的。铁路从宝鸡站南下，很快进入秦岭山区，快速爬升。在任家湾站和杨家湾站之间的线路，以33‰的大坡度急速爬升。

从杨家湾站到秦岭大隧道的直线距离只有6千米，地势升高却达680米，即每1千米上升110米。为了降低坡度，铁路线在山里蜿蜒盘旋，形成3个马蹄形和1个"8"字螺旋形的迂回展线，盘绕了27千米，把坡度降到勉强能够通行火车的程度。这就是著名的观音山展线，线路上下叠了3层，高度相差达817米。站在观音山站往上下看，3条铁路线重叠分布在山坡上，成为一大奇观。

观音山站旁边有一个大散关，有三千年的历史，是陈仓道的咽喉。当年陆游在这里留下名句："楼船夜雪瓜洲渡，铁马秋风大散关。"宋军和金军在这里对峙了一百年。可见此处的险峻。

线路再经过2364米长的秦岭大隧道，穿过秦岭垭口到达山顶的秦岭站。然后是坡度12‰的下坡道，沿嘉陵江边而行，直到四川的广元站。从广元往西南穿过剑门山，就进入盆地了。

1954年，路基工程修到广元皇泽寺下，工人们挖出一块五代时期后蜀广政二十二年（公元959年）的石碑，碑文记载武则天生在此地。至此，武则天的出生地才有了定论。皇泽寺是始建于北魏的佛教寺庙，曾名"西佛龛"，因武则天赐名而改叫"皇泽寺"，即"皇恩浩荡，泽被故里"。

1956年7月12日，两端的铁路在甘肃省徽县黄沙河接轨。数千名建设者在线路两侧围观，兴奋地看着蒸汽机车拉着彩车由南向北，徐徐开过接轨点，如同过节。铁路修建共用了4年多，比设计规定提前了13个月。这条铁路凝聚着建设者的智慧、汗水和鲜血，是新中国组织动员能力的又一次集中展现。

宝成复线桥隧相连

1958年元旦，宝成铁路全线通车，火车第一次开出了四川，通向中原。五万人聚集在成都火车站，一片欢腾，国务院副总理贺龙到场致辞、剪彩。第二天，《人民日报》发表通讯《英雄的路——宝成铁路正式通车有感》，记述了宝成铁路建设的艰难和感人故事。从此，宝成铁路扬名全国。

二、几个笑话

铁路开通给沿线地区带来的变化是全面的、巨大的、颠覆性的。

灵官峡景区的宝成铁路建设者塑像

施工队流传着一个故事。一个工人独自进山，手表被一个山民抢去了。山民拿着手表，看它滴答滴答地响，觉得好玩，就带回家放着，天天看。过了几天，机械表的弹簧走尽，停了下来。山民不懂上发条，就觉得好奇怪："这是啥子怪物？工人拿到它要扭，农民拿到就不扭了？"于是拿石头把表砸了。那时的表特别贵，一个工人几个月的工资才能买一块。这个事情让施工队的人心疼了很久。

铁路通车后，还有很多好笑的事情。山民们下山看火车，纷纷说："快看铁房子搬家了。"他们把列车叫"铁房子"。看见火车站的两层楼房，就说那是"屋笼屋"，指房子上重叠了一个房子。

有人发出疑问："这火车硬是怪，它爬着都跑这么快，要是站起来，不晓得要跑好快？"

镇上有一个做生意的人，在外面见过一些世面。他去问一个铁路工人："这个火车这么长，它的方向盘不晓得有好重？"铁路工人告诉他，火车没有方向盘。他直摇头，坚决不信。

这就是20世纪50年代川北山区农民的见识，说起来笑中含泪。幸好通了铁路，不然谁知道还要落后多少年？铁路带来的不仅是人员和物资的流通，还有信息的流通、文化的融通，带来"一步越千年"的进步。

铁路给沿线地区带来的变化极为深刻，彻底改变了经济布局。宝成铁路南段没有和金牛道并行，串起了江油、绵阳、德阳、广汉等地。于是，这些地方的工商业发展迅速，城市繁荣。宝成铁路甩开了金牛道上繁荣了上千年的梓潼、普安等地，于是这些地方由盛转衰。不得已，后来剑阁县城从普安古镇搬到了铁路沿线的下寺镇。

宝成铁路是第一条铁路蜀道，自此中国人终于可以坐火车进出盆地了。宝成铁路的运力、安全性都远高于川陕公路，还大幅缩短了旅行时间。从此，川陕公路变成以货运为主，秦蜀古道逐渐被行人遗忘。驰名千古的剑门关，只有在人们旅游的时候才会被想起。

三、运行有多难

宝成铁路通车后，新的考验才刚刚开始。

宝成铁路从陕西的宝鸡站到四川的马角坝站，要穿越秦岭、大巴山，是全国运行最艰苦的铁路线。坡陡弯多，平均每一公里有一个山洞。过秦岭的坡线特别陡，坡度时常达到千分之三十，最高达到千分之三十三，坡度之大为全国之最。过大巴山的坡线特别长，坡度最大达到千分之二十，蒸汽机车牵引十分吃力。

为了翻越两座大山，沿线设了宝鸡、略阳、马角坝三个机务段。马角坝是四川省江油县（现江油市）的一个山区小镇，马角坝站只是一个四等小站，因为机务段的入驻而繁荣一时，来往的所有客车货车都要在这个小站停靠，更换机车（俗称火车头）。机务段设在这里，跟当时的战备思路有关。

宝鸡至凤州段最陡最险。为了翻越秦岭，客车要增挂一台补机，实行双机牵引；货车要增挂两台补机，实行三机牵引。三台蒸汽机车两台在前、一台在后，前拉后顶，吭哧吭哧地爬坡，火车速度低到和人步行差不多。三台机车牵引列车到秦岭站后，摘下两台补机，再用一台机车牵引到马角坝。这一段成为提高全线运输能力的"限制口"。

俗话说，上坡容易下坡难，一点不假。秦岭站位于山顶，所有列车都要在秦岭站停下来，为下坡做准备。从秦岭往成都方向下坡，要让闸瓦冷下来再走。从秦岭往宝鸡方向下坡，客车货车都要用双机牵引，要把司机更换为有经验的老司机，秦岭列检所还要把所有车轮的闸瓦更换为新闸瓦。往宝鸡方向下坡时，刚开出二三十公里，列车速度就会快速提升。那时的蒸汽机车没有速度表，老司机靠观察窗外景物变动，凭经验判断车速，及时让车辆先撂闸，闸瓦适度抱住车轮控制速度，滑行足够距离后再让机车撂闸。这里的火候要把握好，否则列车容易失控脱线。观音山、杨家湾等站建有避难线，如果发现列车刹不住，车站扳道员就把列车放进避难线。避难线是上坡，可以让列车停下来。下坡时一路刹车，闸瓦和火车轮子强力摩擦，发出刺耳的声音，火花四溅。晚上行车，火花连成线，好似一条火龙在山间行走，颇为壮观。列车到达宝鸡时，四厘米厚的新闸瓦都会磨光，全部报废。

这样惊心动魄的场面，每天都在宝成铁路上演。

大巴山段的线路坡度要小一些，但坡道很长。当时的机车普遍老旧，煤质又很差，导致机车牵引力低，上坡时司机操作稍有不当，就会发生坡停事故。特别是从马角坝到广元一段，一路上坡，在雁门坝到贾家坝之间的坡顶处还有一个四千米长的隧道。经过长大线上坡后，蒸汽机车的汽水往往不足，速度不断下降，极易停在坡上，不能动弹。进山洞时，副司机要帮着司炉加煤，然后和司炉一起趴在地上，用手帕打湿水捂住鼻口（一氧化碳比空气轻，会往上走）。司机要掌好手把，让列车以极慢的速度通过隧道，速度比人走路还慢。从山洞里出来时，所有人全身都是煤灰，只有眼睛和牙齿是白的。

这一段的操作有很多技巧，稍有不慎就会发生车轮空转，让列车停在坡上。这里经常发生坡停事故，以致列车无法重新启动，只能请求救援。最危险的是列车停在隧道里，蒸汽机车冒出的一氧化碳闷在隧道里无法散开，会直接威胁车上人员的生命。

沿嘉陵江蜿蜒的宝成铁路

20世纪六七十年代的机车没有车载电话，每趟客货列车配了一个运转车长，他可以使用铁路沿线的调度电话（早期用架空明线通信，后来用电缆载波通信）。每当坡停时，司机就拉响一长三短的汽笛声：呜——呜呜呜！连拉三次。运转车长听到这种声音后就从列车后面下车，跑到车头询问司机出了什么状况。然后车长跑向就近的调度电话桩（每一千米有一个），用钥匙打开电话箱，拨号呼叫调度室，请求救援。这时，司机招呼副司机和司炉趴在地上，捂住口鼻，等待救援。救援列车赶来时都会带上医护人员。

位于秦岭山巅的秦岭火车站

一次，两辆蒸汽机车牵引一趟总重（自重加载重）1 800吨的货车，经过雁门坝到贾家坝的长大上坡道时，司机操纵不好，发生了坡停事故。车头正好停在洞子里面，水蒸气和一氧化碳闷在洞子里，越聚越多，司机、副司机、司炉全部晕倒。等救援列车赶到的时候，根本拖不动列车。于是马角坝机务段一辆又一辆的机车被派了过去，最后用了8辆机车才把那列车拉上坡，拖出洞子。机务段卫生所的医生去救人，也熏倒在洞子里，躺在地上晕了过去。

在宝成线上，不出事故的司机极少。

客车的重量轻，一般只有七八百吨，不容易发生坡停事故。不过，客车运行也有一段奇葩经历。

宝鸡到凤州91公里，是宝成线坡度最大的一段，沿线隧道、桥梁一个接一个。客车到观音山站时都会停车，招呼旅客全部下车，只把行李留在车上，步行爬山，走到青石崖站等火车。

机车驾驶人员在观音山站上水、上煤、烧汽、清炉，做好所有准备工作后，才把车慢慢开到青石崖站接旅客。两站之间的直线距离不长，翻山走小路也不远。旅客都愿意走路，因为这里的隧道低矮，火车烟囱里冒出的蒸汽和一氧化碳无法散开，全闷在洞里，又热又湿又有毒。旅客走到青石崖站时，列车还在慢慢地绕8字线。

司机和副司机要负责瞭望，密切观察路况。那时的驾驶室没有门，山风呼呼不断。司机和副司机的半边身子在窗口吹凉风，另外半边身子在车里烤火炉，半边冷半边热，一身灰一身油。一年四季都如此，条件十分艰苦。

马角坝到石工坝间的长大坡道，是宝成铁路南段运力的瓶颈。1960年至1969年，成都铁路局新建了马角坝至罗妙真的新线，坡度变平缓，设备更先进，列车通过能力提高了68%。拆除原有旧线，消除了这个瓶颈。当时受经济困难影响和"文化大革命"冲击，改线工程几度停工，建设时间拖了9年。

宝成铁路在灵官峡、飞仙关、皇泽寺等处陆续进行了10余次改线，不断优化线路，改善运行条件。

宝成铁路，建设最难，运行也最难！宝成线必须上电气化，很快成为当时铁道部的共识。

四、中国铁路电气化起步

铁路电气化是以电力为牵引动力的一整套技术，主要包含两部分：一是电力机车，即以电动机为动力的火车头；二是牵引供电系统，铁路专用的牵引变电所将发电厂的电力变压后传到接触网（位于铁路线上的高压输电线），通过接触网向电力机车供电。铁路电气化是铁路技术发展的主流，具有很多优点：运输能力大，行驶速度快，安全性好，能源消耗少，环境污染少，工作条件好。

中国铁路电气化技术从学习苏联、法国技术开始，走出了一条引进、消化、创新、自主研发的道路。

1958年年底，株洲田心机车厂和湘潭电机厂在苏联专家的帮助下，研制出中国第一台电力机车，命名为"6Y1"型。1959年1月，宝鸡电力机务段和供电段成立，成为中国第一个电力机务段和供电段。1960年从法国阿尔斯通公司进口25台6Y2型电力机车，布置在宝鸡机务段，后来又进口了40台。株洲机车车辆工厂和株洲电力机车研究所在消化吸收法国电力机车技术的基础上，对6Y1型的整流技术、牵引电机等进行技术调整，不断改进，建成较为成熟的电力机车，1968年定名为"韶山1型电力机车"。

马角坝机务段原来使用蒸汽机车，后来改造成全国第二个电力机务段，使用的电力机车全部是国产电力机车。中国人的学习和创新能力就是这么强。

早期的韶山型电力机车

1958年6月，通车不到半年的宝成铁路启动电气化改造，宝鸡至凤州段成为电气化改造试验段。1961年8月，改造工程竣工交付使用。这段铁路只有91公里，穿越了观音山展线和秦岭之巅，是运行最困难的路段，成为中国第一个电力牵引区段。经过电气化改造，宝凤段的运输能力由每年262万吨提高到1320万吨。1963年11月，宝凤段还改造了信号系统，建成中国第一个调度集中区段。宝凤段是中国铁路电气化技术的试验场，专家云集，持续攻关，硕果累累，成为中国电气化铁路的第一颗种子，培养了一大批技术和管理人才。

爬秦岭时，货车仍然使用3台机车牵引，蒸汽机车换成了电力机车，牵引吨位增加到两三千吨，上坡速度可以提高到时速50公里。下坡时，电力机车可以把牵引电动机变为发电机，将机车运行的动能转化为电能，向接触网反向送电，列车获得更大的制动力，运行更加安全。

宝凤段的瓶颈解决了，广元到马角坝段的长大坡道成为新的瓶颈。1968年12月起，这一段进行电气化改造，接着凤州到广元段、马角坝到绵阳段、绵阳到成都段先后实现电气化。1975年7月1日，宝成铁路成为中国第一条全线电气化铁路，韶山1型8号车披红挂彩成为首发车（1号至7号都是试验车，技术不成熟，没有投入运营）。信号系统同步改造为电气集中、继电半自动闭塞。

宝成铁路电气化改造全线通车典礼

宝成铁路的电气化改造历时17年，积累了大量宝贵经验。全线电气化的宝成铁路运行效率大为提高，年运输能力提高了4.4倍，行车时速由25公里提高到60公里，机务成本降低了60%。电力机车的牵引力远超蒸汽机车，基本不会发生坡停事故。司机的劳动条件也大为改善，穿白色衣服上班都不怕了。客车走8字形螺旋路段时，旅客也不用下车走路了。

"三线建设"时期，成都、德阳、绵阳、江油沿宝成线布置了大量企业。宝成铁路是四川出省的主要通道，承担的全省铁路客货运输任务曾经接近70%。改革开放后，沿线又诞生了一大批大中型企业，运量激增，铁路运力日益紧张。

在四川省的反复要求下，1992年12月，宝成铁路南段成都至阳平关开工建设复线。这一段全长403公里，由铁道部和四川省共同投资，建设电气化铁路复线。工程使用了掘进机等新设备，实现半机械化作业，劳动条件比当年修宝成铁路好多了。1999年开通复线电气化，在阳平关与阳安铁路（阳平关—安康）连接，而阳安铁路是我国第二条电气化铁路，已于1977年实现电气化。宝成线可以充分发挥网络效应，运力提高了1.5倍，时速提高到80公里。

阳平关至宝鸡段至今还是单线，逐渐被边缘化。

中国的电气化铁路从宝成线起步，比西方发达国家晚了半个世纪。后来又进口了德国、日本、苏联的电力机车，继续消化吸收。发展到今天，中国已建成世界上最发达的电气化铁路网，中国电力机车已经位列世界先进水平，并反向出口欧洲。

宝成铁路电气化复线在绵阳跨越涪江

现在中国使用的干线电力机车主要有两个系列：韶山（SS）系列、和谐号（HXD）系列。韶山型长期担任客货运输主力，和谐型则后来居上，发展为大功率货运机车和准高速客运机车。和谐型的牵引力强悍，是世界上牵引力最大的电力机车之一。其中，和谐 D1B 型电力机车是世界上功率最大的电力机车，可以牵引 1 万吨，技术最先进，而且拥有自主知识产权。在观音山展线爬坡的时候，和谐型电力机车经常充当补机，配合韶山型牵引客货列车。今天的宝成铁路、成渝铁路上，和谐型电力机车已经成为机车主力。

韶山型电力机车牵引货车穿行在宝成铁路明月峡隧道

在 20 世纪八九十年代，宝成铁路承担了四川 50%的进出省运量，带来巨大的经济社会效益，是最重要的铁路蜀道。进入 21 世纪，宝成铁路每天有 13 对旅客列车、20 对货物列车驶过，仍然十分繁忙。

2017 年西成高铁（西安—成都）通车后，宝成铁路的客运量大幅减少，只剩两三对客车，变成以货运为主的铁路。广元至宝鸡段保留了一对公益性慢车，票价几十年不变，继续为沿线山区人民提供廉价而安全的运输服务。

五、宝成精神

宝成铁路最艰难的北段（宝鸡—广元北）归西安铁路分局管辖，后来改为西安铁路局。这一段基本上全部位于山区，几乎每天都需要清除隐患、整修改建。经过四十年的运营，他们总结出了"宝成精神"：创业、拼搏、献身、进取。具体阐释为：吃苦耐劳、团结奋斗的创业精神，不畏艰难、誓保畅通的拼搏精神，献了青春献子孙的献身精神，乐观向上、自强不息的进取精神。宝成精神是西安铁路分局企业精神的重要内容，也融入了成都铁路分局的企业精神。

宝成铁路运营的历史表明，不断学习，勇于创新，持续推动技术进步，攻克科技难关，也是宝成精神非常重要的内容之一。宝成铁路培养了大批技术人才，将其输送到阳安铁路等其他电气化铁路线上，为我国铁路的电气化作出了重大贡献。

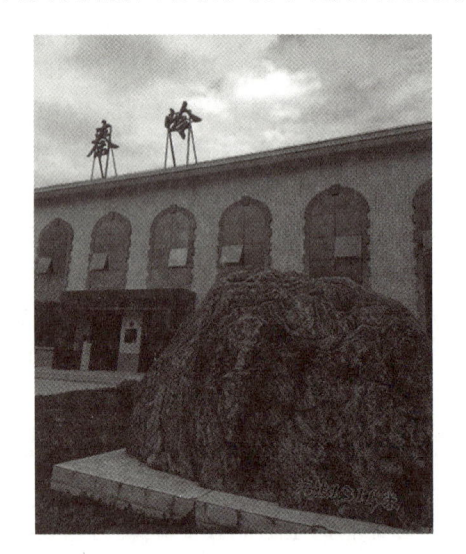

宝成铁路最高点——秦岭站

1981 年，宝成铁路灵官峡段被特大洪水冲毁，导致宝成铁路改线。2018 年，当地一家旅游公司利用废弃的铁路隧道建设了宝成铁路文化体验馆，运用多种技术手段再现了当年修建宝成铁路的艰辛历程。他们不是铁路系统的人，却热心铁路文化建设，还对宝成精神做出了自己的解读：艰苦奋斗、无私奉献、战天斗地、敢叫日月换新天。

宝成精神陈列馆和宝成铁路文学馆

2022年5月，中国铁路西安局集团有限公司在秦岭火车站建成了宝成精神陈列馆、宝成铁路文学馆。他们把宝成精神重新做了更简洁的总结：不怕苦、不服输、不含糊。

秦岭站变漂亮了，还在为来往的列车摘挂机头。在这座宝成铁路线上海拔最高的火车站，可以看到双机牵引的客车、三机牵引的货车，这里的冬日雪景也吸引了大量游客。

2018年1月，中国科学技术协会评选第一批中国工业遗产保护名录，宝成铁路入选。入选理由是：

"新中国第一条工程艰巨的铁路；

沟通西北与西南地区的第一条山岳铁路，改变了"蜀道难"的局面；

我国第一条电气化铁路；

锻炼、培养了一大批铁路、桥隧工程建设骨干；

秦岭展线是全国干线铁路中坡度最大的线路，观音山爆破是中国铁路修建史上第一次成功的大爆破，成立了中国铁路建设史上第一支机械作业队伍，培养了第一代机械操作技术工人，运用了世界先进的铁路电气化技术。"

宝成铁路文化体验馆

人类征服自然的奇迹

1971年，中华人民共和国恢复在联合国的合法地位，中国政府决定送一件礼物给联合国总部，以充分展现社会主义建设的成就。最后选定的是成昆铁路象牙雕刻。

各国送给联合国的礼物很多。1984年12月6日，联合国选出3件，郑重向全世界宣布：中国成昆铁路象牙雕刻作品、美国阿波罗宇宙飞船带回来的月球岩石、苏联第一颗人造卫星模型，代表了人类在20世纪征服大自然所创造的具有划时代意义的伟大杰作，被授予特别奖。

一、选线一波三折

在四川盆地的西南方向，连绵起伏的大凉山、小凉山，汇集了全世界最复杂的地质状况，山谷众多，河流湍急，有"露天地质博物馆"之称。当地人过河靠溜索，上山靠藤蔓做的天梯，出行极为困难。南方丝绸之路的西线从这里穿过，经过西昌，通往云南大理。

1952年6月，成渝铁路完成铺轨，鼓舞了新中国的建设者。中央政府开始规划建设西南铁路网，让铁路成网，发挥更大的效益。

为成渝铁路设计立下汗马功劳的工程师蓝田，开始为成昆铁路选线。他选了3条线路：东线从成都经内江到云南盐津、曲靖，再到昆明；中线由成都经内江到云南巧家、东川，再到昆明；西线经眉山、西昌、会理到昆明。东线、中线都有现成的技术资料，而西线最长，还要经过险峻的大小凉山，缺乏技术资料，一时定不下来。

大小凉山刚刚解放，山上还有土匪、特务，又是彝族聚居区，与当地人交流困难。1953年2月，西南铁路工程局设计分局派出一支小分队，由蓝田率队，部队派一个连保护，从宜宾出发，沿金沙江而上，踏勘西线。他们翻山越岭，吃尽了苦头，西线的艰险程度远超他们最初的想象。西南军政委员会领导说，当年红军就从那里走过，你们还怕什么？于是再派出第二支勘测队，最后完成了3条线路的完整技术资料的收集整理。显然西线难度最大，滑坡、落石、泥石流、岩溶、软土等不良地质现象繁多。

当时，铁路建设项目属于苏联援助中国的156项重点工程之一。1953年3月，中苏专家汇聚西昌，中国专家向苏联专家介绍了3个方案。蓝田等人提出，西线既有水利、矿产资源，又通达少数民族地区，政治、经济意义大。苏联专家立即斥责说：政治、经济意义是领导人考虑的事，你们作为工程师，不从技术标准和营运条件考虑，没有资格当工程师。两位苏联专家看了技术资料后认为，3个方案中，中线最短，最为可行，并断言西线根本就是修建铁路的"禁区"。蓝田据理力争："我是中国的工程师，我既要考虑技术需要，也要考虑政治、经济和国家战略的需要。"

当时的政治气氛是"一切都要向老大哥看齐"。1954年9月，铁道部西南铁路设计局（现第二勘测设计院）按照苏联铁路技术标准，完成了成昆铁路中线方案初步设计，报铁道部审批。铁道部同意了中线方案，准备报国务院审批。这时，一个消息轰动全国：南京大学地质系的师生到川滇交界处实习找矿，在渡口地区（今攀枝花市）发现高品位的铁矿石、煤炭、二氧化钛、五氧化二钒等大型矿藏。这对于缺少铁矿石的中国来说，意义重大。铁二院副总工程师蓝田欣喜地发现，那个位置正是成昆铁路西线经过的地方。

苏联专家主要在平原上修铁路，没有见过大小凉山那样的崇山峻岭。中国专家偏偏不信邪，又提出西线方案。专家们知道它最难，但中国的专家不仅从技术方面考虑问题，还从政治、经济、国防等各方面综合考虑问题。这种思维差异其实是文化差异带来的。

于是，历史的天平向西线倾斜。1956年年初，周恩来总理拍板：修西线。随后，蓝田再次带领勘测人员现场定测，明确了线路的具体走向。几年间，铁二院勘测的线路达一万一千多公里，形成比较方案200多个，爬高山，下深沟，做各种钻探实验，才形成最终方案。

成昆铁路北起成都，与宝成铁路、成渝铁路相连；南至昆明，与贵昆铁路（贵阳—昆明）、昆河铁路（昆明—河口）相连，全长1 091公里。线路从海拔500米左右的成都平原起，逆大渡河、牛日河而上，穿越海拔2 280米的沙木拉达隧道，又沿孙水河、安宁河、雅砻江下到海拔1 000米左右的金沙江峡谷，再溯龙川江上行至海拔1 900米左右的滇中高原。线路行经四川盆地、横断山脉、云贵高原三大地质构造单元，全线桥隧长度占线路总长度的41%，最大坡度16‰，比宝成铁路小，但地质环境比宝成铁路恶劣得多。

线路北段与南方丝绸之路西线有重合。过了西昌后，南方丝绸之路避开了最险峻的山区，往西南方向通往大理，而成昆铁路与之分道扬镳，往东南方向直奔昆明。

苏联专家继续摇头："就算建成了，狂暴的大自然也会把它变成一堆废铁。"

二、建设几起几落

中国人都是不信邪的。1958年7月1日，成昆铁路开工。以铁道部第二工程局和铁道兵五个师为主力，铁道部第四工程局三处、大桥工程局、电务总队、机械团、成都铁路局、昆明铁路局和沿线群众参加，近36万人的铁路大会战打响。

这时的施工机械比修宝成铁路时又有了进步。但是，初到大小凉山，处处悬崖峭壁，根本没路，古老的马帮都不从这里走。没有公路，工程机械常常不能运到现场，铁道兵只能用钢钎铁锤凿路。"逢山凿路、遇水架桥！""天高任我攀、地厚任我钻！"这是铁道兵的英雄气概。

当时受到"大跃进"的影响，一些地段仓促上马，单纯抢进度，影响了工程质量，发生了一些事故。1959年4月，国家压缩基本建设规模，成昆铁路除沙木拉达隧道外，其余工程全部停工。

成昆铁路的磨难刚刚开始。

1960年1月复工。国家随即进入三年困难时期，粮食供应出现困难，年底工程被迫停工。

1961年5月再次复工，但施工规模不大。

1962年年底，中央进行全面经济调整，大幅度压缩基本建设，成昆铁路被要求下马，全线停工。

历史的机遇来自千里之外的炮声。

1964年夏，美国入侵越南的战争升级，同时中苏关系更加紧张。面对严峻的国防形势，中共中央开始布局大规模的战略后方建设，提出了"三线建设"方针。四川是"三线建设"的重点地区，其中西南地区的铁路"三线"成为重点中的重点，即成昆铁路、川黔铁路、贵昆铁路。历史的契机在敲门。

1964年8月，中共中央决定加快建设"两基一线"：以重庆为中心的常规兵器工业基地、以攀枝花为中心的钢铁工业基地、成昆铁路。这3个重点都在四川。毛主席说"成昆铁路要快修""川黔、滇黔路也要快修""如果材料不够，其他铁路不修，集中修一条成昆路"。于是，铁道部在西昌组建了西南铁路建设总指挥部，西南局第一书记任总指挥，铁道部和铁道兵的主要领导任副总指挥。

1964年9月12日，铁道部发出《关于加速修建西南铁路、动员全路支援勘测设计和施工力量及有关问题的指示》，要求全国铁路各单位全力支援，在10月底以前抽调工程技术干部和工人赶往工地，会同铁道兵部队完成修建任务。

铁路勘测设计院、铁路工程局的职工接到去成昆铁路工地的通知，就如同接到上前线的命令，3天内必须出发。个别人害怕艰苦，不愿去工地，结果被开除公职。10月底，铁路职工和民工10.2万人，铁道兵7.9万人，共18.1万人到达工地，投入勘测设计和施工。全国上百家工厂开足马力，为成昆铁路生产材料。国家还从国外进口了一批施工机械，专门提供给成昆铁路。天时、地利、人和齐备，施工进度明显加快。

1965年4月，铁道部进一步规定，除"三线建设"项目外，其他基建项目一律不再增加。支援"三线建设"成为迫切的政治任务。

以西昌为界，北段主要由铁路工程二局、四局、大桥工程局等铁路单位施工，南段主要由铁道兵施工。工程列为保密项目，不做对外宣传，秘密施工。

很多路段边勘测、边设计、边施工，调整了一些线路的具体走向。为了克服地势高差，降低线路坡度，全线共有7处较大展线，分布在牛日河、孙水河、龙川江。有S形、8字形、眼镜形、麻花形，有很复杂的迂回展线。翻越小相岭的展线最复杂。铁路在海拔3 200米的小相岭北面，通过196米高差的"白石岩展线"和142米高差的"乐武展线"向上爬升，提高越岭标高，缩短隧道长度及埋深，通过沙木拉达隧道穿越小相岭，再向南沿215米高差的"韩都路—两河口展线"盘旋而下。这一段形成了"铁路三过同一村庄、一个村庄设两个火车站、两站之间火车没有走路快"的奇景。

全线122个车站中，有41个车站不得不把站线修建在桥梁上或隧道内。从金口河到埃岱的58公里线路上，有44公里的隧道，几乎成为"地下铁道"。

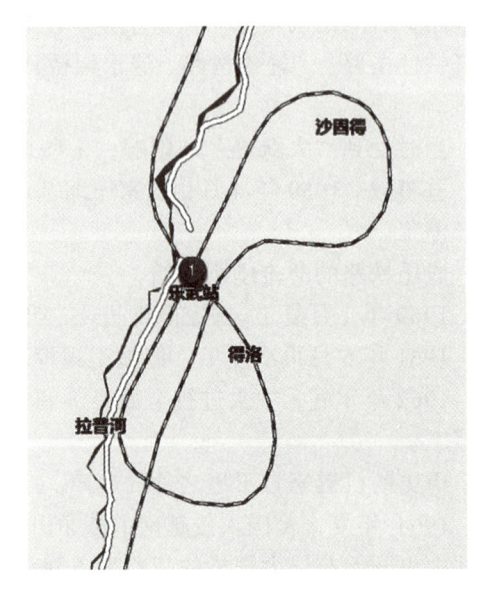

在大渡河旁，有很多奇特的长方形洞口，排列整齐，就像山体的牙齿。这是为保证运营安全修建的棚洞和明洞，避免山上落石威胁线路安全。这是成昆线的一大发明，最长的棚洞是沙赵坪棚洞，全长 736 米。

位于老昌沟的"一线天"桥跨度 54 米、高 26 米，是当时我国跨度最大的空腹式铁路石拱桥，两侧山峰垂直耸立，仰望是一线天，俯瞰是万丈渊。

铁路棚洞

1966 年 1 月，铁道部在成都召开第九次全会（扩大）会议，认真学习了毛主席"备战备荒为人民"的指示，讨论了加强备战、加速三线铁路建设、发扬"干打垒"精神等问题，强调突出政治，政治统帅一切工作。

那是一个特殊的年代，中国同时面对美苏两个超级大国的压力，国防战备任务很重。筑路官兵和职工胸怀全球，明了这种紧张的国际形势。铁道兵为了抢进度，实行三班倒，连夜干。开展劳动竞赛，得到的奖励是毛巾、钢笔、《毛泽东选集》。打隧道时，一些人为了抢进度，不带水打风枪，产生大量粉尘，结果导致很多人得了矽肺病。"为有牺牲多壮志，敢教日月换新天"是那个时代的召唤。"为了祖国修铁路，越是艰苦越幸福"是筑路大军的口号，是燃烧的激情。

1966 年 5 月，位于大渡河边的关村坝隧道竣工，党中央发来贺电。隧道全长 6 017 米，1959 年 7 月开工，经过停工、复工，战胜了罕见的岩爆现象，修了 7 年。中共中央为一个隧道的掘进发来贺电，真是闻所未闻。

1966 年 11 月，位于全线最高点的沙木拉达隧道竣工，全长 6 379 米，是当时全国最长的隧道，也经过了开工、停工、复工的折腾，修了 7 年多。沙木拉达在彝语中的意思是"开满杜鹃花的山谷"，山里有阴河，地下水丰富，是有名的"水帘洞"。没有风枪，就用钢钎打，蚂蚁啃骨头似的掘进。隧道两头同时开挖，顺利接通，误差不到一厘米。施工中发生大量涌水，一昼夜可以涌出一万多吨地下水，铁道部第二工程局先后有 136 名建设者献出了生命。

施工现场

旧庄河一号桥同期竣工，全长 106 米，是我国第一座悬拼法预应力混凝土铰接悬臂铁路桥，修建技术达到当时同类铁路桥梁的国际水平，荣获 1978 年全国科学大会奖。

大渡河旁边的乌斯河隧道最后动工，因为施工人员不知道怎么应对。这个隧道只有几百米，但是像豆腐渣一样，频繁塌方，一边打洞，一边塌方。有一次塌方死了 20 多人。塌了就堵，堵了再挖，锲而不舍，终于打通。

施工不仅面临恶劣的自然环境，还受到"文化大革命"的冲击。1966年10月，"踢开党委闹革命"的口号在各地流行，铁道部党委和所属各级党委陷于瘫痪或半瘫痪状态，无政府主义思想泛滥。1967年1月，铁道部和各铁路局、工程局的领导权相继被造反派夺取。随后造反派组织之间又打派仗，搞武斗，全路陷入无政府状态。

1967年5月31日，中共中央、国务院、中央军委、中央文革小组宣布对铁道部实行军事管制。6月12日，国务院、中央军委决定对全国铁路实行全面军事管制，逐步控制了局势。

受"文化大革命"影响，工程物资短缺，工程进度放慢，时建时停。1967年7月，成昆铁路北段工地发生武斗，筑路职工人身安全受到威胁，大批筑路职工被迫离去，工程停建。南段工程由铁道兵部队维持施工，施工效率降低。

工程又耽搁了一年多。再次启动又来自千里之外的炮声。

1969年3月，中苏两国在黑龙江的珍宝岛发生武装冲突，两国面临爆发大规模战争的危险，"三线建设"的重要性更加凸显。同年8月，周恩来总理代表中共中央、国务院发出号召："一定要在1970年7月1日修通成昆铁路。"撤销西南铁路建设总指挥部，改由新组建的铁道兵西南指挥部统一指挥。随后，离开工地的数万名职工又返回工地，9月1日恢复施工，工程进度加快。

1970年7月1日，成昆铁路举行通车典礼，交付正式运营。西昌车站的通车典礼有十万人参加，彝族汉族村民站满了周围的山丘，人山人海。这是世界铁路建设史上的奇迹，由于保密需要，当时的新闻没有报道，4年后才由纪录片《成昆铁路》做了介绍。

12年修了1 091公里，建设了991座桥梁、427条隧道。在成昆线坐火车，出了隧道就上桥，过了桥又进隧道，每个乘客都能感受到它的艰险。这样的工程，即使在今天的机械化施工条件下，难度也超乎想象。

成昆铁路沿线分布着22座烈士陵园。36万人参与施工，约2 100人牺牲，相当于铁路每延长500米，就有一个建设者把生命留在了这里。一代人吃了几代人的苦，才有了这个世界奇迹。

1985年10月11日，"在复杂地质、险峻山区修建成昆铁路新技术"荣获国家科学技术进步奖特等奖。有专家说，成昆铁路"至少推动中国的铁路工程技术进步了半个世纪，不是跨越，不是跳跃，是飞跃"。

三、运营多灾多难

成昆铁路是我国第一条在艰险山区建成的超过1 000公里的长大干线铁路，也是我国第一条内燃机车牵引的干线铁路，代表当时我国铁路修建的最高水平。

通车当天，攀枝花钢铁公司炼出第一炉铁水，向世界宣告一个新兴工业基地开始崛起。成昆铁路是攀钢的生命线，改变了中国的钢铁布局。攀钢成全了成昆铁路的改线和加快建设，成

桥隧相连的成昆铁路

昆铁路又成全了攀钢的正常生产，两者都是"三线建设"最重要的成果。

20世纪70年代末，依托成昆铁路，西昌卫星发射基地落成。"三线建设"规划的国防项目——实现。

成昆铁路改变了沿线2 000万人的命运。铁路通车前，这里十分闭塞落后，很多人连电灯都没见过。很多人家徒四壁，看见施工人员穿的鞋子、盖的被子，都觉得稀奇。铁路通车后，土豆、烟叶等凉山特产再也不愁销路。火车还成了沿线中小学生的通学车。铁路给他们带来了一跃千年的变化，从封闭走向开放，从贫穷走向富裕。

不过，一切变化都依赖于铁路的安全稳定运行，这是一个重大考验。

通车的前几天，两河口隧道发生塌方事故。施工单位紧急抢修便道，确保了通车。

通车4年后，有个隧道发生道床下沉。因为山里有酸性物质侵蚀铁路金属器材，勘测时没有发现这个问题，导致"隧道病害"，施工单位一直在不停地修修补补。

在中国铁路史上，有几次重特大事故都发生在成昆铁路线上。

1973年7月21日，成昆铁路664.7公里处发生泥石流，中断行车130小时。

1980年7月3日至5日，成昆铁路铁西车站古滑坡复活，连续坍塌200余万立方米，压在线路上约17万立方米，埋没几百米轨道。这是中国铁路史上罕见的大灾害，中断行车40天。

最惊心动魄的事故发生在1981年7月9日，成昆铁路遭遇百年未遇的大暴雨，巨大的山洪泥石流冲毁了尼日站至乌斯河站间的利子依达大桥。442次旅客列车正在通过隧道，经验丰富的老司机敏锐地发现轨道反光突然消失，果断采取紧急制动措施。6秒钟后，列车带着巨大的惯性冲出隧道，冲上断裂的大桥，致使2台机车、1辆行李邮政车、1辆客车坠入大渡河，被泥石流吞噬，8辆客车在隧道口停了下来，共死亡、失踪130人，伤146人，中断行车15天。如果没有司机那最后一次撂闸，8辆客车都会掉下去，上面有近千名旅客，想想都心惊肉跳。这就是最早的"荣辱一把闸"的故事。司机和副司机忠于职守、业务精湛，避免了更大的损失，被授予"革命烈士"称号。养路工发现泥石流来袭时，立刻拨打报警电话，但来不及跑开，也光荣殉职。这是新中国历史上最大的铁路灾害事故，也是世界铁路史上损失最大的泥石流灾害，惨烈而悲壮。随后，铁道部决定改线，新建一座隧道、一座大桥，绕过泥石流发生地段，彻底消除隐患。

几十年来，成昆铁路一直在治山斗水，形成了具有山区特色的安全运行体系，保障了成昆大动脉的安全畅通。修建成昆铁路是奇迹，运营维护成昆铁路也是奇迹，成昆铁路是中国铁路第一张闪亮的名片。

最早的"荣辱一把闸"的故事

四、改造连上台阶

20 世纪中叶，林立的烟囱，奔驰的火车，是人们对工业化的印象。进入 21 世纪后，烟囱越来越少，火车越来越多。

改革开放后，成昆铁路的运量快速增长，特别是货运量成倍增长，煤炭、矿石、化肥等大宗货物时常积压。

1993 年 3 月，成昆铁路开始电气化改造，同时对其他系统进行技术升级。成昆铁路成为当时运用世界新技术和全国一流设备设施最多的铁路。如：首次对地质复杂、地面建筑物交错地带施工实行动态设计；首次在无外方技术人员配合的情况下，对进口设备自行组织课题攻关掌握新技术；首次在燕岗站区使用微机联锁新设备；客运系统增加了安检查危系统、行包微机系统、引导显示系统；货运系统对主要货场和作业站进行技术改造……

中国第一个建在隧道里的车站——关村坝站

2000 年 9 月 30 日完成电气化改造，成昆铁路的运力提高了一倍，开行客车对数由原来的 5 对增加到 9 对，为西南地区的经济社会发展注入了新动力。这条线运行速度不断提高，但依然保留了公益性"小慢车"，票价几十年不变，为山区人民提供安全而廉价的服务。

随着西部大开发的推进，特别是攀钢西昌钒钛基地的建设和旅游开发，成昆铁路的运力又日益紧张，急需大幅扩能。

电气化改造后的成昆铁路

2010 年 1 月，成昆复线（扩能改造工程）建设全面展开，采用全新设计理念、施工技术、机械设备，向大小凉山发起新的挑战。新线变直了，还是双线，是国家一级铁路干线，全长 915 公里，比老成昆铁路缩短了 180 多公里，设计时速 160 公里。新线建设难度依然巨大，线路上有座特长高风险隧道——老鼻山隧道。隧道全长 13 579 米，为单洞双线隧道，穿越多条地质断层带，潜伏有岩溶、岩爆、瓦斯、突泥等风险地带，还是一个十足的"水帘洞"。建设者在隧道内修建了一座 25 米长的带棚桥梁，成功度过两大溶洞。大量新型施工机械投入使用，顺利打通隧道。

成昆复线建成后被称为"新成昆铁路"，实行分段建设、分段运营。广通北至昆明段 2013 年 12 月通车，成都南至峨眉段于 2017 年 12 月通车，永仁至广通北段于 2019 年 10 月通车，攀枝花南至永仁段、米易东至攀枝花南段于 2020 年通车，冕宁至米易东段于 2022 年 1 月通车,峨眉至冕宁段于 2022 年 12 月 26 日最后开通。新成昆铁路全线通车,运行复兴号动车组,成都至西昌、攀枝花、昆明的旅行时间大幅压缩,最快分别 3 小时、5 小时、7.5 小时到达。

成昆铁路还是单线,时速 80 公里,病害治理任务依然很重,转为以货运为主的铁路。成昆铁路的 5619/5620、5633/5634 次公益性慢火车,坚持运行半个多世纪,穿行在大凉山沿线乡镇,逢站必停,最低票价 2 元,数十年不变。沿线群众日常出行、赶集、上学,主要靠慢火车,他们把慢火车当成了公交车、致富车、通学车,将其亲切地称为"绿皮小慢车"。

五、奇迹的背后

成昆铁路的建设、运营都是奇迹,像神话一般的奇迹。那么奇迹的背后是什么呢?

2019 年,中国铁路成都局集团有限公司在西昌市马道子镇西昌铁路文化宫建成"成昆精神教育基地"。这里集中阐释了"成昆精神":坚守实干、创新争先。这种精神通过几十年的积累,铭刻在沿线的各个站段、各个岗位上。

坚守实干,需要几十年如一日,看牢山坡上的每一块石头,守住沿线的每一个车站,走好通行的每一趟列车。吃水、吃菜、用电、住房、出行、就医、入学、恋爱,小站上的职工样样都难。艰难的生活环境、恶劣的自然条件,一直考验着成昆线的铁路职工。"先生产后生活,先治坡后治窝。"老一辈成昆人就是这样坚守的,献了青春献终身,献了终身献子孙。一些小站上已经有了"铁四代",仍在继续坚守。

创新争先,开局就是高标准,起步就是高起点,发展更是高要求。现在防洪已经用上了无人机航拍、3D 建模、微小位移监测等高新技术;全面推广"互联网+",运营管理信息化、智能化、自动化水平不断提高;机车从东风型内燃机车发展到韶山 3 型、韶山 4 型、和谐号电力机车;电务系统从最初的臂板信号、路票交接、人工确认转变为半自动闭塞,再发展为电气集中连锁和计算机连锁,标志着我国铁路信号技术迈向世界先进水平……

2021 年,国铁成都局把成昆精神重新解读为:"战山斗水、坚守奉献、创新争先"。

西南交通大学胡子祥主编,西南交通大学出版社出版的《百年铁路与中国道路·铸魂篇》,对成昆精神的内涵做了更全面深入的阐释:忧国忧民、勇创奇迹的爱国精神,不畏艰险、不怕牺牲的拼搏精神,尽责守护、甘为路石的奉献精神。这种精神推动新成昆铁路和川藏铁路的建设,激励新一代的铁路人成为担当民族复兴大任的时代新人。

普速铁路织成网

宝成铁路北上出川，是最重要的出川大通道；成昆铁路从西南方向出川，是重要的战备通道。随着经济的发展、技术的进步，中国人修建铁路越来越驾轻就熟，进出四川盆地的普速铁路越建越多，逐渐织成一张网，成为盆地的经济大动脉。

一、川黔铁路和渝贵铁路

川黔铁路（重庆—贵阳）从四川盆地东南方向出川，通往贵州。它的建设没有成渝铁路那么惊心动魄，但也是一波三折，从设想到实现也跨越了三个朝代。

渴望铁路的不只四川人，还有贵州人。贵州地处云贵高原，自然条件较差，要发展经济就需要和富裕的四川盆地多交流。清朝末期，贵州人就开始设想修建从贵阳到重庆的铁路，可一直无法实现。民国时对这条线进行了勘测，确定修建从重庆经隆昌到贵阳的线路，但迟迟无法动工。

抗日战争爆发后，武汉的汉口钢铁厂搬迁到重庆大渡口。为了保障钢铁厂的原料供应，1942年5月国民政府交通部成立綦江铁路工程处，准备修建一条专用铁路，把綦江县的铁矿石和煤炭等原料运输到长江边的江津县猫儿沱（后改名江口），再用船运到重庆大渡口钢铁厂。

这是战争所需，工程不得不上马。1943年1月，綦江铁路的猫儿沱至五岔段开工，修了两年多，1945年10月完成铺轨38公里。线路太短，没有通到矿区，而且建设标准很低，直到抗日战争胜利都无法通车。

1945年12月，抗日战争胜利后，大渡口钢铁厂准备部分回迁武汉，成立了迁建委员会。委员会组建了綦江铁路局，接管这条铁路。1947年11月铁路延长到了綦江县城对岸的上闸坝，形成了猫儿沱至綦江的67公里铁路，开始运营。原计划要修到綦江三江镇，结果还是差十几公里没有完成。

綦江铁路设备简陋，只有5台蒸汽机车、30多辆货车、4辆简易客车，运行速度极低。

1950年1月，重庆刚刚解放，西南军政委员会工业部接管綦江铁路局，把綦江铁路续修到赶水，修了60公里，1952年1月竣工运营。1953年5月，綦江铁路局并入重庆铁路管理局。这条路还是太短、标准太低，主要起到为重庆钢铁厂运输原料的作用，也有少量客货混编的列车通过。

铁道部第十八勘测总队对川黔铁路进行了踏勘，认为利用綦江铁路修建川黔铁路，线路短、运量大，于是铁道部放弃了经隆昌到贵阳的方案，改由重庆直达贵阳。

1958年川黔铁路分段开工，超过11万铁路职工和民工参加建设。同时对原来的67公里綦江铁路进行改造升级，提高技术标准。

最著名的施工队是成都铁路管理局一段一队，人称"硬骨头队"，负责施工难度大的一段山区路段。在队长的带领下，培养出一大批技术骨干。他们还聘请兄弟单位现场监督，发现问题共同解决，确保工程质量。这种监理意识在当时是十分难得的。

工程难度最大的是穿越大娄山的凉风垭隧道。由于涌水量大，铁道部把这座隧道作为全国通风防尘综合治理的重点。凉风垭隧道修了一年多，是我国第一次使用小型机械化施工开挖的隧道，于1959年6月贯通，全长4 270米，是20世纪50年代兴建的最长隧道。由于坡度大，这段线路使用双机牵引。

1960年12月，长江北岸的小南海与南岸的珞璜之间建成白沙沱长江铁路大桥，把长江北岸的成渝铁路和南岸的綦江铁路连接了起来。这是继武汉长江大桥之后的长江第二座大桥，工期仅14个月。从此，綦江的铁矿石和煤炭通过铁路直达重庆，不需要轮船转运了，江口站和江口机务段都被撤销。随着运量的不断增长，1978年将这座大桥改建为铁路双线桥。

在三年困难时期，川黔铁路一度停工。1964年9月12日，铁道部发出《关于加速修建西南铁路、动员全路支援勘测设计和施工力量及有关问题的指示》，根据毛主席"成昆铁路要快修""川黔、滇黔路也要快修"的指示，要求全国铁路各单位全力支援，在10月底以前抽调工程技术干部和工人赶往工地，会同铁道兵部队完成修建任务。停工一年多的川黔铁路、滇黔铁路、成昆铁路随即复工。1965年7月，川黔铁路在白沙窝中桥南端接轨通车。

电气化改造后的川黔铁路

川黔铁路由重庆南至贵阳，全长463公里，其中重庆至小南海段与成渝铁路共轨。全线于1965年10月1日交付运营。历史上，贵州比四川盆地还要闭塞，川黔铁路使贵州开始接入全国铁路网。

川黔铁路穿越川东南的大娄山山脉，沿线矿产资源丰富，陆续修建了46条铁路专用线。随着货运量持续增长，20世纪60年代就开始进行线路改造和设备更新，边运营边改造，不断提高运输能力。

川黔铁路最初用解放型蒸汽机车牵引，后来改为东风型内燃机车。1985年实际运量超过了设计能力，1986年开始进行电气化改造，1991年12月电气化改造全线开通。改造后线路全长417公里，由韶山1型和4型电力机车牵引，运输能力提高了一倍多。铁路的运营带动了沿线一大批工矿企业，贵州铝厂、开阳磷矿等企业不断壮大。

进入21世纪后，川黔铁路每日开行客车12对、货车22对，线路通过能力利用率达95%，线路能力饱和。

2010年10月21日，以川黔铁路扩能改造的名义，渝黔铁路动工，又叫渝贵铁路。线路走向与川黔铁路大体一致，从重庆西站经遵义到贵阳北站，正线长度345公里，比川黔铁路缩短了100多公里，桥隧比高达77%。新建的双线铁路，客车最高运行速度可达200公里/小时，重庆至贵阳客车平均旅行时间由10.5小时缩短到2小时以内。2018年1月25日，渝贵铁路正式投入运营，重庆至贵阳方向的客流量出现爆发式增长。

川黔铁路转为货运铁路，渝贵铁路执行客运任务。

白沙沱长江铁路大桥

注：两座白沙沱长江铁路大桥相距100米。近处老桥属川黔铁路，2019年退役，2023年拆除；远处新桥为渝贵铁路、川黔铁路共用桥，是世界上首座双层铁路钢桁梁斜拉桥。

二、内昆铁路

内昆铁路（内江—昆明）从四川盆地中部南下通往云南，从计划到修建，也经历了三个朝代。云南地处云贵高原、西南边陲，更加渴望与四川盆地的经济交流。

清光绪三十一年（1905年），云南总督眼见法国修筑了滇越铁路，为了保护国家权利、守护边疆，便上奏朝廷，请自办滇蜀铁路，即叙昆铁路（即宜宾—昆明，宜宾又称叙府、叙州）。按照川汉铁路章程的做法专集华商资本，于当年4月成立滇蜀铁路总公司。宣统元年（1909年），聘请美籍工程师对昆明经昭通至宜宾的线路进行了初测。由于筹集资金困难，民国6年（1917年）公司宣告结束。

1938年，为建设抗战大后方，连接滇缅铁路形成国际交通线，国民政府与川滇两省筹划合修川滇铁路，交通部责成四川省建设厅勘测宜宾至昆明的线路。当年9月组建川滇铁路股份有限公司，计划修建轨距1米的窄轨铁路。全线勘测尚未完成，就从昆明、宜宾两端开始施工。后因经费、材料困难，1943年全线停工，基本建成昆明—曲靖段，四川境内还没有铺轨。

1952年，根据新中国建设西南铁路网的战略部署，西南铁路设计分局派出一支小分队，从宜宾出发，沿金沙江而上，踏勘成昆铁路，确定了东线、中线、西线方案。后来，西线被确定为成昆铁路，东线就是内昆铁路。内昆铁路与成渝铁路的号志口站接轨。号志口站被扩建为一等站，1961年改名内江站，原来的内江站则改名内江东站。内江站位于成渝铁路中点，内昆铁路从这里向南引出，走出盆地，爬上云贵高原，通往昆明。

内昆铁路边设计边施工，1956年在内江经自贡、宜宾至安边段开工，1958年才完成全线施工设计。内昆铁路走向与南方丝绸之路东线大致相同。在宜宾伏龙口，金沙江支流横江峡谷的五尺道与内昆铁路隔江相望。新中国的铁路建设全部采用1435毫米标准轨距，逐渐淘汰旧中国的窄轨铁路。

铁路的修建得到了地方政府和群众的支持。内江专区专员带领内江居民和农民近千人，自带工具，支援内江脚盆田重点工程施工。当时的内江地方官员认识到了铁路的重要性，却没有认识到大型企业的重要性。内江变成了铁路枢纽，铁道部曾设想在内江建设一个生产火车头的大型工厂，内江的地方官员担心占用土地太多，还会导致物价上涨，不愿配合。结果这个工厂就改到资阳建设，在资阳形成了一座"车城"。

1960年，内昆铁路北段内江至安边段建成通车。1962年，国家压缩基建规模，内昆铁路停工。两头都建好了，中间最艰难的安边至树舍段停建。位于宜宾市安边镇的金沙江大桥修了北面的桥梁，还剩南端的孔梁没有架设，也停工了。直到1974年，云南天然气化工厂需要修建专用铁路到安边车站接轨，金沙江大桥才重新建设，1975年1月建成通车，内昆铁路延长到了水富。这里处于川滇边界，在云贵高原的边缘，长期成为铁路断头。

随着铁路的开通，东方锅炉厂、长江起重机厂等大型企业在沿线兴建，川南工业区开始形成。

这条断头路仅长142公里，客货运量都不大，达不到设计运输能力。安边、水富的铁路断头望着云贵高原，等待了三十多年，蒸汽机车一直在这条线上慢悠悠地行驶着。

1998年6月，内昆铁路再次动工，兴建中段工程，这是内昆铁路最艰难的一段。铁道部工程管理中心曾经评价说："这条铁路是我国铁路建设史上地形最困难、地质最复杂的铁路。"全线有滑坡17处、岩堆91处、危岩46段、泥石流沟11条，瓦斯、涌水等险情应有尽有，被誉为"不良地质博物馆"。瓦斯隧道占比在我国铁路建设史上最大。

全线桥梁、隧道里程占新建线路总里程的55.6%，是当时我国桥隧比最大的铁路。它还是我国桥隧车站最多的铁路，全线34个车站中有24个车站设在桥梁上或隧道内，占车站总数的71%，比成昆线的比例还高。花土坡特大桥桥墩最高有110米，是亚洲第一高桥。

盐津老县城

内昆铁路线上有很多奇观。铁路隧道从云南省盐津县新城下穿过，全长1 868米，隧道顶部距地表建筑物国税大楼的最小距离仅为3.4米。因而盐津被戏称为我国山区唯一通"地铁"的县城。在密集的城市建筑群、松散的地质和古滑坡岩堆上修建铁路隧道，在我国铁路建设史上尚属首次，可谓鬼斧神工。

盐津老县城设有盐津北站，建在高架桥上。这座县城被网民们称为"世界最窄城市"，它沿关河峡谷而建，呈一线排开，两岸山峰陡峭，河两边各有一条街道，建筑多为钢筋混凝土建的现代吊脚楼，地形十分险要，修路极为困难。

内昆铁路的盐津北站建在高架桥上

盐津县境内的豆沙关站是全国最小的火车站之一，站台只能停放两节车厢。

内昆铁路线上最壮观的一段是云南大关—彝良—昭通一段。线路在崇山峻岭中盘旋，连续上坡77公里，最大坡度23.5‰，比成昆线的最大坡度还大。其中，从彝良车站往昭通方向，铁路在龙潭山走出三层"灯泡形"展线，用21公里的距离爬升了300米。这是我国首例铁路三层越岭展线。从一层展线彝良站到第三层展线黄土坡站，直线距离只有500米，步行爬山只需15分钟，而火车则需两辆机车牵引走20多分钟。所以有一种说法：如果你在彝良火车站没有赶上车，步行爬山到黄土坡火车站，仍能坐上那趟列车。

豆沙关站

2002年，水富站至梅花山站的新线修建完工，同时完成了宜宾站至水富站的电气化改造。内江站至梅花山站为单线铁路，在梅花山站接轨沪昆铁路至昆明站。内江至昆明全程872公里，全线正式通车运营。内江至六盘水段又称为内六铁路。

内昆铁路处于成昆铁路、川黔铁路中间，消除了断头路，起到了重要的分流作用，客货运量大幅提升，对云南、贵州的经济发展发挥了重要作用。它既是一条重大铁路干线，又是一条主要穿行于老、少、边、穷地区的扶贫线。云南昭通有了铁路后，廉价的山货终于走出了大山，畅通了销路。

内自泸高铁、成贵高铁等高铁线路开通后，内昆铁路客流量大幅下降，转为以货运为主的铁路。内江至昭通段保留了一对公益性慢火车，在山区小站每站都停，票价低廉，深受当地民众欢迎。这对慢火车的上座率比盆地内的成渝铁路慢火车高几倍。

公益性慢火车

三、襄渝铁路

襄渝铁路（襄阳—重庆）从东北方向出川，从老重庆西站（现重庆西动车所）经北碚、广安、达县（后改名达州），穿越大巴山出四川盆地，到陕西安康，经湖北十堰到襄樊（后改名襄阳），全长897公里。

1968年，襄渝铁路列为"三线建设"重点战备工程，代号2107工程，开始秘密修建。襄渝铁路桥隧共长400公里，占正线长度的46%，是当时中国桥隧密度最大的铁路。工程先后投入铁道兵8个师，另加6个团；陕西省动员2.58万名初中毕业生参加"学生民兵"，作为"上山下乡"的一种形式，在铁道兵的领导下参加修路；再加59万民工组成的民兵师团，共计83万人，劳动力是成昆铁路的两倍。

由于战备需要，工程要抢时间、抢进度，实行边勘测、边设计、边施工，从两头往中间修。工程十分艰巨，施工难度不亚于成昆铁路。

施工条件差，工程机械少，主要靠人力施工。因为地质灾害和工程事故，伤亡很大，"铁路每延伸一公里，就会倒下一个兵"。最难的路段在大巴山区。铁道兵修建大巴山隧道修了两年多，1972年12月竣工，全长5 333米，施工时不断大量涌水。重庆西面的中梁山隧道长3 984米，有大量地下水，修了两年多。在秦巴山区，几百名铁道兵战士长眠在烈士陵园。

铁道兵、学生民兵、民兵战胜了饥饿、塌方、洪水等各种困难，流血流汗，无论条件多么艰苦，从来没有在任何困难面前退缩。

学生民兵、民兵都实行军事化管理。学生民兵被称作学兵，大多十六七岁，文化程度相对较高，很快成为桥隧施工的主力。学兵住在自己建的干打垒宿舍里，四周是土墙，屋顶是油毛毡，夜里大风就能掀翻屋顶。后勤供应困难，经常饿肚子。他们学习铁道兵一往无前的精神，打隧道、架桥梁，许多人在进隧道施工前先把遗书写好，随时准备牺牲。轻伤不进医院，重伤不下火线，他们牺牲了一百多人。民兵也一样，用智慧、勇气和牺牲，共同创造了一个个基建奇迹。

1973年10月9日，襄渝铁路东西两段在大棕溪站接轨，全线通车。襄樊至莫家营一段与汉丹铁路共轨，莫家营至重庆段为新建工程。全线有90个车站，其中36个车站股道设在桥梁或隧道内。

1978年6月全线交付运营。运营初期用蒸汽机车牵引，翻越大巴山的路段有12‰的坡度，需要双机牵引。沿线布局了第二汽车制造厂及一些国防企事业单位。

从1975年9月开始，襄樊至安康段373公里、安康至达县段276公里、达县至重庆段249公里，陆续分段开工建设电气化工程，分段建成通车。1998年12月，全段建成电气化，客车运行时速提高到100～120公里，货物运输能力提高了一倍多。

改革开放后，襄渝铁路运量大幅增长，1985年的入川货运量就比1980年增长了2.4倍。如果没有电气化改造，是无法满足运输需要的。

幸好有了襄渝铁路，在长江葛洲坝工程截流期间，长江水运货物全部转向襄渝铁路；1981年四川特大洪灾期间，成渝铁路、宝成铁路、成昆铁路先后中断，襄渝铁路承担了进出川的主要运输任务。

西部大开发实施后，襄渝铁路开始建设二线，2005年8月动工，大量投入使用掘进机、架桥机等大型机械，2009年10月31日正式通车。襄渝二线与襄渝线走向一致，施

电气化改造后的襄渝铁路

工技术的进步，减少了很多弯道，全长只有507公里，设计时速160公里。新线运行时间大大缩短，运力明显增强，重庆至北京可实现一日到达。

四、渝怀铁路和黔常铁路

渝怀铁路（重庆—怀化）从重庆北站起，往东经涪陵、黔江，再往东南翻越大娄山脉，到湖南怀化，全长625公里，2000年12月开工，是我国21世纪开工建设的第一条长大干线铁路，是当年西部大开发十大重点工程之一。

渝怀铁路地质条件非常复杂，为山区铁路所罕见。它跨越长江、嘉陵江、乌江、郁江、阿蓬江、梅江、锦江等大江大河，是当时跨越江河最多的国内干线铁路。它还是当时长大隧道数量最多的铁路建设项目，7公里以上的隧道有8座。特别是圆梁山隧道全长11 068米，地质条件异常复杂，有洞中洞、洞中河、洞中桥等超高难度结构，堪称铁路建造的一大奇观。大批科研机构现场攻关，历时4年奋战，才打通了这条隧道，标志着我国在复杂地质条件下修建长大隧道技术实现了新的突破。重庆市武隆县境内的黄草乌江大桥全长410米，主跨168米，是国内同类铁路双线桥梁中跨度最大的桥梁，有"中国铁路桥梁第一跨"之称。

渝怀铁路还与青藏铁路一道，成为我国第一批实施环境监理试点的铁路建设项目，是一次性投入环保资金最多的铁路建设项目之一。施工单位的环保意识很强，对保护地下水、地表植被，防止水土流失、建筑垃圾等方面都做了精心安排。

2005年4月，渝怀铁路全线贯通，一次性建成了电气化铁路。铁路沿线宛如一个绿色通道，列车在青山绿水中穿行。2007年4月渝怀铁路全线开通客运业务，旅客列车设计速度为120公里/小时。

渝怀铁路是当时重庆连接中南、华东和其他沿海地区最便捷的通道，大大缩短了川渝地区往东南沿海的距离，承担了川渝地区运往湖南、江西、福建等地一半以上的货运量。渝东南地区的锰矿、中草药等产品主要依赖渝怀线运输，渝怀铁路的货运车皮很快供不应求。

为缓解货运紧张，2009年9月渝怀铁路开始建设复线，与既有线路同走廊布置。原建渝怀线时，在长江大桥等关键控制性工程上预留了复线建设条件，所以复线施工的难度远低于原线。2013年12月渝怀铁路重庆北至涪陵段复线开通运营。2020年12月渝怀铁路复线全线开通运营。渝怀铁路形成双线电气化大能力通道，是川渝地区通往珠江三角洲的大通道。

黔常铁路又叫黔张常铁路，是从东南方向出盆地的铁路。线路自渝怀铁路黔江站引出东行，经重庆市黔江区、湖北省咸丰县、来凤县、湖南省龙山县、桑植县、永定区，在张家界市与焦柳铁路衔接，再向东连接石长铁路常德站。2014年12月开工建设，2019年12月开通运营，全长336公里，设计速度200公里/小时。线路横跨三省市，是重庆至长沙的快捷通道，完善了西南铁路网络布局，极大地促进了沿线旅游产业发展和国土矿产资源开发，对渝东南、鄂西南、湘西北武陵山区少数民族的发展具有重要意义。

黔张常铁路

五、宜万铁路和渝利铁路

宜万铁路（宜昌—万州）是清朝末期策划的川汉铁路中最难的一段，是最后通车的一段。从 1903 年动议到 2003 年开工，历时百年。线路穿越鄂西、渝东山区，是当时地质条件最复杂、修建难度最大的铁路线，是当时单位造价最高、修建时间最长的铁路线。一级风险隧道一座连一座，被专家们惊呼"闻所未闻、举世罕见"，因而有了"桥隧博物馆"之称。2010 年 12 月完工，全长 377 公里，设计时速 120～160 公里。巫山山脉从此被铁路征服，四川盆地东出蜀道从此畅通。

渝利铁路（重庆—利川），是《中长期铁路网规划》中沪汉蓉快速客运通道的组成部分。从重庆北站至湖北省利川市凉雾站，与宜万铁路接轨，全长 264.4 公里，双线电力牵引，设计动车时速 200 公里，双层集装箱列车（高级货车）时速 160 公里。2008 年 12 月 29 日开工，2013 年 12 月 28 日开通运营。

宜万铁路

渝利铁路穿越巫山，桥隧比高达 80%，有世界上最大跨度的双线铁路斜拉桥——涪陵韩家沱长江特大桥。涪陵蔡家沟特大双线铁路桥有世界上双线铁路的最大桥墩，最高的桥墩重达 3.8 万吨。中国铁路建设者的智慧创造了一个又一个新纪录。

渝利铁路是重庆东出华中最便捷的铁路通道，从此川渝地区开始接入全国高铁网络。虽然渝利铁路还没有达到高铁标准，但高铁动车组可以从这条线直入盆地。

100 年前，从重庆乘木船到上海，需要 1 个月；三峡工程建成后，坐轮船要 7 天；现在坐火车，只要 1 天。待沪汉蓉快速客运通道全线建成后，从重庆到上海将只需 10 小时。

六、兰渝铁路

早在 1919 年，孙中山先生在《建国方略》中就提出修建兰渝铁路（兰州—重庆），称其为"经过物产极多、矿产极富之地区"。当然，这只是他的铁路梦之一。

新中国成立后，1956 年、1965 年都在编制建设方案。兰渝铁路穿越黄土高原、秦岭山区、青藏高原隆升区边缘地带，所经地区地震、洪水、泥石流灾害多发，号称"地质博物馆"。由于地质环境极为复杂，施工难度极大，迟迟无法开工。

在社会各界的多方呼吁下，2008 年兰渝铁路有限责任公司正式成立，由甘肃省、四川省、重庆市、铁道部合资组建。

兰渝铁路从兰州站经广元、南充到重庆北站，穿越三省一市，正线全长 886 公里，新建双线长度 820 公里，全线桥隧比 72%，设计时速 160 公里，有条件的路段预留时速 200 公里。西南地区最大的铁路编组站——重庆兴隆场站纳入兰渝铁路建设。

由于地质复杂，特别是甘肃境内的高风险隧道群多，施工难度极大，原预计工期 6 年，后来延后 3 年。胡麻岭隧道施工了 8 年；木寨岭隧道所属区地震烈度达到 7 度，风险极高；西秦岭隧道长达 28.2 公里，穿越汶川地震同一地震带；还有新城子隧道，都是世界级难题。

这个年代的中国，工业化程度大大提高，隧道掘进机、大型架桥机、装载机、注浆机等大型机械大量运用。施工机械先进，施工技术发达，施工管理成熟，工程过程中既克服了一系列世界级工程难题，又减少了人员伤亡。

国家贫穷的时候，机器设备异常宝贵，一些英雄人物不惜用生命去抢救设备。国家富起来以后，人命才是最宝贵的，任何机器都比不了。进入21世纪的中国，"以人为本"的理念不断强化，安全意识不断增强，人员伤亡越来越少。

2015年12月26日，兰渝铁路广元至重庆北段正式开通。2018年1月16日，兰渝铁路双线全线贯通。兰渝铁路是双线电气化快速铁路，2019年1月8日全线开通动车组。兰渝铁路大大缩短了西北、西南地区间的运输距离和旅行时间，对沿线地区的矿产资源、旅游资源开发、经济建设和人民生活都产生了重大影响。六盘山区、秦巴山区的十几个贫困县的经济开始起飞。重庆到欧洲的"渝新欧"班列改走兰渝铁路，比原线路节省运行时间10小时。

重庆井口嘉陵江铁路特大桥
（下方是渝怀线，上方是渝利线和兰渝线）

在21世纪前10年，进出盆地的铁路蜀道共有11条：北上的宝成铁路、兰渝铁路，东出的襄渝铁路、渝怀铁路、黔常铁路、宜万铁路、渝利铁路，南下的川黔铁路、渝贵铁路、内昆铁路、成昆铁路。没有往西出川的铁路。铁路线的多少反映了从4个方向走出盆地的难度，与古蜀道的难度是一致的。

这些新蜀道是川渝经济的生命线，担负着进出盆地的大部分客货运输任务。

铁道兵魂留四川

几千年来，中国大地上出现过无数个"基建狂魔"。在新中国改革开放前，最难的基建都离不开解放军，如川藏公路、成昆铁路。特别是铁道兵，更是一个专啃硬骨头的"基建狂魔"。

一、铁道兵的 35 年

1948 年 7 月，解放战争进入关键时期，以东北民主联军护路军为基础，东北人民解放军组建铁道纵队，负责抢修东北地区被战争破坏的铁路，并向华北、华东及中南地区推进。他们实现了"野战军打到哪里，铁路就修复到哪里"的壮举。

1949 年 4 月，解放战争大局已定，中央军委决定将铁道纵队改归军委铁道部领导。1949 年 5 月 16 日，铁道纵队扩编为中国人民解放军铁道兵团，军委铁道部部长滕代远兼任铁道兵团司令员和政治委员。

1950 年抗美援朝战争爆发后，约 2 万铁道兵陆续赴朝担负战区铁路保障任务，支援前线作战，创建了一条"打不烂、炸不断"的钢铁运输线。

1953 年 9 月 9 日，中央军委、政务院决定将志愿军在朝的 6 个铁道工程师调归中央军委系统，与铁道兵团已有的 4 个师、1 个独立团统一整编，成立中国人民解放军铁道兵。铁道兵正式作为一个兵种列入人民解放军序列。1954 年 3 月 5 日，铁道兵领导机构在北京正式成立，王震任司令员兼政治委员，下辖 10 个师、1 个独立团、2 所学校，共 8 万人。

铁道兵从战时进行铁路保障，转为平时参加铁路建设。部队继承和发扬了战争年代不畏艰险、一往无前的优良传统，参与修建了大量铁路，特别是最艰险的山区铁路。如：穿越"露天地质博物馆"的成昆、贵昆铁路，通过河西走廊的包兰铁路，进入高寒林区的嫩林铁路，穿越秦巴山区的襄渝铁路，穿越天山的南疆铁路，跨上雪山高原的青藏铁路，走过太行山麓的京原铁路……

铁道兵被群众称为"铁路建设的突击队"。在和平年代，铁道兵共新建铁路干线、支线 52 条，共计 12 593 公里，约占全国同期新建铁路总数的 1/3。他们还建设了地铁、机场、边境公路等其他工程。其中最具代表性的七大工程是：成昆铁路、贵昆铁路、襄渝铁路、东北林区铁路、新疆南疆铁路、青藏铁路、北京地铁，都是当时最难的铁路。

1980 年 1 月，按照邓小平的指示，铁道兵部队精简机构、压缩兵员，到 1981 年总兵力减少了一半。1982 年 12 月 6 日，按照中央军委关于军队体制改革精简整编方案，国务院、中央军委发布《关于铁道兵并入铁道部的决定》，铁道兵指挥部及其所属单位从 1983 年 10 月 1 日起归铁道部建制领导。改制后，铁道兵部队由军队生产型转为企业生产经营型，自负盈亏，自我发展，实现了兵改工的历史转变。从此，铁道兵在解放军序列中消失。

铁道兵博物馆内再现的成昆铁路建设场景

铁道兵是中国人民解放军的工程技术兵种，诞生于艰苦的战争年代，既是军队，又是工程队，为解放战争、抗美援朝、国家的铁路建设作出了杰出贡献。铁道兵部队自身不断发展壮大，最多时达40余万人；转入地方30多年后，发展成全世界实力最强的综合建设集团——中国铁建股份有限公司。

二、铁道兵开蜀道

蜀道难，最难的铁路在四川。铁道兵为打通新蜀道流血流汗，留下了一个个英雄传奇。

成昆铁路是"三线建设"最重要的项目之一，是最艰险的项目，被称为人类战胜自然的奇迹。铁道兵主要负责南段的建设，就是铁路穿越横断山脉大小凉山的一段，也是最艰险的一段。

"到祖国最需要的地方去""让锦绣河山织上铁路网"，铁道兵带着这样的豪迈誓言，来到成昆铁路工地。这里集中了各种地质灾害，施工机械又少，困难极大。战胜灾害，创造奇迹，不仅要靠科学，还要靠精神。

1965年9月3日下午，在成昆铁路乐山沙湾的大桥湾隧道，铁道兵10师47团四川犍为籍战士徐文科正同战友一道施工，突然隧道发生大塌方，徐文科被垮塌的碎石和支撑木压倒，口吐鲜血。战友们急了，想把他刨出来，可隧道上方的碎石还在继续往下滑落，越堆越高。徐文科为了把宝贵的逃生时间留给战友，以钢铁般的意志强忍剧痛，对抢救自己的战友说："不要管我，赶快离开。毛主席的伟大战略决策需要你们去实现。"当落石埋到他胸部时，徐文科高呼："毛主席万岁！共产党万岁！"战友们脱险了，而年仅23岁的徐文科光荣牺牲了。

铁道兵博物馆内的模拟场景

师部党委追认徐文科烈士为中国共产党正式党员，团中央授予他"模范共青团员"称号。成昆线上的轸溪站建有他的纪念碑。铁道兵博物馆里的雕塑《生死关头》，讲述的就是这个故事。一个普通的士兵，心里装着的是国家的战略，而不是个人的安危。国家利益高于一切——这就是力量的源泉，是铁道兵战士的集体精神面貌。

修建成昆铁路的铁道兵干部和战士创作了一部诗集《彩练当空》，其中《毛主席瞩目成昆线》中有这样一段：

毛主席瞩目成昆线，

红光灿烂照山川；

金沙水笑，雪浪舒卷，

大小凉山，捧献春天；

钢人钢马呵钢铁长廊，

回响着时代的呐喊：

"备战、备荒、为人民"，

与帝修反抢时间！

另外还有一条铁路蜀道，也是"三线建设"的重点战备工程，整块硬骨头都留给了铁道兵。

襄渝铁路从襄阳到重庆，全长 837 公里，大约平均每修一公里路就有一个铁道兵倒下。同成昆铁路一样，牺牲主要源于塌方、爆破等事故，也有在其他场合舍己救人的。

1968 年春，刚刚完成成昆铁路施工任务的铁 7 师、铁 8 师从金沙江畔赶往四川万源，还在大兴安岭雪地里的铁 6 师也赶来了。这里有个硬骨头，全长 5 000 多米的大巴山隧道，是襄渝铁路上最关键、最艰险的工程。

山上没有路，战士们肩挑背扛，把发动机、水泥、枕木、食物等物资运送到上山。大巴山隧道位于山谷的山腰上，周围几乎全是悬崖峭壁，没有任何支点。战士们用绳索把自己吊在悬崖上，用钢钎一锤一锤地敲打山壁。隧道集瓦斯、岩溶、断层、涌水等各种不良地质病害于一体，岩层复杂多变，既有坚硬的"特坚石"，又有具有收缩力的"橡胶泥"。有一天，几个溶洞里突然喷涌出十几万立方米的泥沙浆，战士们经过二十多个小时的连续奋战，才堵住溶洞喷涌。

大巴山大成隧道因山洪暴发，洪水从隧道明洞涌入，在隧道里施工的 32 名战士牺牲。后来在施工中又突遇暴涌的地下水，把一名战士冲出十几米远，淹没了整个隧道，迫使工程停了 50 天。专家们提出封堵地下水的意见，铁 8 师师长根据水文考察报告，提出相反意见：把坑道地下水全部打通，分段抽水，清理淤泥。按照这种方法作业最终获得成功。为了把耽误的时间夺回来，专家和战士们放弃休假，忘我劳作，"舍小家、为大家"，终于打通了隧道。

因为地质灾害频发，因为施工机械故障，因为施工条件太差，因为施工管理不成熟，大巴山、武当山、安康、紫阳、白河、万源……铁路沿线 167 座烈士陵园安葬着一个个年轻的生命……

工程人手紧，女兵也要在悬崖上轮锤打钎，在隧道里打风枪、点炮眼。卫生兵经常面对重伤的战友、残缺的遗体，没有人给她们做心理辅导，她们只能不停地背诵毛主席语录"一不怕苦、二不怕死"，在相互鼓励中面对生命的惨烈和顽强。

铁路从襄阳向西进入陕西省安康市，这里有 6 个县是革命老区。老区位于秦巴山区，交通不便，经济落后。铁道兵部队为了不给地方增加负担，自己盖部队住房，自己运机械设备，自己采伐工程用木，自己开荒种地、种菜、养猪。不管工程多紧张，他们都要帮助当地农民干农活，给他们送物资，帮他们修便桥、索道、水井，留下许多"爱民井""爱民渠""爱民路"。部队自己呢？襄渝铁路是战备工程，为了抢进度，实行"先生产、后生活"，配套公路没修好，后勤保障困难，各连就地想办法找粮食，有什么吃什么。

铁道兵博物馆内的成昆铁路建设纪念碑

英雄不只是一个人，而是一个群体。英雄壮举不是靠一时头脑发热，而来自平时一点一滴的善行积累、思想沁润、氛围熏陶。

三、铁道兵之魂

四川有一个 4A 级景区，是四川唯一不对外国人开放的景区，位于乐山市金口河区。金口河大峡谷是大渡河上一条壮美的峡谷，清澈的河水湍急流过，荡漾绿波，两岸奇峰突起，

109

危岩耸立。成昆铁路顺着峡谷穿行,全国第一个设在隧道里的车站——关村坝站就在这里。

离关村坝站不远的山坡上,有一座铁道兵博物馆,2012年6月28日建成开放。令人意外的是,这座博物馆不是部队建设的,也不是铁路部门建设的,也不是中国铁建建设的,而是金口河区政府建设的。金口河区政府为了弘扬铁道兵精神,传承铁道兵文化,给全国铁道老兵一个精神家园,自筹资金建设了这个博物馆。原铁道部部长题写馆名"中国人民解放军铁道兵博物馆"。

馆长告诉笔者:"我不断寻找铁道兵的文化、力量、源泉,他们不简单。为了民族独立,为了人民解放,为了维护世界和平,他们参与战争;为了走好社会主义道路,为了建设社会主义国家,他们参与建设;为了响应百万裁军,他们执行中央军委决定,撤销建制。他们经历了三十五年的岁月,集中体现在听党话,跟党走,执行党的决定,展示出了时代精神、民族精神。为了祖国,为了人民,为了民族,奉献青春,奉献汗水,奉献鲜血,奉献生命。"开馆10年,在铁道兵精神鼓舞下,他在各种场合讲解铁道兵的故事和精神,达上千场次。他立下誓言:讲好红色经典,传承铁道兵精神。

这是全国唯一的铁道兵博物馆,坐落在陡峭的危岩之上,被绿树掩藏。通往这里的公路十分狭窄,沿峡谷蜿蜒,忽上忽下,忽左忽右,坐在车上的人被颠簸得冒冷汗。博物馆建在如此偏僻的地方,可以让参观者体会成昆铁路的险峻。它是四川省爱国主义教育基地、国防教育基地,也是四川铁道职业学院的思政课实践教学基地。它吸引了大量老兵探访,感动了当地人,激励了年轻人,共同体悟铁道兵精神。

铁道兵精神是什么?

1962年,歌曲《铁道兵志在四方》问世,传遍全国:"……同志呀!你要问我们哪里去呀,我们要到祖国最需要的地方。劈高山填大海,锦绣山河织上那铁路网,今天汗水下地,明朝鲜花齐开放。同志们呐迈开大步呀朝前走呀,铁道兵战士志在四方!"

铁道兵博物馆广场

叶剑英为铁道兵成立30周年题词:"逢山凿路,遇水架桥,铁道兵前无险阻;风餐露宿,沐雨栉风,铁道兵前无困难。"中铁十八局(原铁道兵第8师)把这个题词认定为铁道兵精神。

中国铁建总结了铁道兵的十大精神:"钢铁汉的精神,忠诚的职业精神,无所畏惧的亮剑精神,豪迈的四海为家精神,一不怕苦、二不怕死的精神,艰苦奋斗甘于奉献的精神,完全彻底为人民服务的精神,坚韧不拔、一往无前的精神,淡泊名利、忘我工作的无私奉献精神,树雄心、立壮志、艰苦奋斗的创业精神。"

著名数学家华罗庚到关村坝隧道施工现场指导科研攻关,发出由衷感慨:"我能计算出一道道数学难题,却无法计算出铁道兵指战员对党和人民的忠诚。"这段话刻在了铁道兵博物馆的外墙上。

陕西省作协会员李春芝在《丰碑——襄渝铁路建设纪实》一书中认为,铁道兵精神的核心内涵是"艰苦奋斗、志在四方"。

忠诚、勇敢、奋斗、志在四方，都是铁道兵精神的一部分。企业在总结归纳，学界也在梳理提炼。

石家庄铁道大学的吴晓曦、孙炳芳在《铁道兵精神的基本内涵研究》一文中，把铁道兵精神总结为：英勇顽强的革命精神，不畏牺牲的献身精神，迎难而上的创造精神，不惧艰辛的吃苦精神。

吴玉铁做了另一种概括："铁道兵精神就是逢山开路、遇水架桥、不畏艰险、不怕牺牲的大无畏精神；听党指挥、建设祖国、四海为家、以苦为荣的奉献精神；开拓进取、敢打硬仗、勇于探索、一心为民的拼搏精神；挑战极限、勇创一流，高原缺氧不缺志，敢叫天堑变通途的乐观、豪迈的爱国精神；勇攀高峰、领先行业、创誉中外、追求卓越的大国工匠精神。"这个概括更加全面，但不够凝练。

西南交通大学胡子祥主编、西南交通大学出版社出版的《百年铁路与中国道路·铸魂卷》，对铁道兵精神做了更为准确、简明的概括："听党指挥、服务人民的奉献精神，艰苦奋斗、志在四方的创业精神，攻坚克难、敢于牺牲的拼搏精神，与时俱进、锐意进取的开拓精神，钻研业务、精通技术的科学精神。"

一个人有了这种精神，脱下军装依然是个兵。这种精神一直在中国铁建传承，随着建设大军走向四方。它镌刻在四川的大峡谷，播撒到西南交通大学、石家庄铁道大学、四川铁道职业学院等铁路院校的师生中。

诗人陈敏为铁道兵写了很多诗，其中《火车响着笛》描绘了铁道兵的形象：

巴山还是一茬一茬绿红
汉水抓住山根根仍是蓝
不要命地蓝
路呢炸药炸的洋镐挖的　撬棍撬的
赤脚掌踩的十个手指扒的
两根铁轨生生地长、紧赶慢赶地长
弯曲了再拽长
一节又一节
都是战友的脊梁骨一根根细数出来的
用命换来的
他们站立比天低
他们躺下了比路还要长
……

延伸阅读

四川人怎样开火车

西南铁路的人才摇篮

公路巍巍出盆地

铁路是交通的大动脉，公路是交通的毛细血管，两者相互补充，都是新蜀道的主体。

盆地内的川西平原、川中丘陵、川东山地（平行岭谷），是建设新蜀道的试验场。川人在盆地内完成技术、资金、人才等方面的积累和准备后，再面向崇山峻岭，建设进出盆地的新蜀道。铁路建设如此，公路建设也是如此。

一、战时赶修的公路

川陕公路是出川的第一条现代蜀道，盆地内还有更早的公路。1913年四川开始修筑第一条公路，成都至灌县（今都江堰市）的公路。由于技术不佳、资金不足、扯皮不断，修修停停，仅仅55公里的路历时12年才通车。公路建设经验从这里开始积累。

盆地内最著名的公路是成渝公路。

明清时，成渝间有一条五尺道，只能通马车、架车、人力车，沿途有87个驿站。

1920年中华全国道路协会在上海创立，随后在四川成立分会，开始宣传筑路技术。1927年，在重庆设立渝简马路局，在五尺道的基础上建设渝简马路（重庆—简阳）。由于军阀割据，防区林立，路政分割，工程实施困难。随着刘湘获得军事胜利，1932年公路建设加快，由沿途各县分段修建，于1933年建成成渝公路，当年号称"西南第一路"。渝简马路有50公里是石子路，其余都是土路，下雨就无法行驶。从成都去重庆，途经简阳、资阳、资中、内江、隆昌、永川、江津，全长438公里，要在内江住一夜；翻越龙泉山时非常困难，有时还要在山上的山泉铺住一夜，所以走一趟要两三天的时间。

刘湘把在重庆的成渝路政总局改为四川公路总局，统一管理全省公路。那时除了成渝公路，还没有其他像样的公路，只有成都到灌县、成都到雅安等几条短短的公路。他责令全川一律将"马路"改称"公路"。四川公路少而差，在地方经济社会发展中的作用还不明显。

"修路架桥，积德行善"，是中国人根深蒂固的传统理念。但在战争时期，修路常常是造孽。1935年1月，蒋介石以"围剿"红军的名义，派参谋团入川，在重庆设立军事委员长重庆行营。3月，蒋介石下令对成渝公路进行整修，以利"剿共"。随后又下令开建川陕公路。1936年又规定公路干线由公路局统一营业，禁止私人和商办公司上路行驶。

抗日战争全面爆发后，国民政府把建设重点放在了西部大后方，四川公路建设获得空前发展。四川盆地建设了新的公路干线：重庆—贵阳—昆明。这条线和成渝线是抗日战争时期最繁忙的公路。另外还修建了几条支线，主要有：内江—乐山，乐山—西昌，隆昌—毕节—昆明。因为抗日战争的需要，四川获得了一个历史性的机遇，有了公路骨架。但公路标准很低，基本都是碎石路。

川黔公路穿越贵州山地，桥涵工程很多，工程难度很大，于1935年3月动工。在民国中央政府的高压威逼下，四川省政府采取非常手段，征调10万民工赶修。民国《巴县志》记载："里长承风催逼上道，畚箕犁锄一切皆办自民，民尤怨愤。"民工的利益毫无保障，基层官员和技术人员也被逼得遭到处分、锁禁，巴县县长被逼疯。赶修了3个月，就死亡民工1000余人，伤者数万，甚为惨烈。川黔公路最终于1936年完工，基本上与川陕公路同期投入使用，是四川又一条陆上对外交通干线。

乐西公路自四川省的乐山到西康省的西昌，全长525公里，1939年8月紧急开工，1941年7月通车。它穿越大凉山，连接滇缅公路、驼峰航线、中印公路，是运输军事物资的生命线。山区环境气候恶劣，施工工具简陋，工期压缩到两年，期间大量民工工伤、冻饿、疾病、死亡，其艰辛和悲壮不亚于川陕公路。许多民工光着脚，拿着铁锹，冒雪赶工。前后征工24万人，死亡达4 000余人，平均每公里死亡8人；在工程最为艰巨的岩窝沟，平均每公里死亡20人。时人感叹抗战公路建设的悲壮与殊荣："一寸山河一寸血，一米路桥一米魂。"

新中国成立后，国家多次对这些旧公路进行改造升级。成渝公路的运输量最大，改造次数最多，逢弯截角，堆高填底，加宽路面，护坡植树。20世纪70年代初铺制渣油路面，消除了满天尘土。

1995年成渝高速公路通车后，老成渝公路不再忙碌，主要发挥短途运输功能。2005年按照国家二级公路标准，成渝公路铺设了水泥路面、柏油路面，成为318国道的一部分。

二、悲壮的川藏公路

古代成都通往西藏的道路只有艰险的茶马古道。1908年，时任川康边务大臣的赵尔丰，提出修建成都到康定的骡车大道，但未能实施。

1935年，蒋介石的重庆行营提出修建十大公路干线，就包括"川康马路"，即成都到康定的公路，限期修筑完成。1937年4月，成都到雅安段由四川公路局草草修建完工。再往西去，就是令人胆寒的横断山脉了。

雅安经天全到康定全线219公里，先后征调民工13万余人，1936年开工。此段崇山峻岭，冬春积雪盈尺，风大雨多，自然条件十分恶劣，加上劳动强度大，给养不足，包工头中饱私囊，民工受伤、生病、死亡时有发生，逃亡不断。工程进展缓慢，费时4年半，1940年试车，但在泸定没有公路桥，汽车到不了康定。随后工程贪污案暴发，8人被枪毙，7人被判刑。公路整修一年后勉强通车。1946年公路遭洪水冲击被废弃。翻越二郎山的公路只有一米多宽，还有很多路段被泥石流淹没，根本无法通车。"背二哥"还得走古老的茶马古道。

1950年3月，解放军奉党中央的命令，从乐山出发进军西藏。军长带领全军指战员向党中央、毛主席宣誓："坚决把五星红旗插在喜马拉雅山上！"

川藏公路博物馆模拟场景

交通天下
——从蜀道难到蜀道畅

从雅安往西走,就没有公路了。邓小平在中共西南局会议上说,进军西藏的主要问题是交通问题。贺龙说,运输问题比用兵问题困难好几倍。

为建设西藏、巩固国防,党中央决定:"从四川和青海两个方向修筑通往拉萨的公路。"为了国防所需,修筑要求就是要快。解放军按照"一面进军,一面建设"的方针,先遣部队准备平叛作战,后方部队抓紧修"康藏公路"。1955年原西康省撤销后,改称"川藏公路"。

川藏公路绵延2 000多公里,最难的还是穿越川西高原。要翻越折多山、雀儿山等21座海拔4 000米以上的高山,跨越青衣江、大渡河、雅砻江、金沙江等20多条江河,平均海拔3 500米。修建川藏公路耗时4年多,牺牲3 000多人。相当于公路每前进一公里,就有7名战士和民工献出生命。牺牲的惨烈程度远超闻名于世的成昆铁路。

二郎山在雅安市与甘孜州交界处,川藏公路翻越二郎山的盘山公路长达25公里,而且暴雨、滑坡、泥石流不断。山上罕有人烟,筑路部队靠挖野菜生活。按照"生产与修路并重"方针,"不吃地方"的政策,进藏部队不给当地增添负担,严格执行"决不侵扰老百姓"的纪律,积极开展生产自救。

1950年7月,西南军区文工团组织慰问团慰问筑路部队,被二郎山的险峻和指战员的勇敢所感染,创作了著名歌曲《歌唱二郎山》,迅速传播至全国。"二呀嘛二郎山,哪怕你高万丈,解放军铁打的汉,下决心,坚如钢,要把那公路修到那西藏……"

解放军在大渡河上修建了一座钢结构的悬索桥。悬索桥位于康熙年间修建的泸定铁索桥的上游900米处,成为川藏公路的交通要道,大大改善了两岸交通。刘伯承题写了桥名——"大渡河桥"。朱德总司令在索塔两侧题写楹联:"万里长征,犹忆泸关险;三军远戍,严防帝国侵。"2019年大桥被列为全国重点文物保护单位。

雀儿山是几十座群聚的雪峰,最高海拔6 168米,被称为"川藏第一高,川藏第一险"。冻土、

施工现场

施工现场

岩石、风雪、冰冻，阻挡公路前行；塌方、事故、泥石流、高原反应威胁筑路人的安全。在这个山头施工，牺牲了300多人。所以有人说，川藏公路是一条"血路"。2017年雀儿山隧道建成，消除了川藏线的交通瓶颈。这是世界海拔最高的特长公路隧道。

川藏公路地形极其复杂、地质极其复杂、气候极其恶劣、生态极其脆弱、施工极其困难，是新中国修建的第一条震惊世界的公路，是人类历史上最艰险的公路，是新中国资金投入最大的公路。在严重缺乏工程机械的情况下，由数万军民用铁锤、钢钎、铁锹和镐头，劈开悬崖峭壁，降服险川大河，手工打造而成。他们没有一张完整的地图，没有任何水文地质资料，经过艰苦卓绝的奋斗，创造了世界公路史上的奇迹。

1954年12月川藏公路、青藏公路同时通车拉萨，结束了西藏没有公路的历史。从此，西藏与祖国大家庭紧密地连接为一体，川西高原也开始被工业文明曙光照耀。

受当时的经济条件、技术能力等影响，川藏公路抗灾能力差，时断时通。1956年经党中央决策，在周恩来总理的部署下，交通部和四川、西藏两地交通部门组织1万人，历时13年，建成789公里长的东俄洛至邦达公路。自此，川藏公路从成都老南门出发，经雅安、天全、泸定、康定，在新都桥分为南北两线。北线经道孚、甘孜、德格、昌都到邦达；新修的南线经雅江、理塘、巴塘、芒康，在邦达与北线汇合。汇合后的公路经林芝到拉萨。北线全长2 412公里，南线全长2 146公里。

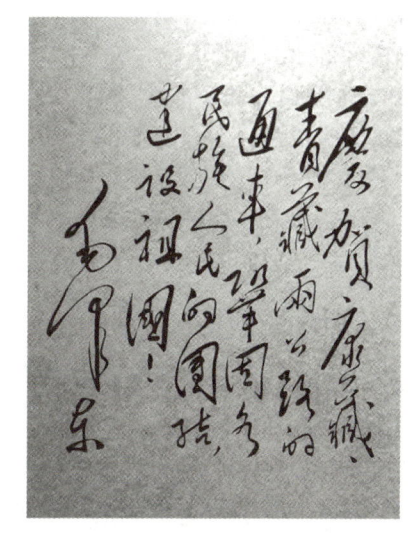

毛主席为川藏公路、青藏公路通车题词

川藏公路建设难，养护也难。典型如二郎山的雪害、冻害、雾害、水害，有的弯道被称作"鬼招手"，时刻威胁行车安全。当地民歌唱道："车上二郎山，如闯鬼门关。万幸不翻车，也得冻三天。"部队在山下建了一个简易兵站，为过往车队烧水煮饭。直到2001年二郎山隧道通车，兵站才撤销。四川省交通厅公路局第二工程处长期负责川藏公路四川段的养护，沿途设有养护站，俗称"道班"，坚守高原几十年。

在二郎山上，一块大石头刻了一行字："川藏线三不倒精神：艰难多吓不倒，条件差难不倒，任务重压不倒。"这是对川藏公路养护队伍的精神总结。

川藏公路几经改造，砂石路、碎石路已经变成了柏油路，配套设施日益完善，成为318国道的西段，成为世界瞩目的景观大道。开凿二郎山隧道时，为避让大熊猫保护区，不惜重新选址，开凿了13公里的隧道。为给自然留出空间，花费了巨大的代

甘孜州折多山上的川藏公路（318国道西段）今况

价。新蜀道的开拓，起初只是为了人的生存发展，后来逐渐体现了人与自然融为一体的理念。

川藏公路通车30年后，1984年12月，拉萨市建立"青藏、川藏公路纪念碑"，胡耀邦题写碑名。碑文写道："高原公路，亘古奇迹。四海闻名，五洲赞叹……"

又过了30年，2014年习近平总书记就川藏公路、青藏公路通车60周年作出重要指示，要求进一步弘扬"两路"精神：一不怕苦、二不怕死，顽强拼搏、甘当路石，军民一家、民族团结。

川藏公路是中国人民自强不息、不屈不挠精神的永久丰碑。

如今的川藏公路不仅是藏族聚居区的经济大动脉，还是自驾游的天堂，普通小汽车都能轻松通行，沿途风景绝美、异彩纷呈，处处可见"此生必驾318"的标志。

川藏公路博物馆

三、公路新通道

1950年，在解放阿坝州的过程中，党中央开始筹备修建成都到阿坝的公路，即成阿公路。当时，阿坝地区没有任何公路，只有两条茶马古道与四川盆地相连。

成阿公路全长506公里，起于成都西门，经郫县、灌县，沿狭窄的岷江河谷而上，过汶川、理县、米亚罗，翻越鹧鸪山、海子山等，到达阿坝县阿坝镇。其中灌县到阿坝的451公里公路于1951年开工，1955年建成。先后有3万多军民参加，191人牺牲。理县的烈士陵园建有一座"四川省成阿公路修建纪念塔"，上面刻有烈士们的名字。

在高原上，汽车发动机的功效明显降低，翻越鹧鸪山时异常吃力。鹧鸪山号称"死亡之谷"，终年积雪，翻山需要半天，当时每年都有三四十台车坠入万丈深渊。2004年鹧鸪山隧道修通后，避开了最危险的路段，缩短里程45公里，确保了317国道的畅通。

汽车刚刚开到藏族聚居区时，就有老人抱来青草放在汽车前，让"铁牛"吃草。牛群受到汽车马达声的惊吓而逃散。如今开车到这里的人会发现，牛群对汽车声音熟视无睹，只顾自己闲庭信步。

成阿公路对阿坝的政治稳定、经济繁荣，发挥了不可替代的巨大作用。山区的虫草、贝母、天麻等，曾经便宜得跟木柴似的，随着公路的修通，价格不断上涨。

进出盆地的公路除了著名的川陕、川藏、成阿公路，还有川湘、川鄂、川甘、川黔、川滇等公路，都不像川藏公路那么震撼人心、永载史册。

公路网分5个层次：国道、省道、县道、乡道、专用公路。其中国道和省道既有普通公路，也有高速公路。国道由交通运输部规划，省道由省交通运输厅规划，发挥干线、次干线功能，县道和乡道发挥集散和连接功能。公路具有机动灵活的特点，是交通的毛细血管，需要通往每一个偏僻的角落。川西高原和盆周山区的公路建设是最困难的，在改革开放后获得了快速发展。

1985年，甘孜州最后一个县通了公路，四川省实现县县通公路。2003年，全省实现县县通柏油路。

2004年,川九公路(川主寺—九寨沟)建成,连接四川省两大世界自然遗产九寨沟和黄龙,成为全国首条环保示范公路。虽然只有95公里,但在2005年获得詹天佑土木工程大奖。

2012年年底,四川省实现乡乡通公路,公路总里程上升为全国第一。

2018年,"溜索改桥"工程完工,彻底结束了山区溜索时代。

2020年1月,鸡鸣三省大桥建成。鸡鸣三省是云贵川三省交界处,赤水河和渭河在此相汇,三省分居于悬崖的三侧。三省的三岸居民从此告别渡口,走上了公路桥梁。没有了交通壁垒,山区实现快速脱贫奔小康。

2020年年底,四川公路网总里程达到34万公里,实现100%建制村通硬化路。

2020年,中共四川省委、省人民政府印发《关于贯彻落实〈交通强国建设纲要〉加快建设交通强省的实施意见》,要求建设全域畅达的公路网络:构建"县县通高速、乡乡通干线、组组通公路"的现代化公路网络。完善"18射9纵9横"高速公路网,打通川藏、川青通道,加密川渝、川黔、川滇、川陕通道,扩能改造成渝、成绵广、遂渝等繁忙通道,强化城际高速公路直连直通,推动高原山区高速(化)公路建设。

公路密织成网,公路建设、养护、汽车维修等方面的人才需求旺盛。以西华大学、重庆交通大学、四川交通职业技术学院为代表的许多高校、职业学校,培养了大批公路交通技术人才和管理人才,自身也获得良好发展。

甘孜州泸定县境内的川藏公路今况

工业时代的川江航运

农业时代的川江，木船在礁石浪尖上起伏，悠悠的船工号子飘荡了几千年。

清咸丰八年（1858年），长江出现轮船，英国、法国的机动船从上海驶入。1898年，第一艘轮船"利川"号从宜昌驶入川江，冒着缕缕黑烟，汽笛呜呜作响，惊动了万年神女峰，惊醒了千年苦船工。从此，轮船逐渐取代木船，成为川江航运的主力。

川江航运进入工业时代，经历了3个发展阶段。

一、单船自主航行时代

从1898年到20世纪50年代，"有水大家走"，各种机动船像木船一样在川江自由航行。

重庆是长江上游最大的水陆码头，又是军事重镇，早就受到各国列强的关注。许多西方冒险家觊觎西南腹地的商业利益，垂涎了几十年。英、美、法等国商人通过租用木船，时常将洋货偷运入川。

1890年英国逼迫清政府签订《烟台条约续增专条》，又称《重庆通商条约》，规定将重庆开放为通商口岸。1891年，英国控制的重庆海关开关，史称"重庆开埠"。英国税务司、领事、教会领袖同时抵达重庆，开始把重庆作为侵略四川和西南的据点，侵夺中国主权，镇压人民革命。

日本眼见英国取得重庆开埠的特权，极不甘心。1894年日本发动甲午战争，逼迫清政府于1895年签订《马关条约》，增设重庆等4个通商口岸。日本得到了重庆开埠的更大的特权，被称为重庆"二次开埠"。

重庆开埠后，大批洋行、公司在山城设立，大批洋货乘着木船，大摇大摆地进入重庆。重庆开埠的第二年，进口洋货就比开埠前猛增了10倍。同时，川渝出产的生丝、猪鬃、桐油、羊毛、药材等农副产品源源外运，出口量逐年上升，蜀地廉价的农副产品不断涨价。重庆海关所在的白象街成为最繁华的商业街。

进出口贸易促进了经济发展，这是无疑的。但是，不平等的贸易带来了中方的贸易逆差，严重冲击了城乡手工业，一直不可遏止。甚至，重庆海关的负责人是英国人好博逊，是控制中国海关的总税务司英国人赫德任命的。担任海关官员的还有奥地利人、美国人。他们负责重庆海关的核心工作，掌管海关行政和征收关税的大权，兼管港口事务。中国官员川东道台名义上兼任重庆海关最高首长，实际上被架空了，实际控制权完全在英国人手里。英国人占到海关官员的一半以上，中国人只能做一些底层的辅助性工作。关税收入被用于偿还清政府的战争赔款和外债，流入帝国主义的腰包。这就是半殖民地半封建社会的悲哀。直到1926年，民国才收回重庆海关的控制权。

重庆开埠易，轮船进川难。轮船入川威胁木船的航行安全，造成川江的木船运输衰落。川东船民开展了多次反轮船入川斗争，与反洋教斗争相呼应，却遭到清政府的武力镇压。

一个叫立德乐的英国商人，根据川江特点制造了"利川"号小火轮，以蒸汽机为动力，自重7吨，拖着一只木船，木船上装满供锅炉使用的煤炭。1898年，在英国驻华公使的支持下，在川鄂两地官府的保护下，他带领水手驾船从宜昌进入重庆。当时，上万名重庆百姓涌到江边，观看这个西洋玩意儿。

"利川"号入川是一次探险，但立德乐的目的不是探险，他陆续夺取了重庆江北的煤矿、铁矿开采权。

1899年英国军舰驶入重庆，开创了外国军舰入川江的先例。1900年，另一个英国探险家薄蓝田驾驶"先行"号（又称"肇通"号）轮船入川，在叶滩撞翻两只中国木船，淹死两名中国人。这是载重150吨的商船，开启了机动船从事川江商业运输的先河。从宜昌到重庆，它只用了73个小时，与木船的35天相比，优势巨大。西方各国商人对此兴奋不已。

随后一艘德国商船"瑞祥"号跟着入川，结果在三峡的空岭滩遇险。空岭滩是一座水上阎王殿，吞噬的生灵比滩下的鹅卵石还要多。那里有一块著名的巨石，刻有"对我来"三字，提示船舶要正对巨石航行，抵近时再向右转舵。洋人船长不信，早早转向，致使轮船触礁沉没。从此，许多经验丰富的洋人船长在川江峡谷面前也瑟瑟发抖，不敢向前。随后几年，进入川江的轮船主要是英国、法国、德国、日本的军舰。军舰马力大，不仅航行至重庆，甚至深入宜宾，耀武扬威，威慑中国官民。

1909年，熟悉川江水情的薄蓝田驾驶"蜀通"轮，再次从宜昌安全抵达重庆。重庆市民倾城出动，天天参观这艘大船，不少人用烟杆的铜头敲击轮船钢板，听着金属撞击的声音，确认轮船是铁做的。

"蜀通"轮是公私合营的川江轮船有限公司的第一艘轮船，经营重庆至宜昌间的客货运输。后来公司陆续买入英国轮船，独家经营川江航运，生意兴隆。

从武汉到重庆逆流而上，木船要走一个月，轮船只走两天半。

1915年重庆海关聘任薄蓝田为长江上游巡江工司。从此，川江航道有了专门的管理机构。薄蓝田开始在川江各险滩设立信号、浮桩、灯桩等安全标志，制定《川江航行指南》，有效地减少了事故发生。1917年在重庆开办了四川第一所领航学校，学生学习两年后毕业。四川从此有了持驾驶执照的轮船领江（领水员）。在薄蓝田的带领下，一批穷苦的船工、纤夫离开木船，走上轮船，逐渐成长为机动船的船长、领江、水手长。他为川江航运做出了突出贡献。他病故后，湖北的秭归县为他建了一座纪念碑。

西方各国忙于第一次世界大战时，川江上的中国商人获得了发展机会，成立了一大批轮船公司。1918年第一次世界大战结束后，英美日德法等国的商船大量涌入川江。他们资本雄厚，船多，用价格战把华人商船打压得喘不过气来。最后出现一个奇特的现象：大批华人商船挂上外国国旗出入川江，以躲避官府的税捐摊派、地方军阀的强行拉差、土匪的拦路打劫。当然，这样做要给外国公司交纳高昂的"挂旗费"。十几年后，川江上的轮船全部飘着外国国旗，直到民生公司崛起。

川江上的货船

民生实业股份有限公司是中华民族工业的骄傲，由卢作孚1925年在合川县创建。起初只

中篇　蜀道通——新蜀道的伟力

是一家小公司，只有一条载重70吨的小船，经营嘉陵江的重庆到合川段。卢作孚充分认识到华人商船必须联合起来，才能拯救危亡的民族航运业。他做出了"化零为整、统一川江、一致对外"的战略决策，以开阔的胸襟、巨大的善意，制定了一个"联合原则"：

凡是愿意出售的轮船，无论好坏民生公司一律照价收买；凡是愿意与民生公司合并的公司，不论其负债多少，民生公司一律尽力照顾，帮助他们偿清债务；需要多少现金即交付多少现金，其余作为加入民生公司的股本；凡卖给民生公司的轮船和并入民生公司的公司，其全部船员一律转入民生公司，由民生公司安排工作，不使一个人失业；凡接收一只轮船即废除一只轮船上的陈规恶习，代之以民生公司自己创立的一套新的管理制度和服务作风。

当时航运界也无比震惊。大家都知道单枪匹马斗不过洋人，于是纷纷加入民生公司。不到一年，民生公司就合并了17家公司。民生公司用了10年时间，发展成川江最大的轮船公司，使不可一世的外国轮船公司纷纷卖船，撤出川江。美国的捷江公司最先垮掉，5艘大船被民生公司接收。当时民生公司的轮船达到40艘，控制了川江70%以上的运力。

民生公司的管理很现代化，极具战略眼光。公司到沿海地区聘请业内专家，废除轮船上旧有的帮派陋习。它是中国最早实行股份制的公司之一，实现了职工股东化，小股东也能当董事，并拒绝外国人入股；管理人性化，教育职工"个人为事业服务，事业为社会服务"。抗日战争时期，大批海运人才撤退到重庆，公司暂时用不上，仍用高薪养起来；抗日战争胜利后，公司发展海运业务，这批人才立刻发挥了作用。

抗日战争爆发后，全国各地大量机关、学校、企业向后方蜂拥撤退。大型轮船从南京、武汉等地开到宜昌后，无法通过狭窄的三峡，导致人员、物资大量拥堵在宜昌，全国的航空、军工设备几乎都堆在这个港口。3万名社会精英、10万吨战略物资亟待运往重庆，按当时的运力需要一年的时间。日军飞机天天轰炸，地面炮火日益逼近，形势万分危急。民生公司挺身而出，在招商局、三业公司协同下，迅速制订了40天抢运计划，冒着日军的轰炸突击抢运，夜以继日，不计成本，运送了几十所大学的仪器设备，免费运送难童，半价运送伤员，把滞留宜昌的人员和物质全部抢运入川。

抗日战争时期，民生公司共运送出川部队和壮丁270.5万人、武器弹药30余万吨。当时，民生公司有16艘轮船被日军飞机炸沉炸伤，117名员工殉职。在卢作孚的带领下，公司员工无人畏缩后退，体现了坚贞不屈、敬职敬业、为国尽忠的"民生精神"。

为适应抗日战争需要，民国政府在川江重庆到宜昌段陆续设置了16个人力绞滩站。绞滩站是中国人的发明。在激流险滩处的岸边安装绞缆机，替代纤夫拉纤，大大提高了船舶上行的通行效率。长江中下游的大型轮船因而得以撤入四川。

抗日战争胜利后，民生公司把业务拓展到长江中下游和沿海，重点发展海运。内战爆发后，民用客货运输大幅萎缩，民国政府又以低于成本的费用强迫征调轮船，用于内战，使公司蒙受巨大损失。加之官僚资本对长江航运的垄断，恶性通货膨胀的发生，公司管理也出现问题，公司运作陷入困难。

重庆解放后，川江航运由重庆军事管制委员会接管。从此，重庆海关彻底终结了洋人管理的历史。

卢作孚深明大义，积极参加新中国的建设。在他的运作下，1952年民生公司改造为全国第一个公私合营企业，运力占到川江的66%。卢作孚不是一个普通的商业大亨，而是一个爱国者、实业家、政治家，始终把国家利益、员工利益看得高于企业利益，胸怀祖国，奉献社会。毛主席深有感触地说，公私合营要学习民生公司。

1956 年，民生公司并入长江航务管理局重庆分局。重庆分局管辖川江全线所有港口、船厂、轮船公司、航道等部门，传承民生公司的优良传统，开始超常规发展。

重庆大渡口万发码头

二、航运的系统管控时代

从 20 世纪 50 年代到三峡大坝蓄水前，川江航运进入系统管控时代。川江上的船舶大幅增加，船型不断增大，航运技术不断进步，航运管理日益精细，运输量不断刷新历史纪录。

从 1950 年成立到 1984 年改制，长江航务管理局重庆分局的名称变过多次，职能也有过变动，但绝大部分时间里，它都是一个政企合一的单位，统一管理川江航运，统一经营客货运输，处于绝对垄断地位。这种体制符合川江航道的复杂情形，适应了航运需求的爆发，在历史上发挥了重要作用。

新中国成立初期，川江的重庆到宜昌段礁滩密布，通航水深仅 2.1 米，航宽 33 米，航标稀疏，设备简陋，只能通过几百吨级的轮船。1956 年民生公司、川江轮船公司并入重庆分局后，重庆分局共有轮船 378 艘，其中机动船 99 艘，另外还有许多木船。

1954 年重庆分局自行设计制造了 2000 马力蒸汽机拖轮 26 艘和一批铁驳船，成为川江航运的主力。1977 年到 1983 年，重庆分局新增新型客轮 18 艘、内燃机轮船 23 艘、千吨级驳船 73 艘。船舶逐渐大型化，船舶动力由烧煤的蒸汽机为主发展成以烧柴油的内燃机为主，运输量成倍增长。

1984 年以后，重庆分局新造一批大型客轮、豪华旅游船，进一步改善了服务条件。经营航线也由以重庆至宜昌为主，延伸到以重庆至武汉为主。航道整治、航运通信等配套措施同步发展，运输扩能、效率提升都达到历史新水平。

21 世纪初期参照海洋邮轮建造的长江系列豪华邮轮

自古以来，云贵川的木材外运主要靠人工顺水流放，一次放排 100～150 立方米，不仅运输量小，而且不安全，容易扰乱航运秩序。重庆分局主动联合林业部门，开展轮船托运木排，达到一次拖排 4 300 多立方米的纪录。

老话说"川江自古不夜航"，随着航道整治力度加大、航标建设完善，重庆分局 1955 年开始试行川江夜航，1959 年全面开通上下水全面夜航。航标灯、探照灯在岸边持续闪耀，岸标、浮标在险要处指示航道，幕后的调度员用无线电向轮船发出航行指令，轮船驾驶引水人员摸索前行，整个系统丝丝相扣、缺一不可。重庆到宜昌的客轮往返周期由 7 天缩短为 5 天，拖轮船队由 9~10 天缩短为 6 天，运输能力大幅提升。

机动船的尺度、航速都远超木船，对航道的深度、宽度、弯曲半径也都提出了新的要求。为适应机动船的需要，民国政府曾对川江航道进行了一些整治，设置信号台、水位标志、水面浮标、岸标。

新中国成立后，组建了川江整治专业队伍，开始进行大规模的航道建设，整治规模、效果、技术含量都是空前的，在世界上达到领先水平。如：设置链式航标、船舶等待区，安装信号台、雾号台、绞滩站，划定控制河段、锚泊区等，对观音滩、蚕背梁等开展炸礁工程。20 世纪 70 年代，重庆到宜昌段的航道深度提高到 2.9 米，宽度提高到 60 米，弯曲半径提高到 750 米。

新中国成立后，在更多的激流险滩处设置绞滩站。1967 年全面实现机械化绞滩，彻底结束了人力绞滩的历史。古老的纤夫行业在川江上退出了历史舞台。

长江航运重庆分局对川江航运进行统一管理。船舶不再是自主航行的个体，而是在系统管控指挥下的单元，航行、锚泊、通过控制河段等，都需要获得调度指令。这种集中统一管理，极大地提高了航运的安全性，提高了航运效率。

那是一个物质条件匮乏的年代，也是一个激情燃烧的年代。重庆分局的职工以一往无前的精神，创造了川江航运一个又一个新纪录，就像那块江中巨石上刻的"对我来"三个字。

散货船从忠县长江大桥下通过

汽车滚装船从巴东长江大桥下通过

1984 年，长江航务管理局重庆分局实行"港航分管、政企分开"改革，将客货运业务分离出来成立重庆长江轮船公司，负责商业运输；将港口分离出来，成为企业；将航道、航政部门分离出来，成为长江航务管理局所属的航道局和航政局的二级机构，继续实施行政管理。

伴随着经济的搞活，"有水大家走"的呼声重新兴起，各种小型商业船队大量涌现。这对航运秩序和航运安全提出了挑战，出现了一些安全事故。于是海事部门制定《通行信号台指挥办法》，严把船舶签证关，加大现场检查力度。1990 年开始试行的《川江南津关至羊角滩控制河段安全管理规定》，有效地管理船队发航时间，减少船舶对遇，加强信号管理，协调无线电话通信，把川江控制河段纳入了有序管控之中，使水上交通事故大幅下降，船舶通行效率明显提升。

2002年，川江的航政管理部门整合为重庆海事局。2006年开始建立四级预警机制，编织安全网，增强应急反应能力。

川江上的豪华游轮

三、高峡出平湖时代

重庆到宜昌段水路相距660公里，是长江干流最险峻的一段。重庆港多年来最低水位的平均值是海拔160米，宜昌港是39米。这个巨大的落差蕴藏着巨大的能量，威胁着所有过往船舶，但也可以被人类利用起来变成电能。

中国人很早就认识到修建三峡工程的重大意义，防洪、发电、改善航运，都很重要。孙中山做过这个梦，民国也做过勘测设计，最终

游轮、货轮通过三峡水道

还是没有实现。毛主席在武汉畅游长江后，大笔一挥："更立西江石壁，截断巫山云雨，高峡出平湖。神女应无恙，当惊世界殊。"世界不同了，奇迹由新中国来创造。

1970年12月30日，10万名施工人员齐聚葛洲坝，湖北省省长兴高采烈地为葛洲坝工程坝基挖了第一锹土。葛洲坝工程作为三峡水利枢纽工程的一部分，是长江上第一座大型水电站，位于湖北省宜昌市境内的长江三峡末端西陵峡出口。湖北省极力推动这项工程，但由于技术原因，1972年年底暂停施工。1974年年底，修改设计后重新开工。

葛洲坝工程1988年年底完工，是当时我国最大的发电厂，在世界径流式水电厂中名列第三，年发电量达157亿千瓦时，仅靠发电就在1989年年底收回全部投资。水库回水110～180公里，淹没了三峡的21处急流滩点、9处险滩，因而取消了单行航道和绞滩站各9处。宜昌至巫山段的大部分险滩被淹没，所有绞滩站撤销。航道大大改善，长江客货运力大幅提升。

葛洲坝工程还为三峡工程的兴建积累了宝贵经验。

奉节港的货船，远处的夔门大桥

1992 年，三峡水利枢纽工程的建设交全国人大表决通过，可见国家对这项工程极为重视、极为谨慎。1994 年 12 月 14 日，国务院总理李鹏在宜昌三斗坪宣布三峡工程正式开工。工程浩大，建设了 17 年，2012 年最后一台发电机组投产发电。直到 2020 年 11 月 1 日，水利部、国家发展改革委才宣布三峡工程完成整体竣工验收全部程序。三峡工程是世界上规模最大的水电站，也是当时新中国建设的最大型的工程项目。

三峡大坝蓄水后，川江航道发生了质的变化。曾经的峡谷纵深，水流湍急紊乱，险滩礁石密布，变成了江宽水缓、波光粼粼、百舸争流。岸嘴巨石、激流险滩消失了，弯曲的航道变直了，狭窄的航道变成了宽阔的平湖。

传统的川江驾驶、引船技术非常复杂，职责分开。20 世纪 60 年代后，实行驾驶、引船合一，形成了一套系统的川江船舶驾引技术。高峡出平湖后，行船如平水，用不上那套特殊的驾引技术了。重庆交通大学为川江培养了港口航道、船舶运输等方面的大量技术人才和管理人才。

船舶的流量、密度大幅增加，船舶走向大型化。重庆海事局在三峡库区推行船舶定线制，像公路划线一样给河道划一条虚拟的航道中心线，指挥船舶各行其道，水上交通事故大幅下降。同时进一步推行全球定位系统 GPS、船舶交通管理系统 VTS、闭路电视监控 CCTV、船舶自动识别系统 AIS 等高科技手段。

三峡大坝蓄水前，川江单向年运输量只有 1 000 万吨。2003 年三峡大坝蓄水后，船舶通过船闸通航，运输量快速增长。

三峡船闸是双向五级船闸，是世界上规模最大、技术难度最大的船闸，年设计通过能力为 1 亿吨。由于中国经济发展太快，三峡船闸于 2011 年达到饱和，比设计时间提前了 19 年。2016 年，三峡大坝建成升船机，最大提升重量 15 500 吨，最大提升高度 113 米，位列世界第一。升船机让轮船过坝时间从 4 小时缩短到 40 多分钟。船闸好像五级"楼梯"，

三峡大坝五级船闸（局部）

升船机好像一部"电梯",日夜不休地免费运送过往轮船。轮船过大坝形成了"大船爬楼梯,小船坐电梯"的格局,但依然不能满足过坝需求。船闸和升船机长期处于饱和运行状态,等待过坝的轮船在附近港口长时间等待,大坝上游等待的轮船一直排到奉节港。船闸成为长江运输的瓶颈,急需扩容。

下行货轮进入升船机

21世纪以来,长江干线是全球内河运输最繁忙、运量最大的黄金水道。水运的优势和劣势都非常突出。优势是运量大、成本低;劣势是速度慢、线路少、受天气影响大。在不追求时效的情况下,价值较低的大宗物资,如煤炭、铁矿石、砂石、钢材、粮食等,通过川江水道运输,获得低成本的显著优势。

在重庆朝天门码头下游约30公里的地方,建有一个大型物流港口——果园港。果园港2013年开港,是我国最大的内河水、铁、公联运枢纽港,交通部规划建设的第三代现代化内河大港。它采用海港才有的直立式码头,港前作业区和后港物流园区共占地4平方公里,建有铁路专用线,高效衔接水运、铁路和公路运输,相当于把海岸线向西推进了2 000公里。

大型滚装船

注:为适应三峡船闸通航能力不足的形势,川江上出现运载货车的大型滚装船。

自古以来,内河航运发达的地方都是繁荣的城市。随着高速铁路、高速公路的快速发展,轮船速度慢的劣势越发突出,已经退出客运市场,普通客船在整个长江完全消失。但川江拥有奇绝的三峡风光,沿江旅游资源十分丰富,游轮业务仍蓬勃发展。川江水运运量大、成本低的天生优势依然存在,货运持续繁荣,还将继续发展。

空中蜀道

腾云驾雾，翱翔天宇，是人类执着的梦想。天上的飞机，无形的航线，睥睨崇山峻岭，最高最险的横断山也阻挡不了它的通行。从空中俯瞰古蜀道，好似一越千年。

一、空中蜀道初现

清朝末期，现代航空知识传入中国。民国初期，中国航空业在北京、上海、广州等沿海城市兴起。航空业进入四川盆地稍晚，蜀地最早的机场在成都、重庆。

1928年，四川军阀刘文辉在成都新津县修建机场，组建空军。1929年，另一个军阀刘湘在重庆的长江边上兴建广阳坝机场。这两个机场都很小，最早的空中蜀道从这里出发。新中国成立后，新津机场变成了中国民航飞行学院的教学机场，广阳坝机场变成民用的体育健身场。

1929年，民国政府组建了中美合资的中国航空公司，当时由美方控股，后来改为中方控股，公司享有不受中国空中交通管制等特权。1930年开通上海—汉口—重庆航线，四川人民第一次看见了天上的飞机。1931年，民国政府和德国汉莎航空公司合资设立欧亚航空公司，由中方控股。这些公司都不大，航班很少。

1933年5月，中国航空公司用"蚌埠号"飞机开通了重庆—成都航线，航程275公里，成为盆地内的第一条民航航线。后来又开通了上海—成都、重庆—贵阳—昆明航线。

抗日战争全面爆发后，重庆成为陪都，蜀地的航空业猛然兴盛起来。中国航空公司迁到重庆，业务重心转到四川，开通了重庆到兰州、宝鸡、哈密等国内航线，还开通了重庆到河内、仰光等国际航线，承担了部分军事运输任务。中国对德国宣战后，德国资本被接管，欧亚航空公司被改组为唯一的国营航空公司，后来改为中央航空公司。公司将业务重心转到西南，由于得不到外援，仅剩4架飞机，业务量很小。1949年著名的"两航起义"就是这两家公司发起的。

1938年重庆市开始建设白市驿机场，机场位于九龙坡区白市驿镇。国民政府军委会电令："抗战时局维艰，为加强陪都防务，务必限期完成！"四川省政府也下令："惩罚各县出力不及者，以利戎机。"1939年12月机场紧急建成，开通重庆到河内、新加坡、香港的航班，是中国第三个国际机场。1940年扩建后，美国飞虎队驻扎于此，军民混合使用。1949年蒋介石从这里逃离重庆到成都，然后逃往台湾。新中国成立后，机场又进行了多次扩建，长期军民共用。1991年重庆江北国际机场投入使用后，白市驿机场停止民用，改回军用机场。

为抗战所需，重庆还兴建了珊瑚坝机场、九龙坡机场、大中坝机场。九龙坡机场的地理位置比较隐蔽，常常用于要人专机起降。当年毛主席赴重庆谈判就在这里降落。长江涨水淹没珊瑚坝机场的时候，民航班机就由珊瑚坝机场改在九龙坡机场起降。1950年成渝铁路开工后，九龙坡机场被改建为九龙坡火车站，后改名为重庆南站。

1938年11月，民国政府和苏联签订《中苏通航合约》，联合成立中苏航空公司，股权各占一半，由苏联供应全部飞机和航空设备。12月5日正式通航，"重庆号"飞机自重庆起飞。重庆到莫斯科需要飞行4天，每周飞行一次。苏联飞机向中国运送军用物资和军事人员，返程运回中国的钨砂、茶叶、生丝、猪鬃等。1941年6月,苏德战争爆发,苏军自顾不暇,停止了与中国的通航。这两年半的时间里,苏联的援助为我国的抗日战争作出了重要贡献。

1941年12月太平洋战争爆发。日军偷袭珍珠港的同时,轰炸了香港启德机场,中国航空公司、欧亚航空公司的机航基地被毁。中航损失了5架飞机,欧亚损失了2架,导致中国大后方的航空运输严重受挫。

日军很快占领缅甸,并截断滇缅公路。这是中国西南唯一的陆路国际通道,另一条中印公路还没修通。在这种情况下,中国政府向美国提议,中美英共同商定,开辟飞越"驼峰"的中印航空线:为了躲避日军袭击,以印度汀江为起点,飞越喜马拉雅山的支脉横断山脉的一部分,到达中国的昆明、宜宾、泸州,航程约1 000公里;中美合作经营,以美方为主。中国航空公司1942年4月18日试航成功,6月开始承担进出口物资运输任务。这是当时中国唯一的国际运输线,异常艰险,运输量逐渐增加,一年后飞行密度增加到每天六七次,月运量上千吨。中国航空公司和美国第10航空队在这条航线飞行了三年多,进出口的物资与中苏航线差不多。美国在这条航线上的飞机数量多、运量大,月运量最高曾达44 000多吨,所运物资大部分供应驻华美军。运量最高时超过了滇缅公路的运量,为支持抗战发挥了重要作用。

国民党中央军事委员会责令四川地方政府紧急新建、扩建军用机场,成都的新津机场、凤凰山机场等也都转为军用机场。成都附近的几个机场于1943年12月开工,动用四川50个县150多万民工参与修建,1944年5月完成。四川民工衣衫褴褛,头裹白帕、腰系麻绳、脚穿草鞋,住在拥挤不堪的工棚里,吃着掺杂稗子甚至沙子的红花糙米,顶着严冬腊月凛冽的寒风,用锄头挖高填低,用撮箕挑运沙石,用肩膀拉动10吨重的石碾子,碾压出现代化的跑道。他们每天工作12小时以上,赶在规定时间内完成了这项艰巨而繁重的工程。

成都建川博物馆收藏的当年修机场的石碾子

新津、广汉、邛崃、彭山机场用于B-29重型轰炸机起降,其中新津机场还是当时世界第一大机场。成都、双流、温江、德阳、梁山(今重庆梁平)还有5处军用机场。1944年6月至12月,美国第20航空队B-29重型轰炸机群从成都平原起飞,先后20次轰炸日本本土和日占区,投下炸弹3 623吨,沉重打击了日军的嚣张气焰。

空中蜀道因抗日战争到来而爆发式兴起,又因抗日战争结束而逐渐稀疏。20世纪40年代末,受战乱影响,蜀地的民用航线时断时续,天上飞的主要是军机。

二、空中的蜀道通

空中蜀道的持续稳定发展,始于新中国成立后。

1950年8月1日,民航国内航线开航,共两条航线,其中一条是重庆到汉口航线。为尽快改变西南地区交通闭塞的状况,又先后开辟了重庆到成都、贵阳、昆明等地的航线。1951

年12月，新中国开辟的第一条地方航线就是重庆至西昌航线。那时，西南军政委员会设在重庆，重庆在新中国成立初期的民航业中有突出的地位。

蜀道有了飞机，有了稳定的航班，但蜀道难对民航的挑战也不小。1958年，新中国第一起机毁人亡的一等飞行事故发生在民航成都管理处，伊尔14型飞机飞西安时撞上了秦岭。1988年，西南航空的伊尔18型客机在重庆降落时撞上了白市驿机场旁的山体，机毁人亡。这是蜀地最大的空难事故。

山，是蜀道难的根源，空中蜀道也不能小觑。山，没有挡住民航的脚步，它还要飞得更高。1965年3月，第一条飞越青藏高原的航线——成都至拉萨航线开通。这条航线飞越横断山脉，飞行难度极大，但飞行记录良好。

空中蜀道没有停止发展的脚步，改革开放后发展速度加快，成为长途旅行的重要选择。

成都双流国际机场

三、成渝间的空中通道

成渝两地之间的交通历来十分频繁密集。新中国成立初期，老成渝公路路状太差，成渝铁路还没通车，1950年8月1日成渝两地之间开通了往返航线。随着客流量不断增大，航班量从每日一班增加到每日十班以上。

改革开放后，成渝航线的航班量持续增长，1990年至1995年达到顶峰。多家航空公司参与成渝航线运营，仅四川航空就拥有每周22个航班量，西南航空还使用过波音757大型客机参与运营，航线异常火爆。

1995年成渝高速公路开通后，大量客流涌向高速公路，成渝航线旅客量逐年减少。后来，成渝铁路多次提速，客运竞争力不断提升。成渝航线在机票价格、乘机时间等方面都不具有竞争力，逐渐衰落。

四川航空公司出奇招，于2002年推出"成渝空中穿梭快巴"，每天往返6班，票价不到300元。"快巴"着力解决登机、离机的痛点，有很大的优势：旅客在成都、重庆购买"快巴"机票后，在规定时间内可以免费乘坐大巴车前往机场；乘机到达目的地后，有大巴车在飞机下接旅客到市区，托运的行李下飞机直接领取。这样就使旅客的整个行程控制在2小时左右，而当时成渝高速公路的大巴车需要5个小时，成渝铁路的快车需要11个小时。

2002年到2005年成渝航线的平均客座率达到76%以上，几乎班班爆满，还出现了旅客购票难的情况。2003年至2004年，由于过于火爆，四川航空还一度把航班增加到了每天往返 18 个航班，白天基本每小时一班。

但好景不长，2006 年成遂渝铁路开行"先锋号"动车组，成渝之间的行程缩短至 3 个半小时。动车在票价上具有很大优势，造成"成渝空中穿梭快巴"客流急剧下降，航班量大幅缩减，2007 年 9 月 1 日被迫取消。

2009 年 11 月 16 日，受和谐号动车组大量开行和成渝大巴降价带来的冲击，成渝空中航线停航。存在了 76 年的成渝航线成为历史记忆。

四、航空的优势

成渝航线的兴衰表明，航空的优势在于长距离的快速运输，中距离运输的优势属于火车，短途运输的优势属于汽车。

航空还有一个突出的优势：能够轻易地跨越险山恶水。蜀地大多数小型机场分布在川西高原和盆地周围的山区，在关键时刻能够起到不可替代的作用。

川西高原有九寨黄龙、阿坝红原、稻城亚丁、康定、甘孜格萨尔五个机场；横断山脉南段有攀枝花保安营、西昌青山两个机场；其他盆周山区有泸州蓝田、宜宾莱坝、广元盘龙三个机场；丘陵地区有南充高坪、达州金垭两个机场；平原地区有绵阳南郊、广汉、新津机场等。广汉、新津机场是中国民航飞行学院的教学机场。

九寨黄龙机场海拔 3 448 米，高寒缺氧，气候恶劣，处于高地震带，施工难度极大，2003 年建成通航。机场建设工程获得"国家民航局科技进步奖一等奖""国家土木工程建设鲁班奖""国家土木工程建设詹天佑大奖"。

稻城亚丁机场是世界上海拔最高的民用机场，位于甘孜州稻城县，海拔高度 4 411 米，2013 年通航。由于海拔太高，在机场的验证飞行中，机组人员都佩戴着氧气面罩驾驶飞机。游客从低海拔地区飞往稻城亚丁之前，需要提前服用红景天或带上速效的奥默携氧片，预防高原反应。机场配备了可移动微压氧舱，对严重高反人员进行急救，快速缓解缺氧症状。但不幸的事件还是难以完全避免。四川省教育厅的一个援藏干部，在甘孜州工作了几年，一直没有发生高原反应。一次从成都飞往稻城亚丁，从海拔 500 米的平原突然来到 4 400 多米的高原，下飞机后发生严重的高原反应，没有抢救过来，不幸离世。

重庆的四座小型机场都分布在盆地周围的山区：万州五桥（位于毡帽山顶），黔江武陵山，武隆仙女山、巫山机场（原巫山神女峰机场）。在山上建机场，比修一条铁路或高速公路进山，要容易许多。

山区机场极大地改善了当地的旅游交通条件，对促进地区经济发展、维护地区稳定、巩固国防、抢险救灾都具有重要意义。它们平时的运输量不大，但在应急情况下发挥的作用是其他交通方式无法比拟的。1981 年四川发生特大洪水，成渝铁路、成昆铁路、宝成铁路、陇海铁路陕兰段先后中断，民航飞机疏散了 7.5 万余人。2008 年汶川大地震，绵阳机场、中国民航飞行学院广汉机场为抗震救灾提供了良好的飞行保障，发挥了重要作用。

铁路是主力

近一百年来,古蜀道渐次退出历史舞台,各种新蜀道蓬勃发展,未有穷期。本书细述铁路较多,对公路、航空、水运叙述相对较少,为何?

一、五种运输方式的优劣势比较

交通运输业有五种运输方式,各有其长,各具其短,差异显著,如表2.1所示。

表2.1 五种运输方式的优劣势

运输方式	优点	缺点
公路	机动灵活,可以"门到门"运输	1. 运量小; 2. 单位能耗大、成本高; 3. 占地多; 4. 容易受天气影响; 5. 燃油车污染大; 6. 安全事故多
铁路	1. 运量大; 2. 速度快; 3. 单位能耗小、成本低; 4. 占地少; 5. 污染小(电气化铁路); 6. 很少受天气影响; 7. 安全程度高	不够机动灵活,不能"门到门"运输,只能"站到站"运输
航空	1. 速度快; 2. 占地少	1. 运量很小; 2. 单位能耗很大、成本很高; 3. 不机动灵活,不能"门到门"运输,只能"场到场"运输(直升机除外); 4. 严重受天气影响; 5. 不环保
水运(河运、海运)	1. 运量很大; 2. 成本很低; 3. 占地少	1. 速度很慢; 2. 不机动灵活,不能"门到门"运输,只能"港到港"运输; 3. 容易受天气、季节影响; 4. 燃油船不环保
管道	1. 运量大; 2. 单位能耗小、成本低; 3. 环保; 4. 占地少; 5. 安全程度高; 6. 基本不受天气影响; 7. 灵活,可以"门到门"运输	1. 运输种类固定,建成后不能变更; 2. 只能运输流体(石油、天然气、水等),不能运输固体货物,不能运人

管道运输只能运输流体,受限太大,与其他四种运输方式不具有可比性。在其他四种运

输方式中，速度最快的是航空，其次是铁路；运量最大的是水运，其次是铁路；成本最低的是水运，其次是铁路；运输最灵活的是公路，其次是铁路；占用土地最少的是航空，其次是铁路；最环保的是铁路（电气化铁路）；受天气影响最小的是铁路；公路的交通事故最多，其他都很少。

简言之，铁路的运量比公路、航空大得多，一列货车载重几千吨至一两万吨，而公路上的一辆货车一般只载几吨到几十吨，一架飞机一般也只能载重几十吨；火车速度一般为100～350公里/小时，比汽车快，比飞机慢；铁路单位运输成本比公路低，比航空低很多。

白云峰、林晓言在《综合运输》2010年第6期发表了论文《各种运输方式运量比较优势研究》，对1996—2007年我国各种运输方式的数据进行分析比较后得出结论：单位里程实现的货运周转量，铁路是公路的17.25倍，是水运的0.85倍，是民航的7 218.19倍，是输油（气）管道的8.75倍；单位里程实现的客运周转量，铁路是公路的16.85倍，是水运的83.17倍，是民航的88.84倍。2007年中国还没有高铁，十几年后的今天，高铁遍布全国，铁路在客运方面的优势更加突出。

贺玉龙、杨立中在《铁道运输与经济》2007年第12期的论文《铁路在综合交通运输体系中的比较优势》中得出以下结论：在同等运能条件下，铁路与高速公路间的占地比为1：2.5～3；铁路、公路、航空单位运输量的平均能耗比约为1：8：11；我国铁路能耗在国家交通运输总能耗中仅占18%，而完成的换算周转量达50%以上；铁路客运产生的二氧化碳污染量为公路的1/4强，而铁路货运产生的二氧化碳污染量只有公路的1/30；客运造成的单位污染强度，铁路是航空的20%～40%，是公路的10%左右，货运更低；铁路与公路的事故次数比为1：246，事故损失比为1：44.48。

在现有交通工具中，铁路是最安全的。每10亿人公里死亡人数中，铁路是1.971人，汽车是18.929人，飞机是16.006人。欧洲每年因公路交通事故死亡的人数超过铁路的125倍。

从经济性来看，铁路的单位周转量运价比只有公路的40%，水运只有公路的4%；铁路的单位周转量能耗比只有公路的18.9%，水运只有公路的13.5%。

类似的数据还有很多，这里不一一列举。总之，铁路是大能力、全天候、低能耗、污染小、占地少、安全可靠的大众化交通工具，是国家重要的基础设施，国民经济发展的大动脉，在综合交通运输体系中处于骨干地位。随着铁路电气化日益普及，高铁快速发展，铁路在运能、环保、安全等方面的优势更加突出，是社会各界公认的资源节约型、环境友好型交通方式，备受高度关注。

穿行于川东平行岭谷的铁路线

二、蜀道的主力

蜀道要穿越盆地四周的崇山峻岭，铁路的优势更加突出。

陆路蜀道需要穿山越岭，修建大量桥梁、隧道。桥梁隧道的建设占据了建设成本的绝大部分。面对一座大山，修一条双向铁路只需要打通两条隧道；修一条高速公路则至少要打通四条隧道，建设成本将大幅上升；而且四条隧道形成的双向四车道高速公路的运力，远远达不到一条双向铁路的运力。一条八车道高速公路的运力才相当于一条双向高速铁路的运力。

航空的运力太小，不能成为运输主力。水运受河道影响太大，难以人工改道，也无法成为主力。新中国成立初期，四川的长江、嘉陵江等水运的航运量占总运量的比重约75%。成渝铁路建成后，铁路、公路快速发展，逐渐改变了运力结构。到20世纪60年代，水运所占比重降为35%，80年代降到24%，航道里程也不断减少。2021年，四川水运货运量5 400万吨，在全省交通货运量中的占比不足3%；水运货物周转量265亿吨公里，仅占全省综合交通运输的9%。

四川盆地的自然环境决定了蜀道的主力只能是铁路。新中国成立以来，铁路新线不断增多，对铁路运输的需求也不断增加，铁路新线运力往往很快饱和。20世纪90年代，盆地没有通往外面的高速公路，没有三峡工程，73%的省内货运、91%的出省物资都依靠铁路运输。

2012年，四川省委省政府做出指示，"继续把铁路建设摆在重中之重的位置""加快推进以铁路为核心的西部综合交通枢纽建设""要在全省大力营造支持铁路建设、服务铁路建设、参与铁路建设的浓厚氛围"。四川省委省政府把铁路作为蜀道的主力，全力推进四川铁路建设取得重大进展和历史性突破。2008年以后，四川铁路进入开工项目最多、在建里程最长、投资规模最大的时期，大批铁路项目纳入国家《中长期铁路网规划》，全部建成后将形成18条铁路进出川大通道局面。

穿行于川中丘陵地区的铁路线

四川省"十四五"规划的第一条就是"加快构建现代综合交通运输体系"。畅通蜀道始终是四川人执着的追求、坚定的目标、千年的梦想。在交通运输体系中始终保持"铁路、公路、水运、航空"的排序，铁路始终排在第一。

中国铁路成都局集团有限公司原来叫成都铁路局，是蜀地的主要铁路运输企业。根据国家"碳达峰、碳中和"规划，公司大力培育和落实"公路转铁路""水路转铁路"的货运项目，稳步推进"三大班列"加密、提速、增吨、压时，铁路货运市场份额不断扩大。

铁路是蜀道的大动脉，公路是蜀道的毛细血管；航空是长距离运输和跨越山区的利器，水运是大宗物资低成本运输的可选方式，管道是少数流体运输的重要方式，后三者是新蜀道的重要补充。

三、铁路蜀道是新中国铁路建设的缩影

新中国铁路建设成就大多与川渝地区有关，可以说铁路蜀道是新中国铁路建设的缩影，反映了新中国铁路建设的代表性成就。例如：

成渝铁路是新中国修建的第一条铁路；

宝成铁路是中国第一条电气化铁路；

成昆铁路被称为"地质博物馆"，是20世纪人类战胜自然的三大奇迹之一，获得铁路系统第一个国家科技进步特等奖；

内昆铁路被称为"不良地质博物馆""地质百科全书"；

宜万铁路被称为"桥隧博物馆"；

铁道兵修建的七个代表性工程有两个在川渝地区：成昆铁路、襄渝铁路；

重庆是茅以升科技教育基金会桥梁委员会认定的中国唯一"桥都"，建有"万里长江第二桥"等大量铁路桥；

成遂渝铁路是中国第一条无砟轨道铁路；

重庆地铁2号线是中国第一条跨坐式单轨铁路；

成都双流区"空中列车"是中国第一条悬挂式单轨铁路、世界第一条新能源悬挂式单轨铁路；

成灌快铁是中国第一条快速市域铁路；

都江堰—四姑娘山铁路是中国第一条齿轨铁路；

中欧班列起源于重庆，中欧班列（成渝）是规模最大的中欧班列；

西部陆海新通道起源于重庆；

在建的成渝中线高铁是中国第一条时速400公里铁路（部分路段）；

在建的川藏铁路是人类历史上建设难度、技术难度最大的铁路。

所以说，川渝地区是新中国铁路发展博物馆。若加上各种古道、公路、民航的建设成就，川渝地区还是世界陆地交通博物馆。

和谐型电力机车

四、铁路蜀道的特点和地位

铁路行业有三大特点：资本密集、技术密集、劳动密集。修建铁路、运营铁路，都需要大量资金投入，运用大批高新技术，组织大批高素质的劳动队伍。

铁路运营有三大特点：高度集中、大联动机、半军事化，简称"高大半"。铁路日常运营需要高度集中的指挥系统；各个局部牵一发而动全身，必须密切配合；铁路运输企业具有"半军事化"管理的文化特征。

铁路蜀道的特点：以山区铁路为主，建设难度大，建设投资大，安全压力大，运营成本高。中国铁路是世界上最繁忙的铁路，运输密度最高；蜀地修路难，线路密度小，但人口多，经济较发达，铁路运输的繁忙程度尤甚。

铁路蜀道本身不赚钱，但依靠铁路蜀道赚钱的企业数不胜数，所以铁路蜀道需要国家的大力支持。

2019年9月，中共中央、国务院印发《交通强国建设纲要》，统筹推进交通强国建设，规划2035年基本建成交通强国，本世纪中叶全面建成人民满意、保障有力、世界前列的交通强国。要求"优化运输结构，加快推进港口集疏运铁路、物流园区及大型工矿企业铁路专用线等'公转铁'重点项目建设,推进大宗货物及中长距离货物运输向铁路和水运有序转移,推动铁水、公铁、公水、空陆等联运发展,推广跨方式快速换装转运标准化设施设备,形成统一的多式联运标准和规则"。

2020年8月,中国国家铁路集团有限公司出台《新时代交通强国铁路先行规划纲要》,提出了中国铁路2035年、2050年发展目标和主要任务:建设发达完善的现代化铁路网。现代化铁路网包括四个层面:

(1)构建现代高效的高速铁路网。

(2)形成覆盖广泛的普速铁路网。

(3)发展快捷融合的城际和市域铁路网。

(4)构筑一体衔接顺畅的现代综合枢纽。推进干线铁路、城际铁路、市域(郊)铁路和城市轨道交通"四网融合",及与机场高效衔接。

2021年2月,中共中央、国务院印发《国家综合立体交通网规划纲要》,指出:"完善铁路、公路、水运、民航、邮政快递等基础设施网络,构建以铁路为主干,以公路为基础,水运、民航比较优势充分发挥的国家综合立体交通网。"它准确定义了四种运输方式的关系。在全国范围内,铁路是立体交通网的主干;在四川盆地,铁路的优势更加突出,是绝对的主力。

铁路是经济的大动脉,铁路行业是中国共产党执政兴国的重要支柱和依靠力量,始终走在党和国家事业发展的前列,路网规模、装备质量、安全水平、运输效率都已领跑世界。蜀地的铁路也是如此,重要性比其他地区更加突出。

穿行于盆周山区的铁路线

下篇

蜀道畅
——新蜀道通天下

交通天下
——从蜀道难到蜀道畅

"天下"这一概念最早出现在周朝,指当时人们所能认识到的地理边界。西周时是"万国",战国时是"六合",两汉时又囊括了西域、南夷等,今天已经等同于"全世界"。

自先秦以来,历代圣贤目光所及都是"天下为公""天下归仁""天下太平",而不是一国一邦的安危。这种眼界和胸襟才会产生"人类命运共同体"的概念。西方社会理解不了这样的天下视野和天下情怀。

《周易》说:"天地交而万物通。"于是有了"交通"一词。几千年来,蜀道从东南西北四个方向通往外界,不断扩展。天下的范围扩大到哪里,蜀道就艰难地通向哪里,不断延伸。农业时代的交通以栈道、马道、步道、木船为主,是蜀道的 1.0 时代,可谓"蜀道难"。

进入工业时代后,公路、铁路、轮船、航空陆续出现,爆发式扩展、立体式搭建、网络式连接。新蜀道取代古蜀道通往全国,是蜀道的 2.0 时代,可谓"蜀道通"。

进入 21 世纪后,高速铁路、高速公路全面兴起、飞速发展,各种现代交通方式多式联运、融合发展。提速,再提速,交通速度代表着社会发展速度。各种新蜀道快速通达天下,是蜀道的 3.0 时代,可谓"蜀道畅"。

高速动车组出站

高铁重筑新蜀道

中国高速铁路是中国的"黄金名片",是新时代中国铁路最闪亮的名片,正在深刻改变中国经济布局,改变城市发展格局,改变中国人的生活方式。当它进入四川盆地时,新蜀道开始重构,开始换代,开始飞腾……

一、什么是高速铁路

什么是高速铁路?这是一个有争议的话题,也是一个容易误用的概念,时常跟客运专线、动车等概念混在一起。

国际铁路联盟(UIC)把铁路速度分得很细:时速120公里以下叫常速;时速120~160公里叫中速;时速160~200公里叫准高速;时速200~400公里叫高速;时速400公里以上叫特高速。目前世界上没有运营的特高速铁路,对高速铁路的速度实际划了两条线:新建铁路时速250公里以上,既有铁路线提速至时速200公里以上,都算高速铁路。在中国老百姓看来,时速200公里不能称高铁,只能叫快铁。

2010年,第七届世界高速铁路大会在北京召开,将高速铁路定义为:新建的客运专线、时速超过250公里动车组列车和专用的列车控制系统。这个定义包含了四个部分:线路、速度、动车组、列控系统,四者都具备才能叫高速铁路。

2014年,我国开始实施新的《铁路安全管理条例》,把高速铁路定义为:设计开行时速250公里以上(含预留),并且初期运营时速200公里以上的客运列车专线铁路。这个定义强调速度、客运专线,更为简明。

复兴号动车组驶出成都东站

2016年,国家发改委、交通运输部、中国铁路总公司发布《中长期铁路网规划》。这个规划在历史上曾经有过两个版本,这是第三个版本,进一步扩大了我国高速铁路的建设规模。它明确规定,高铁主通道规划新增项目原则采用时速250公里及以上标准(地形地质及气候条件复杂困难地区可以适当降低),其中沿线人口城镇稠密、经济比较发达、贯通特大城市的铁路可采用时速350公里标准。

2021年12月9日,国务院印发《"十四五"现代综合交通运输体系发展规划》,制定的发展目标包括:"以'八纵八横'高速铁路主通道为主骨架,以高速铁路区域连接线衔接,以部分兼顾干线功能的城际铁路为补充,主要采用250公里及以上时速标准的高速铁路网对50万人口以上城市覆盖率达到95%以上,普速铁路瓶颈路段基本消除。"

为简明起见,中国铁路把时速250公里以上的铁路都叫高速铁路,不足250公里的统称普速铁路,不分新线旧线。中国高速铁路全是新线,没有既有线改造的高速铁路;设计标准全是客运专线,没有客货混跑的高速铁路,2023年开始在个别客运专线上试运行货运动车组。

高速铁路是铁路牵引动力、线路结构、运行控制、运输组织、经营管理等一系列技术进步和技术集成,是铁路现代化的标志。高速铁路的特点如下:

(1)速度快。被网友戏称为"贴地飞行"。

(2)安全性好。高速铁路线路的建设标准比普速铁路高得多,检测标准比普速铁路严得多。动车组的技术标准高、自动化程度高,司机的驾驶过程实行远程实时监控,对驾驶执照的要求比普速铁路高。

(3)乘坐舒适。线路采用无缝轨道,没有普速铁路常有的哐当哐当的声音,座位宽敞,运行平稳,舒适度超过飞机。有人在高速铁路上做树立硬币的实验,一时传为佳话。

(4)运输能力大。一条高铁的运输能力相当于一条八车道的高速公路,比一座大型机场的运输能力高10倍。

(5)很少受天气影响,可以做到全天候运行。

(6)能耗低。普速铁路每人公里的能耗为1.0焦耳,高速铁路为1.42焦耳,公共汽车为1.45焦耳,小汽车为8.2焦耳,飞机为7.44焦耳。

(7)污染小。高速铁路以电力为动力,基本消除了粉尘、油烟、废气污染,噪声很小;铁路每人公里一氧化碳排放量为0.109千克,公路为0.902千克,喷气式客机更大。

(8)占地少。双线铁路用地宽度为13.7米,而六车道高速公路用地宽度就达37.5米;一条双向四车道高速公路的占地面积是复线高速铁路的1.6倍;一个大型机场的占地面积相当于1 000公里的复线高速铁路。我国高速铁路大部分线路铺在桥梁上,"以桥代路"的桥梁可以长达100多公里,占地很少。

我们平常所说的高速铁路主要包括两部分:高速铁路线路、高速铁路列车。

高速铁路线路采用重型钢轨、弹性扣件、新型道岔,比普速线路有更严格的线路检测和监控。

普速列车把火车头放在列车一端或两端,只有火车头有动力;火车头与车厢的连接经常变化,列车每跑完一段路就要更换火车头。俗话说"火车跑得快,全靠车头带"就是这样来的。

和谐号动车组

但高速铁路不一样,世界上大部分高速铁路列车采用动车组牵引方式,火车头和车厢的连接是固定的，不会经常变。而且主要采用动力分散型动车组，有动力的不止火车头，一些车辆也有动力，有动力的车辆也要运载旅客；甚至车头不一定有动力，动力主要分散在几个车辆上。动力车简称动车，无动力拖车简称拖车。

中国高速铁路列车的牵引动力主要采用相对分散模式。和谐号、复兴号动车组最常见的编组是 8 辆编组，动车、拖车各 4 辆；16 辆长编组时，动车、拖车各 8 辆；还有 4 辆小编组。动力集中型动车组主要用于较低速度的线路，只有头车、尾车有动力，其他车辆没有动力。动车和拖车组成一个固定的编组，就叫动车组列车，简称动车组。当然，动车组也可以全部由动车编成。

动车组与传统列车相比具有很多优点，如牵引力大，加速度快，无须掉头，无须更换机车等。动力分散型动车组是高铁动车组发展的方向，它牵引力功率大，最大轴重小，从而使车体轻量化，起动、加速、制动性能好，对轨道冲击较小，可靠性高，运用成本低。

成雅铁路上的小编组动车组

动车组还分为电力动车组、内燃动车组。中国的动车组基本上都是电力动车组。

我国的高速铁路全部运行动车组；普速铁路既可以运行动车组，也可以用传统的电力机车、内燃机车牵引各种客货车辆。铁路局的机务段负责管理维护机车（火车头），车辆段负责管理维护车辆（车厢），动车段负责管理维护动车组。

以上这些专业名词有点绕口，旨在说明高速铁路和动车组不是一个概念。下面来说说"客运专线"这个特殊称呼。

2004 年国家发布第一份《中长期铁路网规划》的时候，没有出现"高铁"一词，一律称作"客运专线"。缘由是 20 世纪 90 年代和 21 世纪初，来自铁路内部的少数反对者，加上社会上的一股"公知"势力，大肆攻击我国的高速铁路计划，扰乱了社会舆论，也影响了高层决策，导致我国高速铁路的建设时间被这股舆论延误了 10 年。后来铁道部采取务实的态度，不和他们争论高速铁路是不是应该缓建，也不争论轮轨和磁悬浮哪种技术好，暂时回避"高铁"之名，改用"客运专线"一词。在反对者还没有反应过来的时候，轮轨技术的高速铁路已经建了起来，木已成舟。

当中国老百姓感受到高速铁路带来的便利，当国家领导人向世界推销中国高速铁路的时候，舆论风向陡变，社会各界热烈欢迎高速铁路，为高速铁路大唱赞歌。此后，"高铁"一词大大方方地频频出现，"客运专线"的说法慢慢就少了。

二、中国高速铁路后来居上

高速铁路的鼻祖是日本的新干线，诞生于 1964 年。后来法国、德国也发展起了高速铁路，德国西门子的高速铁路技术一度领先。不过这些国家的国土面积都比较小，受各自国情限制，无法大规模建设高速铁路，无法发挥高速铁路的网络效应。

中国高速铁路走出了一条快速成长的道路，这就是国务院确定的"引进先进技术、联合设计生产、打造中国品牌"的总方针，短短的十几年就实现了由追赶到领跑的飞跃。

中国第一条高速铁路是2008年通车的京津城际铁路，全长120公里，处于世界一流水平，采用时速350公里的高速动车组，具有自主知识产权的无砟轨道技术，采用列车运行控制系统、接触网系统、高速综合检测列车等一系列新技术。如果既有线时速200公里也算高速铁路的话，第一条高速铁路应该是秦沈客运专线（秦皇岛—沈阳）。这里我们只讨论时速250公里以上的高速铁路。

中国最著名的高速铁路当属京沪高铁（北京—上海）。2011年京沪高铁开通运营，时速350公里，全长1 318公里，长度世界第一，建设标准领先世界。京沪高铁工程2016年获得国家科技进步特等奖。更强悍的是，三年后它就开始盈利，是世界上最赚钱的铁路之一。中国高速铁路从此一骑绝尘。

2012年世界第一条高寒地区高铁哈大高铁（哈尔滨—大连）开通运营。

2015年世界第一条热带地区高铁海南环岛高铁开通运营。

2019年京张高铁（北京—张家口）开通运营，首次采用北斗卫星导航系统，智能复兴号动车组实现时速350公里的自动驾驶。

2020年年底中国铁路营业里程达到14.63万公里，2023年年底猛增到15.9万公里，长度居世界第二，是世界上最现代化的铁路网。2020年年底高铁里程达到3.79万公里，位居世界第一，是世界上最发达的高铁网。中国高铁的发展速度格外令人瞩目，运营里程5年就翻了近一番。2022年年底中国高铁运营里程达到4.2万公里，2023年年底猛增到4.5万公里，持续高速发展。而且，中国高铁全部是双线电气化客运专线，建设标准领先世界。

和谐号动车组

中国和日本的高铁采用"客货分线"模式，既保证客车跑得快，又保证货车拉得多。日本国家铁路公司因负债累累而破产分家，改为私营公司，导致高铁技术发展缓慢。欧洲高铁有多种模式，很多采用混跑模式，客车货车相互影响，技术标准不高。美国还没有真正的高铁。

中国高铁取得了一系列技术创新成果，如高铁列车系统动力学模型、高铁线路建设技术、高速列车及其控制技术、高铁运营维护技术等。

中国高速动车组主要经历了3个发展阶段：第一阶段是和谐号CRH系列，引进日本、法国、德国技术；第二阶段是和谐号CRH380系列，以自主研发为主；第三阶段是复兴号CR系列，完全自主研发。当时铁道部与科技部联合组织了上万名科研人员，发挥集中力量办大事的优势，持续取得自主研发的辉煌成果。复兴号动车组标志着中国已全面掌握高铁动车组核心技术，自主制定的标准占80%左右，采用和借鉴的国际标准占20%左右。从2004年引进日欧技术开始，到2017年复兴号诞生，短短十几年的时间，中国铁路就实现了从"跟跑"到"并跑"再到"领跑"的连续跨越，发展速度举世无双！

历史上，中国有过"乒乓外交""熊猫外交"。自2013年起，中国开始了"高铁外交"，国家领导人向世界大力推介中国高铁。中国高铁成为"中国名片"，不仅在于运营里程最长，更在于先进的线路建设技术和动车组技术：技术标准最高，运营速度最快，运营场景最丰富，乘坐舒适度最好，综合竞争力最强。中国高铁领跑全球，具备极高的战略价值，意义重大。

复兴号动车组

三、蜀地高速铁路要成网

四川盆地的高铁建设像普速铁路一样，比沿海地区晚了一拍，但发展很快，后劲十足。截至2023年，正式开通运营的就有7条。

（一）成渝高铁

成渝高铁又称成渝铁路客运专线、成渝城际铁路，是国家规划的"八纵八横"高铁之一的沪汉蓉高铁的西段，是第三条连接成渝城市群的铁路交通走廊。其中，第一条是成渝铁路，第二条是成遂渝铁路，都是普速铁路。成渝高铁由成都东站经简阳、资阳、内江、永川到重庆，全长308公里，线路走向与老成渝铁路基本相同，但比老成渝铁路缩短了近200公里，2010年3月22日动工建设，2015年12月26日竣工运营。成渝高铁共有11座车站，采用双线电气化无砟轨道，设计时速350公里。2020年12月24日，成渝高铁达标运行，成为全国第四条、西部第一条实际运行时速350公里的铁路，成渝两地间的最短通行时间被压缩到了62分钟，列车开行密度达到每15分钟一列，上座率很高。自此，老成渝铁路基本退出客运市场。

（二）西成高铁

西成高铁又名成西客运专线，由成都东站经绵阳、广元、汉中到西安北站，全长658公里，设计时速250公里。它是"八纵八横"高速铁路主通道之一，是中国首条穿越秦岭的高铁，是首条4G信号设备实现全覆盖的山区高铁，穿越隧道群规模、连续长大坡道为全国之最。10公里以上的特长隧道就有7座，秦岭山区隧道群采用25‰的大坡度，是全国高铁之最。2012年10月开工，2014年12月江油站至成都东站段（成绵乐城际铁路北段）投运，2017年12月6日全线正式通车。成都到西安的旅行时间，从原来的11小时一下缩短到不足4小时。列车开通后大受旅客欢迎，车次很密集，但依然紧俏。

（三）成贵高铁

成贵高铁从成都东站经乐山、宜宾、毕节到贵阳东站，全长约632.6公里，设计时速250公里，被称为世界第一条山区高速铁路。沿线途经的四川、云南、贵州三省共拥有26个国家

5A 级旅游景区和 386 个国家 4A 级旅游景区，有青城山、都江堰、乐山大佛、峨眉山、蜀南竹海、黄果树瀑布、百里杜鹃等著名景区，被称为中国第一条旅游高铁。成贵高铁由中国铁路总公司和云、贵、川三省政府共同出资，2013 年 12 月开工建设，2014 年 12 月成都东站至乐山站段（成绵乐城际铁路南段）投入运营，2019 年 6 月乐山至宜宾西段投入运营，2019 年 12 月 16 日全线通车运营。

（四）渝万高铁

渝万高铁也叫渝万客运专线、渝万城际铁路，由重庆北站至万州北站，全长约 245 公里，设计时速 250 公里，2016 年 11 月开通运营。渝万高铁拉近了重庆主城区与三峡库区核心区的时空距离，让东出盆地开始形成高速通道。

（五）绵泸高铁

绵泸高铁（绵阳—泸州）内自泸段（内江—自贡—泸州），由内江北站至泸州站，全长 128 公里，设计时速 250 公里，2021 年 6 月 28 日开通运营。绵阳—内江段还在建设之中。

（六）郑万高铁

郑万高铁从郑州东站经南阳、襄阳、巫山、奉节到万州北站，共 818 公里，设计时速 350 公里。线路穿越武当山、神农架林区、巫山山脉，桥隧长度占全长的 83.2%，生态环境脆弱，施工非常艰难。2021 年 12 月全线铺轨贯通，2022 年 6 月开通运营，成为重庆通往华北、华中地区的快速客运主通道，具有重要的战略意义。郑州东站到重庆北站已全线开通高铁，郑州到万州段时速 350 公里，万州到重庆段时速 250 公里。

（七）成宜高铁

成宜高铁从成都东站经资阳、自贡到宜宾，设计时速 350 公里，2023 年全线开通。自此宜宾有了两个高铁站，一个是成贵高铁的宜宾西站，时速 250 公里；另一个是成宜高铁的新宜宾站，时速 350 公里。原来内昆铁路的宜宾站改名为翠屏站。

除了以上 7 条高铁外，2023 年川渝地区正在建设的高铁还有以下 7 条：

（1）成渝中线高铁，线路基本取成渝间的直线，全长只有 292 公里，比成渝高铁短了十几公里，设计时速 350 公里，部分区段保留时速 400 公里的通行能力。这是成渝之间的第五条铁路，可见成渝两地的经济规模之大、经济交往之深。除了成渝之外，拥有这种铁路密度的城市群只有 3 个：京津、沪宁、广深。可见，成渝地区不愧为中国经济第四极、中国交通枢纽第四极。成渝两地每天开行的动车已近 100 趟次，日均旅客量近 9 万人次，每逢节假日增开车次，平均客座率也接近 100%。所以，两地呼吁再建一条高铁，也就顺理成章了。成渝中线高铁是成渝地区双城经济圈建设的标志性工程，2020 年 1 月开始勘察设计招标，2021 年 8 月就获得预可研批复，项目飞速落地。2021 年 9 月 26 日，成渝中线高铁建设宣布启动，2022 年全线开工。

（2）郑渝高铁万渝段，2020 年 11 月 9 日举行开工仪式，从重庆东站出发到万州北站，正线长 252 公里，设计时速 350 公里。这实际是重庆到万州的第二条高铁，第一条时速 250 公里。郑万高铁和渝万高铁连通后形成郑渝高铁，是盆地通往中原地区最快捷的通道。

（3）渝昆高铁，从重庆西站出发经重庆的江津、永川，四川的泸州、宜宾，贵州的毕节，云南的昭通，到昆明南站，是京昆高铁的一部分，正线长 699 公里，设计时速 350 公里。渝昆高铁建成后将成为向南出盆地的快捷通道。

（4）渝黔高铁，也叫渝湘高铁渝黔段。重庆站到黔江站，全长 265 公里，设计时速 350 公里，2018 年 11 月开工建设。

（5）汉巴南高铁，从汉中出发经巴中到南充，设计时速 250 公里。沿线经过川陕革命老区核心地带，2019 年 12 月开工。其中南充至巴中段 177.7 公里，是四川省首条由地方政府全额出资并主导建设的高速铁路。巴中到汉中段要穿越大巴山，将成为北向出盆地的又一便捷通道。

（6）成达万高铁，2020 年 12 月 24 日举行开工动员大会，从成都出发经达州到万州，设计时速 350 公里。成达万高铁建成后将成为盆地内东西向的高铁要道。

（7）西渝高铁，从西安出发经安康至重庆，全长 739 公里，设计时速 350 公里，是我国"八纵八横"高铁网北京至昆明的京昆通道，是包头、银川至海口的包（银）海通道的重要组成部分。2022 年 11 月安康至重庆段开工建设。

如此密集的高铁建设，在川渝地区是空前的，在其他地区也是罕见的。加上川藏铁路、川青铁路等普速铁路的建设，川渝地区俨然一个铁路建设的大工地，架桥打洞，处处开花。这里，依然是国家的战略大后方。

川渝地区的铁路以山区铁路为主，普速铁路占大多数，以时速 160 公里为主，高铁有时速 250 公里和 350 公里两种。复兴号动车组的开行范围不断扩大，形成品类齐全、结构合理的复兴号全谱系动车产品。成渝高铁、郑渝高铁、成宜高铁采用时速 350 公里的复兴号动车组，西成高铁、成贵高铁、绵泸高铁采用时速 250 公里的复兴号动车组，普速线路越来越普遍地采用时速 160 公里的复兴号动车组。

时速 350 公里的复兴号动车组

时速 160 公里的复兴号动车组"绿巨人"

已建成投运的成渝、渝贵、成贵 3 条高铁干线组成了全国首条跨省高铁环线——西南铁路高铁环线（其中，渝贵铁路只能算快铁，由于运行动车组也号称高铁）。中国铁路成都局集团有限公司开行了"多彩环线"动车服务品牌，2020 年 4 月 10 日正式运营，连通川、渝、黔三省市的数十个城市和数十个国家级景区，全程约 1 300 公里，全程运行时间约 8 个小时。成都、重庆、贵阳三地既是始发站，又是终到站，按顺时针、逆时针两个方向循环运行，全部由贵阳客运段值乘。全线运行 CR300AF 型复兴号动车组，每天开行 7 趟，约发送旅客 1.5 万人次，非常受沿线旅客欢迎。

总体来讲，四川盆地的高铁、快铁已经融入全国高铁网，往北有西成高铁，往东有郑万高铁、渝利快铁，往南有成贵高铁、渝贵快铁，盆地内有成渝高铁、成宜高铁。从成渝两地到北京、上海、深圳都差不多在 2 000 公里左右，乘坐动车组都可以朝发夕至。

与东部地区相比，川渝地区的高铁里程还较少，时速 250 公里的线路多，时速 350 公里的线路少，区域铁路连线成网、互联互通水平还不够高。不过，用不了几年，仅仅是正在建设的铁路全部建成运营，就将形成 18 条进出盆地的铁路通道，其中 7 条是高铁。更加畅达的高铁网即将形成。

四、铁路服务换新颜

伴随着铁路新线的大量开通，铁路运力的大幅提升，动车组的大量运用，铁路服务水平也大幅提升。

20 世纪，铁路运力十分紧张，旅客列车超员是常态，买票难、候车难、坐车难，上下车也难。提起春运，旅客和铁路职工都是一把辛酸泪。每逢春运，在售票处、候车室，黑压压的一片人，望不到头；在站台，旅客只想着怎样挤上车，站务员拿着大喇叭嘶哑地喊叫，生怕出事；在车上，过道、座位下、厕所里都挤满了人，垃圾堆在地上任人踩踏，列车员想要通过车厢过道都要费好大的劲。铁路职工能够确保行车安全就很不容易了，常常无暇顾及服务质量，以致列车员、站务员等一线服务人员粗暴待客现象频频发生。办理铁路货运更难，找领导批条，找熟人送礼，各种乱象层出不穷。

全国各地都有这种现象，而蜀地人口多、铁路少，就更加突出。经历过那个年代的人，对那种场景刻骨铭心。

进入 21 世纪，随着铁路运力的大幅提升，特别是高铁的大量运营，旅客列车基本不会出现超员情况，铁路部门也不再为春运焦头烂额。国铁集团实施"复兴号"品牌建设以来，铁路服务水平显著提升。由此可见，高铁提升了人民的获得感、幸福感。

2006 年以后，火车司机、列车员、车站服务人员等一线职工，陆续更换为具有大专以上文化水平的年轻员工，服务意识、服务能力、服务水平都明显提高。加上信息技术的广泛应用，12306 网站功能不断增强，网上购票普及，动车组环境宽敞清洁，乘客们感觉列车服务可以与飞机相比了，亲切地称呼动车组的列车员为"动姐""动哥"。如今，乘坐动车组已经是旅客出行的首选，其优点是其他运输方式无法比拟的。货运员也不再是跷着二郎腿等客上门，而是上门寻找新货源；加上 95306 平台的建立，提供货运网上服务，开发货运新产品，越来越好地满足了各类企业的运输需求。

客运畅达天下,旧貌换新颜。货运突飞猛进,也跟了上来……

重庆北站的旅客服务

中欧班列的起步和领跑

新蜀道不仅要出盆地,还要出国境、通天下。高铁和飞机实现了人的畅达天下,铁路班列则实现了货物的畅达天下。中欧班列就是这样一个划时代的物流产品,在蜀地发芽,在全国开花,对国家具有重大战略意义。

一、中欧班列的起步

中欧班列是国际铁路货物联运的明星品牌。国际铁路货物联运是指铁路货物运输办理一次托运手续,使用一份托运票据,在两个以上国家全程运输,并且在一国向另一国移交货物时,无须发货人、收货人参加。

1957年,宝成铁路通车后开始办理国际货物联运业务,以苏联、东欧几个国家为主。20世纪60年代后,随着国际关系的紧张,业务量下降。70年代后,国际货物联运转向东南亚国家。80年代开始办理大型集装箱联运,以苏联、蒙古国、朝鲜、欧洲国家为主。在20世纪,铁路蜀道通往国际的运输量很小。

21世纪世界经济最发达的板块有三个:东亚、西欧、北美。亚欧国家在人类历史上长期扮演主导角色。中国加入世界贸易组织后,中国与欧洲的贸易持续大幅增长,成为世界最重要的贸易之一。

传统的中欧贸易主要依靠海运,轮船通过南海、马六甲海峡、印度洋、苏伊士运河、地中海,到达欧洲国家,运输时间需要二十多天到四十多天,路上要通过海盗猖獗区,要经历复杂的海况,充满着不确定性。从四川盆地销往欧洲的产品大多要走2 000多公里陆路,先到深圳或上海,再转海运到欧洲,运输时间和成本比沿海地区高很多。中欧之间需要开辟更加安全、高效的贸易通道。

新通道由重庆开辟。

2009年,重庆市政府与惠普公司签订了年产2 000万台笔记本电脑的落户协议。在惠普的带动下,一大批电脑相关企业落户重庆。所产的笔记本电脑绝大部分销往欧洲,其中六到七成通过海运,其余部分通过空运。然而,海运需要30多天,交货期过长。电脑的价格波动比较大,从重庆运到欧洲后,市场价格往往已经发生变化。相比之下,空运太贵、运量太小。

内陆城市做外贸,最大的短板就是交通。打通通往欧洲的陆路便捷通道,历史上很多内陆城市都尝试过,但都知难而退了,唯有重庆人迎难而上。

难题是显而易见的:陆路要经过哈萨克斯坦、俄罗斯、白俄罗斯、波兰、德国等多个国家,各国语言文字不同、铁路承运方式不同、收费标准不同、海关监管不同,甚至铁路的轨距都不同。中国和欧洲大部分国家的铁路是1 435毫米的标准轨距,俄罗斯和苏联加盟共和国是1 520毫米的宽轨,列车通过这些国家需要多次吊装换轨。

重庆市政府积极探索解决问题的各种办法,协调各方解决运输困难,向海关总署、铁道部提出开行重庆至欧洲铁路通道的"五定"班列,得到积极支持。"五定"班列是铁道部1999

年推行的货运方式，要求固定装车地点、固定运行线路、固定运输车次、固定到发时间、固定运输价格。成都早在 1997 年就开通了到上海的"五定"班列，2004 年又开通了到深圳的"五定"班列，受到货主的普遍欢迎，好评如潮。

经过各种会谈、协商，重庆市与相关部门签订了各种纪要、意见，委托科研单位研发集装箱的卫星跟踪系统、保温系统，通过外交部门与俄罗斯、哈萨克斯坦签订海关便捷通关协议……

2011 年 3 月 19 日，全国第一列中欧班列"渝新欧"从重庆出发，满载惠普公司的电子产品，经兰州，从新疆的阿拉山口出境，途经哈萨克斯坦、俄罗斯、白俄罗斯、波兰，横跨欧亚大陆，直达德国杜伊斯堡，行程 11 179 公里，耗时 16 天。杜伊斯堡是世界最大的内河港，是欧洲重要的交通物流枢纽，班列上的产品从这里分拨到欧洲各地。

中欧班列

在重庆沙坪坝区团结村，有个面积不大、不太抢眼的雕塑：数字"0"状的雕塑，中间有一个地球仪，上面刻了一条铁路线。这就是"渝新欧"零地标广场。第一条中欧班列从这里出发，开始改变中国传统的以东部沿海城市为重点的外贸格局。

"渝新欧"零地标广场

重庆机务段的司机将"渝新欧"列车从重庆团结村站开到四川达州站，一路绿灯，比一般货运列车要快两小时，然后换火车头、换司机，继续北上。新疆的阿拉山口站，有亚洲最大的集装箱换装库，大型吊车把集装箱吊起来，平移到旁边的宽轨车辆上，然后由乌鲁木齐机务段的司机把宽轨车辆拉到哈萨克斯坦境内,再返回。哈萨克斯坦的司机开始下一个接力。不过,哈萨克斯坦和俄罗斯的铁路很长,又很老旧,列车速度一下慢了下来,要换很多个司机。进入波兰时再把集装箱从宽轨车辆吊装到准轨车辆上,由波兰司机开行。最后由德国司机开到目的地。从重庆到杜伊斯堡,一路下来要更换50多个司机。

全程路线不断优化,通关方式不断改进,使运行时间逐渐缩短到12天,相比海运至少节约一半的时间。欧洲客人感慨道:"真没想到,欧洲和中国可以这么近。"

2012年4月,渝新欧(重庆)物流有限公司正式成立,由中国铁路、俄罗斯铁路、德国铁路、哈萨克斯坦铁路、重庆市政府"四国五方"共同出资组建,实行利益共享、责任共担,有利于解决跨国线路出现的问题。

2012年11月,"渝新欧"列车成功使用国际货约/国际货协统一运单,采用汉语、俄语、英语3种文字书写,直达德国都不用换单,实现多品种货源组合运输,实现货运班列沿途卸货。

刚开始的中欧班列都是"有去无回"的单向运输,2013年"渝新欧"在各路中欧班列中,率先迎来返程班列。去程货源充足,返程货源也逐步增加。

2011年"渝新欧"班列开行17班,2016年猛增到432班,天天有班列从重庆出发,而且运输的货值是所有中欧班列中最高的。"渝新欧"班列从服务重庆产业调整,发展为服务西南、长三角、珠三角地区的中欧贸易大通道。

2016年5月,海关总署正式批准重庆成为国内首个中欧班列运邮试点城市。当年10月,"渝新欧"搭载的邮件送达德国法兰克福邮件处理中心,开创了中欧班列全程运输国际邮包的先河。

2016年6月,重庆咖啡交易中心成立。不产咖啡的重庆,借助"渝新欧"建立了国内最大的咖啡交易平台。云南是国际上重要的咖啡产地之一,咖啡出口欧洲长期采用海运,需要40天左右。2015年"渝新欧"开行云南咖啡专列,行程14天,能节约2/3的运输时间,而且在中亚国家沿途卸货。截至2021年,该中心累计实现咖啡交易额超过50亿元。

重庆铁路口岸

此外,欧洲—重庆—新加坡的铁空联运也于2016年成功试行。欧洲货物可以从"渝新欧"运到重庆,再通过空运中转到曼谷、吉隆坡、大阪等亚洲城市……

2017年3月23日,"渝新欧"累计突破1 000列,成为首个突破千列的中欧班列。

2017年3月底,一批单价超过400万元的宾利车通过"渝新欧",运抵团结村站,进入重庆整车进口口岸。因为"渝新欧"的存在,重庆成为西部地区首个获批整车口岸的城市,重庆国际物流枢纽园区发展为全国内陆地区最大平行进口车口岸。

依托"渝新欧",重庆西部物流园在团结村落户,规划面积约35.5平方公里。周边聚集了大量资源,包括汽车整车口岸、铁路保税物流区、跨境电商购物广场等。"渝新欧"班列在一定程度上改变了整个欧亚大陆的物流格局。

"渝新欧"班列形成了"1+N"的运行分拨模式,"1"是重庆到杜伊斯堡的主线,"N"

是根据客户需要选择沿线国家作为集结点和分拨点。货源已从电子产品扩大到各种各样的产品，极大地提升了"中国制造"在欧洲的市场竞争力。

2021年8月29日，"渝新欧"增加新线路，从二连口岸出境，直达乌克兰首都基辅，进一步丰富了重庆通往欧洲的贸易通道。重庆出口到乌克兰的货物不再需要通过白俄罗斯或波兰中转，提高了班列的时效性。

"渝新欧"班列的路线不断扩大，列车从重庆团结村站、重庆南站出发，经阿拉山口、霍尔果斯、二连、满洲里出境，开往德国的杜伊斯堡、格鲁吉亚的波季、俄罗斯的契尔克斯克等，平均运行12～18天，比海运节约了30天左右，运费仅为空运的1/5。班列密度从最初的每周1班，发展到2020年的每天5班。

能搭上中欧班列（渝新欧），成为许多企业落户重庆的首要原因。超过一半的世界500强企业已在重庆落户。

二、中欧班列的领跑

第二个常态化开行的中欧班列从成都发出，名叫"蓉欧快铁"，2013年4月26日开通，列车从成都城厢站出发，在阿拉山口出境，经哈萨克斯坦、俄罗斯，到达波兰的罗兹，全程仅需11天。波兰铁路发达，罗兹是波兰的交通枢纽。

"蓉欧快铁"有3条线路：最早开行中线，到波兰罗兹，陆续延伸到波兰库特诺、德国纽伦堡、荷兰蒂尔堡等，深入欧洲腹地，覆盖中西欧及南欧等地；2016年开通南线，到土耳其伊斯坦布尔，覆盖中亚、西亚、南欧等地；2017年开通北线，到俄罗斯莫斯科、白俄罗斯明斯克，覆盖东欧国家。

"蓉欧快铁"是运行最稳定、运行时间最短的中欧班列。四川的汽车零部件、花木、服装等进入欧洲，欧洲的肉、红酒、奶粉、原装汽车等流入四川。飞利浦、沃尔沃、戴尔、格力等知名企业将产能转移到成都，"蓉欧快铁"是重要原因。

2016年"蓉欧快铁"开行460列，占全国中欧班列开行总数的27%，成都铁路港吞吐量57万标箱，名列全国第一。2017年开行量猛增，超过1000列，稳居各中欧班列第一，继续领跑全国。2021年年底，成都出发的中欧班列已通达68个境外站点，不仅通达俄罗斯圣彼得堡、荷兰阿姆斯特丹、波兰格但斯克、德国罗斯托克等欧洲大陆城市，还通过海铁联运通达英国费利克斯托、伊明汉姆。

成都还实行了"蓉欧+"战略，国内端的出发地不限于成都，扩大到天津、青岛、宁波、厦门、深圳、广州、昆明、南宁等十几个沿海沿边沿江城市，形成"甬蓉欧""厦蓉欧""深蓉欧""昆蓉欧"等班列，增加了霍尔果斯、满洲里两个口岸；国外的到达地不限于罗兹，增加了荷兰的鹿特丹和蒂尔堡、德国的汉堡和纽伦堡等几十个目的地。每天都有几个班列进出成都国际铁路港，开行数量在各中欧班列中一直保持首位。

"蓉欧快铁"不断拓展业务范围，为吉利汽车集团开行了直达白俄罗斯的定制班列。2021年四川德阳站也开始始发中欧班列，还做到日均发车一列。

成都是内陆城市，远离海港，发展外贸有着天然的困难。2010年成都建成国际铁路港，位于青白江区城厢站。中铁联合国际集装箱有限公司（简称"中铁联集"）在这里投资建设并运营成都铁路集装箱中心站。该站是亚洲最大的铁路集装箱中心站，有现代化的铁路场站，可实现集装箱班列整列到发，高效率自动化运作，与港口、海关、银行等相关业务系统无缝衔接,每年进出标准箱超过 100 万箱。在智能大门外,集装箱卡车排成长龙;在铁路线龙门吊下,各色集装箱一眼望不到头。

中铁联集成都中心站

中欧班列从铁路港始发,使成都变成向西开放的前沿,成为"临近"欧洲的城市。四川"买全球、卖全球"的格局逐步形成。

成都国际铁路港发展很快,以它为核心打造的产业功能区,规划面积 73.2 平方公里,重点发展现代物流、国际贸易、保税加工三大主导产业。成都国际铁路港综合保税区、亚蓉欧国家商品馆已建成运营。

位于成都市青白江区城厢镇的亚蓉欧国家商品馆局部

三、遍地开花,成渝合体

重庆铺好了路,其他城市便紧跟了上来。武汉有"汉新欧",郑州有"郑新欧",义乌有"义新欧",西安有"长安号",德国物流巨头 DHL 到苏州开行了"苏满欧",几十个城市纷纷上马中欧班列、中亚班列,开行欧洲、中亚几十个国家一百多个城市的班列,大有争先恐后之势。

中欧班列浩浩荡荡,被称作现代丝绸之路上的"钢铁驼队"。现已形成三个通道:西部通道经阿拉山口或霍尔果斯口岸进入哈萨克斯坦,经俄罗斯到欧洲;中部通道经二连口岸进入蒙古国,再经俄罗斯到欧洲;东部通道经满洲里口岸进入俄罗斯,抵达欧洲。成都、重庆的班列主要走西部通道。中国铁路总公司的运输调度中心专门设立了中欧班列调度台,按照高于客车等级安排中欧班列开行。中欧班列开行数量迅猛增长,2021 年已实现月行千列,年行万列。

2016 年 6 月 8 日,中国铁路总公司启用中欧班列统一品牌和标识。"渝新欧"改称中欧班列(重庆—杜伊斯堡),"郑新欧"改称中欧班列(郑州—罗兹),"汉新欧"改称中欧班列（武汉—汉堡），"苏满欧"改称中欧班列（苏州—华沙）。世界上最长的货运班列是中欧班列（义乌—马德里），13 000多公里。当天，中欧班列分别从成都、重庆、武汉、郑州、苏州、长沙、义乌、东莞八地始发，开往欧洲。6月20日，中欧班列（成都—罗兹）抵达罗兹，正在波兰访问的习近平主席和波兰总统杜达前往车站迎接。中欧班列带活了欧洲经济，受到欧洲各国的欢迎。

2016年10月，国家发改委公布《中欧班列建设发展规划（2016——2020）》，要把中欧班列建设成为具有国际竞争力和良好信誉的世界知名物流品牌，成为落实"一带一路"倡议的重要平台。

2017年5月，中欧班列运输协调委员会成立，推动中欧班列可持续性发展。中欧班列已成为各地方政府落实"一带一路"倡议的重要抓手，积极性持续高涨。

2020年，成渝两地的中欧班列共开行5 034列，占全国的40.6%，历年累计开行量达1.4万列，高于其他班列。回程运输箱量超20万标箱，居全国中欧班列首位，班列去回程基本实现平衡。

重庆团结村站货场内的集装箱

从2020年开始，为了避免无序竞争，各地对中欧班列线路进行整合。成都、重庆两地相距280公里，整合后可以更好地利用资源，形成合力，降低成本。2021年1月1日上午，重庆、成都两地同时发出2021年首列中欧班列（成渝）号列车。重庆国际物流枢纽园区和成都国际铁路港，汽笛声同时响起，两列中欧班列（成渝）号列车缓缓驶出站台，满载电子产品、机械零件等货物，同时向西，分别驶往德国杜伊斯堡和波兰罗兹。这是中国国家铁路集团有限公司（原中国铁路总公司，简称国铁集团）批准的第一个中欧班列两地统一品牌，自此成渝两地的中欧班列合为一体，使用统一名称开展品牌宣传推广。"十四五"开局首日，成渝地区双城经济圈迈出了重要一步。

中欧班列（成渝）是全国开行最早、开行量最多、运输货值最高、区域合作最广泛、运输最稳定、影响力最大的中欧班列，可通达100多个欧洲城市。2021年继续领跑全国，开行班列4 800列，占全国中欧班列的30%，运输货值超过2 000亿元，都是全国第一。它还是唯一实现往返运输平衡的中欧班列，是全国中欧班列的"第一品牌"。2022年6月30日，中欧班列（成渝）累计开行量突破2万列，占全国中欧班列的40%，领跑幅度继续扩大。

2022年1月25日，首列中欧班列（泸州号）发车，从泸州港进港铁路专用线出发，通过霍尔果斯出境，22天后到达德国杜伊斯堡。泸州成为四川省同时开通国际水运、陆运双通道的城市，实现长江水运和中欧班列的无缝连接。

四、战略价值再认识

2020年，新冠肺炎疫情在全球暴发。海运时效慢，无法满足抗疫需要；各国海员、码头工人大量感染病毒，港口运行效率猛降；全球海运、空运和公路运输大面积停运。中欧班列有运量大、速度快、人员接触少、安全可靠的优势,向欧洲运送了大批抗疫物资。中欧班列全年开行1.24万列,发送113.5万标箱,同比分别增长50%、56%。欧洲各国在恢复生产时对中欧班列的依赖大增,中欧班列运输量爆发式增长,为稳定国际产业链、供应链作出了重大贡献。在全球抗疫中,它的战略价值凸显了出来,格外引人瞩目。

2021年3月,苏伊士运河被搁浅的长赐号货轮堵塞,400多艘货轮无法通行,导致中欧班列的咨询量倍增,运输量大涨。中欧班列的战略价值再次引起社会各界的强烈关注。

2022年5月10日,中欧班列南通道跨"两海"线路开通。中欧班列可以从重庆团结村站出发,由霍尔果斯口岸出境,途经哈萨克斯坦、阿塞拜疆、格鲁吉亚、罗马尼亚等国,跨越里海、黑海,以铁海联运方式抵达欧洲。按照国铁集团关于完善中欧班列境外通道布局的要求,在巩固和稳定现有主通道的基础上,这条线路进一步拓展了中欧班列在欧亚大陆的辐射范围,实现中欧班列境外通道抗风险能力和发展韧性双提升。经这条线路开往欧洲的国际班列,还可以由越南发出,形成"东南亚—中国重庆—里海—黑海—欧洲"国际铁路货运线路,并实现常态化、高密度运行,进一步提升中欧班列的战略价值。

中欧班列已成为国际物流陆路运输的骨干方式,是"一带一路"倡议最现实的载体,东西方经贸文化交流的大通道。

国务院印发的《"十四五"现代综合交通运输体系发展规划》,对中欧班列品牌建设提出了要求:"建设成都、重庆、郑州、西安、乌鲁木齐等中欧班列集结中心示范工程,整合班列运行平台,强化中欧班列统一品牌,打造明星运输产品。推进中欧班列运输通道和口岸扩能改造,推进境外战略性中转场站建设。推广国际货协/国际货约运单,完善中国国际货运代理协会提单,逐步扩大应用范围。"

2021年2月,中共中央、国务院印发《国家综合立体交通网规划纲要》,提出:"发展以中欧班列为重点的国际货运班列,促进国际道路运输便利化。"

古有丝绸之路通西域,今有中欧班列达欧亚。

成都、重庆的铁路口岸都设有海关现场办公

西部陆海新通道与沿江班列

随着"一带一路"倡议的落实,蜀地形成了通往三个方向的物流品牌:往北的中欧班列(成渝)、往南的西部陆海新通道、往东的沿江班列。中欧班列已经"长大",另外两个"小弟"还在培育之中。

一、西部陆海新通道

对铁路与海运的关系,国务院印发的《"十四五"现代综合交通运输体系发展规划》做了这样的表述:"建设西部陆海新通道,发挥铁路在陆路运输中的骨干作用和港口在海上运输中的门户作用,强化东、中、西三条通路,形成大能力主通道,衔接国际运输通道。"

东南亚联盟是中国重要的贸易伙伴,2020年成长为中国第一大贸易伙伴。川渝地区的汽车配件、化工产品、陶瓷、家具、调味品等货物大量出口到泰国、越南、印度尼西亚、马来西亚、新加坡、菲律宾等国。以前,川渝地区与东盟的大部分货物贸易采用江海联运:在重庆、宜宾等地上船,顺长江而下到上海,再转海运到东南亚各国,动辄需要四五十天。这一路绕了很大一圈,如果走陆路就近多了,因此需要实现铁路和海运联运。

新通道需要探索。2017年5月12日,成都铁路局开行"渝桂新"班列,集装箱班列从重庆团结村站出发,经过48小时跋涉,抵达广西北部湾钦州港,货物转海运,运往新加坡,形成"重庆—钦州港—新加坡"南向通道。后来还试行了"蓉桂马"班列,从成都开往北部湾,转东南亚,比江海联运节约了一半的时间。

2018年11月,中国和新加坡正式签署《关于中新(重庆)战略性互联互通示范项目"国际陆海贸易新通道"建设合作的谅解备忘录》。中新互联互通项目以重庆和新加坡为"双枢纽",不设地理边界,没有领域限制,致力于促进区域间人流、物流、资金流、信息流的高效联通。西部陆海新通道是中新互联互通项目的主要成果之一。2019年1月7日,重庆、广西、贵州、甘肃、青海、新疆、云南、宁夏8个西部省区市,在重庆签署合作共建新通道框架协议,随后陕西、四川加入。

西部陆海新通道主要面向东盟,起步较晚,发展很快。它利用铁路、公路、水运、航空等多种运输方式,由重庆、成都向南经贵州等省份,通过广西北部湾等沿海沿边口岸,通达新加坡及东盟主要物流节点,运输时间比经东部地区出海可节约10天左右。广西北部湾有钦州港、防城港、北海港3大天然良港,是中国西南、西北地区最近的出海口。从川渝地区到印度尼西亚,陆海新通道比传统的江海联运节约20多天,明显降低了企业运营成本和风险。

2019年8月2日,国家发展改革委印发了《西部陆海新通道总体规划》。规划建设3条主通道:东路自重庆经湖南怀化、广西柳州至北部湾出海口;中路自重庆经贵阳、南宁至北部湾出海口;西路自成都经泸州或宜宾、广西百色至北部湾出海口。要求充分发挥重庆位于"一带一路"倡议和长江经济带交汇点的区位优势,建设通道物流和运营组织中心;发挥成都国家重要商贸物流中心作用,增强对通道发展的引领带动作用。建设广西北部湾国际门户港,发挥海南洋浦的区域国际集装箱枢纽港作用,提升通道出海口功能。

3条通道都有现成的铁路、公路、港口,汇聚于北部湾出海口,特别是铁路与海运的联运，需要加强协调，形成成熟的物流品牌。

到 2019 年 9 月底，西部陆海新通道铁海联运、跨境公路、跨境铁路 3 种物流组织形式都实现常态化运行。这条新通道使"丝绸之路经济带"和"21 世纪海上丝绸之路"衔接起来，形成闭环。

西部陆海新通道班列 2021 年开行量超过 6 000 列，相较于 2017 年增长了近 33 倍，累计开行 14 282 列，累计发运量超 70 万标箱，是我国增速最快的国际班列。其中重庆铁海联运班列突破 2 000 列，也创下历史新高。

2021 年 12 月 3 日，中老铁路全线通车运营，成功开行昆明到老挝首都万象的中老国际班列。西部陆海新通道有了新的线路。2022 年 1 月 1 日，区域全面经济伙伴关系协定（RCEP）正式生效，中国、日本、韩国、澳大利亚、新西兰和东盟十国共十五方成员，开始逐步形成自由贸易区。这些都为西部陆海新通道带来了更大的发展机遇，方便川渝地区深度参与全球市场的经贸往来和国际经济合作，让成渝国际班列在共建"一带一路"、打造西部内陆对外开放高地中发挥更大的作用。

由于南向班列开行越来越频密，因中欧班列而兴的成都国际铁路港更加繁忙。运往南亚、东南亚各地的化工品、灯具、家具、机械设备等货品从周边地区源源不断向这里汇集。

从四川宜宾启程的南向通道（宜宾—钦州）也开行了集装箱班列，经广西钦州港出海运往越南、马来西亚、印尼等国。南向通道辐射面广，货源物流充足。宜宾的酒、汽车零配件、化工产品等，东盟等地的矿产、粮食、水果等，通过这条通道有效对流，保障了班列持续开行。宜宾港是四川最大的内河综合枢纽港，也在扩能改造，促进"一带一路"倡议与长江经济带在四川叠加、融合发展。

西部陆海新通道还在不断增加新的线路

2021 年 8 月 27 日，中缅新通道（仰光—临沧—成都）海公铁联运首运成功。首运货物从新加坡海运至缅甸仰光港，经公路运输至云南临沧入境，再由铁路直达成都。这条国际通道标志着中国与缅甸增加了一条高效的物流新通道，单程运输时间比海运节约 20～22 天。这条通道是中国西南地区连接印度洋最便捷的陆海通道，而且避开了马六甲海峡，具有战略意义。

2021 年 9 月 27 日，空铁国际联运港国际通道首发仪式，在成都双流空铁国际联运港举行，全国首条"航空+"西部陆海新通道货运班列由成都（双流）空铁国际联运港始发，开往老挝万象，标志着西部地区空铁公多式联运陆海新通道全面打通。

2021 年 12 月 4 日，首趟由成都城厢站发行的中老国际货运列车抵达老挝万象。这趟列车相比海运可节约一半以上的运输时间，大大降低了企业的运输成本。中老铁路（成渝—万象）已经实现每月 2 班直达，还将实现每周一班。

2021 年 12 月 24 日，中老铁路（眉山—万象）国际货运列车首发，集装箱到万象后再转公路到越南胡志明市，全程需8天。以往走钦州港海运需要15天，缩短了7天，并且降低了运输损耗。

2022年2月19日，首列中缅印度洋新通道公铁联运国际测试班列德阳"三星堆号"，装载着光伏发电设备，从德阳国际铁路物流港黄许镇站发车，经云南临沧公铁联运至缅甸清水河口岸，抵达缅甸的密铁拉。

西部陆海新通道班列开行较晚，运量较小，尚未形成规模，铁水公联运还存在一些结合部问题。2022年6月，海铁联运班列图定线路达12条，增长势头强劲。图定线路就是纳入运输计划，常态化开行的线路。

国务院印发的《"十四五"现代综合交通运输体系发展规划》，对西部陆海新通道建设提出了要求："打造西部陆海新通道班列运输品牌，制定班列高质量发展指标体系。推进重庆西部陆海新通道物流和运营组织中心、成都商贸物流中心、广西中国—东盟多式联运联盟基地和服务中心建设，布局建设沿线物流枢纽和口岸。做优做强北部湾港和洋浦港，加强国际船舶登记、保税燃油供应、航运金融等综合服务。推进国际铁路运单物权化和海铁联运'一单制'。"

2021年8月17日，国家发展改革委印发《"十四五"推进西部陆海新通道高质量建设实施方案》，制定了西部陆海新通道的发展目标："主通道畅通高效。铁路西线基本贯通、中线能力扩大、东线持续完善，公路瓶颈路段全面打通，以铁路为骨干、高等级公路为补充的干线运输能力大幅提升，铁海联运集装箱运量达到50万标箱，跨境铁路班列达到2 000列。"

2022年1月，四川省港航投资集团、中国铁路成都局集团、广西北部湾国际港务集团联合成立四川省陆海新通道发展公司。4月8日，4趟国际班列统一使用"四川西部陆海新通道"标识，从成都（双流）空铁国际联运港、自贡南站、广元国际铁路港、遂宁高新区西部铁路物流园发出，有的开往老挝万象，有的开往广西钦州港转海运到东南亚。南向的国际通道由此统一了品牌，将像中欧班列一样走向成熟。截至2022年年底，已通达119个国家和地区的393个港口。

重庆团结村站是三大班列的始发地

这是一条新蜀道，是"一带一路"新通道，正在从线变成网，终将与中欧班列"比翼齐飞"。

二、沿江班列

从成都到上海，沿长江有一组铁路线，不是一条，是一组。

沿江班列从成都国际铁路港（城厢站）出发，驶向上海杨浦、芦潮港站，货物抵达后通过海运分拨到日本、韩国等国。"成都—日韩"沿江铁海联运已经实现常态化开行，2020年6月起班列加密到每周三列，并逐步实现对称往返。

沿江班列还开行宁波、日照、武汉等地。2021年，成都沿江班列开行433列，比中欧班列少得多。不过，有了开头，有了中欧班列和西部陆海新通道的经验，沿江班列又有更好的铁路通道，它的发展会更加顺畅。

国务院印发的《"十四五"现代综合交通运输体系发展规划》，对长江的沿江通道做了规划："建设成都重庆至上海沿江高铁。实施长江中上游干线航道等级提升工程，系统疏解三峡枢纽瓶颈制约，推进三峡翻坝转运、金沙江翻坝转运设施建设，深化三峡水运新通道前期论证。推动宁芜高速、沪渝高速武汉至黄石段、渝宜高速长寿至梁平段以及厦蓉高速、银昆高速成都至重庆段等高速公路扩容改造。"

成都到上海已经形成沪汉蓉铁路通道，长达 2 000 多公里。这条通道以前没有做统一规划，分段建成，导致各段建设标准不一致，有时速 160、200、250、350 公里 4 种技术标准，使客货运输潜力得不到充分发挥。这条通道的客运需求旺盛，严重压制了货运能力，大量货运流向效益不高的公路，难以缓解三峡大坝的水运瓶颈。

2020 年 12 月 20 日，国铁集团与四川、重庆、湖北、安徽、江苏、上海 6 个沿江省市共同出资，组建长江沿岸铁路集团股份有限公司，建设沿江高铁。这条高铁通道由成都—重庆—万州—宜昌—荆门—武汉—合肥—南京—上海，全线设计时速 350 公里。最终目标是建成成都到上海 1 898 公里、重庆到上海 1 594 公里的高铁，形成多径路、多分支的高标准通道，将成都、重庆到上海的旅行时间分别压缩到 6～8 小时、5～8 小时。该铁路大通道串起了中国经济最重要的几个经济区，能够满足沿线客运需求。待沿江高铁全线形成，客流将全面流向沿江高铁，现有的沪汉蓉铁路通道就释放出运能，货运班列就有了充分的发展空间。那时就是沿江班列大发展的时候。

丰富多样的高铁线路和航线、便捷成熟的物流渠道和品牌，让人和货都能畅达天下。现有的三大班列，中欧班列（成渝）、西部陆海新通道班列、沿江班列，都是新蜀道畅达天下的货运通道。

新天路的新高度

最险蜀道向西去，新蜀道也是如此。把铁路修到"世界屋脊"上，无疑是修了一条"天路"。

第一条天路是青藏铁路，从西宁到拉萨，2006年7月1日全线开通运营，全长1 956公里。它克服了工程建设的三大世界难题：多年冻土、高寒缺氧、生态脆弱，是当时世界上海拔最高、线路最长的高原铁路，是当时世界铁路建设史上最宏伟的工程。

按照规划，进藏铁路有4条：青藏、川藏、滇藏、疆藏。其中最难的是川藏线。

一、川藏铁路

第二条天路是川藏铁路，是世界上最难修建的铁路，也是人类历史上最艰难的工程。

早在一百多年前，孙中山就在地图上把成都和拉萨连了起来。他说："川藏铁路事关中国国家安危存亡。"晚清时期，英国殖民者入侵西藏，开始觊觎这条铁路。新中国成立后，为了国防建设，为了民族团结，为了资源开发，为了共同富裕，政府和人民一遍又一遍地想把这条线画得更清晰一点。但是，当工程技术人员走向横断山脉时，都被它的巨大艰险所震慑，被它的巨额投资所困扰。铁二院从1950年就开始对川藏铁路进行勘察，勘察设计持续了60多年。

川藏铁路的建设难度比青藏铁路还大，除了多年冻土、高寒缺氧、生态脆弱，还有地形高差、复杂地质、山地灾害，要翻越二郎山、折多山、高尔寺山、芒康山、色季拉山等众多山脉，跨越大渡河、雅砻江、金沙江、澜沧江、怒江等众多河流……

沿线地形落差极大，从海拔500多米到4 400多米，全线海拔落差3 000多米，桥隧工程占比达81%。特别是雅安至林芝段，高程起伏在1 000米以上的段落达11个，不得不大量使用迂回展线、双机牵引；气候恶劣、地震频繁、生态脆弱，地下水和地表水丰富，山崩、滑坡、泥石流、落石、突泥等地质灾害频发，还有风沙、荒漠化；空气稀薄，容易引发高原反应……所有不利环境条件都集中在了一起。线路在横断山区八起八伏，累计爬升1.4万米，这在世界铁路建设史上绝无仅有。

经过一代又一代领导人的积极筹划、工程技术人员的辛勤勘测、社会各界的不断呼吁，2011年3月开始有了结果，全国人大通过了"十二五"规划纲要，提出研究建设川藏铁路。2012年的最后一天，川藏铁路成都至康定（新都桥）段项目获国家发改委批复。2014年12月，川藏铁路成雅段、拉林段开工建设。

川藏铁路全线长1 838公里，分3段建设：成都至雅安段、雅安至林芝段、林芝至拉萨段，设计时速120～200公里。

成雅段由成都西站到雅安站，全长140公里。这一段位于四川盆地内，修建

成雅铁路雅安站

较为容易，4年建成，2018年12月28日开通运营。

拉林段正线全长403公里，地势起伏不是很大，地质灾害依然很多，修了6年多，2021年6月25日通车，运行时速160公里的动车组。这是西藏第一条电气化铁路，青藏铁路格尔木至拉萨段行驶的是内燃机车。

最难的是雅安到林芝段，横向穿越整个横断山脉，跨越7条大河，翻过8座雪山，所有的艰险都在这里集合了。隧道工程是世界上史无前例的复杂地质工程，不良地质严重程度和规模前所未有。桥隧比高达95.8%，最长隧道达到惊人的42.5公里，线路出了隧道就上桥，极少铺在平地上。为了不让线路打扰藏族同胞心目中的神山，为了保护大熊猫生态保护区的安宁，设计人员做了反复优化设计。正线长1 011公里，项目估算总投资约3 198亿元，平均每公里造价超过3亿元，史上最高。这项世纪性战略工程，建设工期将超过10年。

2020年11月，习近平总书记对川藏铁路开工建设作出重要指示批示："建设川藏铁路是贯彻落实新时代党的治藏方略的一项重大举措，对维护国家统一、促进民族团结、巩固边疆稳定，对推动西部地区特别是川藏两省区经济社会发展，具有十分重要的意义……"中国铁路很多，习近平总书记专门为一条铁路的建设作指示的极少。其他干线铁路由国家发改委批复，而这条铁路由党中央国务院批准。

2019年中国铁路总公司总经理讲道："川藏铁路规划建设面临超重、超险、超难的建设任务、工程条件和技术课题，是迄今为止人类历史上最具挑战性、最具复杂性的铁路工程项目。"中国铁路总公司与科技部等15个国家部委、川藏两省区建立了沟通协调机制，与科技部联合组建了川藏铁路科技攻关联合行动领导小组。同时交通运输部专门成立了川藏铁路协调机制。

2020年1月，中国国家铁路集团有限公司独资组建川藏铁路有限公司，成为项目业主。其他很多铁路都有地方政府出资，而这条特殊的铁路，意义重大、投资巨大、风险巨大，运营后注定长期亏损，所以全部由国家出资。国铁集团把川藏铁路作为铁路建设的"头号工程"，要集全行业之力推进工程建设，打造精品工程。

2020年11月8日，国铁集团、四川省政府、西藏自治区政府举行川藏铁路（雅安至林芝段）开工动员大会。中国铁建、中国中铁、中国建筑、中国交建、中国水电、葛洲坝集团等国有企业所属几十个工程局参加施工。

2021年12月，中国铁路成都局集团有限公司开工建设国家川藏铁路技术创新中心成都研发基地。另一个研发基地建在林芝。

一切都表明，川藏铁路在政治上、技术上、投资上、组织协调上都达到了铁路建设的最新高度，无与伦比。待全线通车后，从成都到拉萨只需8个多小时，沿线丰富的矿产、旅游资源将得到有效开发，西藏将更紧密地和内地连在一起。川藏铁路无疑将成为中国铁路最新的名片。

二、川青铁路和成格铁路

川青铁路原名成兰铁路（成都—兰州），是中国又一条高原天路。

成兰铁路起于成都，经广汉、什邡、绵竹进入川西高原，穿越阿坝州茂县和九寨沟，经甘肃省合作、临夏到兰州，从海拔500多米的成都上升到海拔3 400米的青藏高原东缘，再回落到海拔1 500多米的兰州。成兰铁路设计时速200公里，是客货共线的双线电气化快速铁路。成兰铁路建成后，阿坝州将结束没有铁路的历史，成都到九寨沟仅需 2 小时，到兰州由 10 个小时以上减少到 4 小时。

成兰铁路穿越龙门山、岷江、秦岭三大断裂带，沿线地形地势险峻，地质条件复杂，地质灾害风险大，是当时我国施工难度最大的铁路建设项目。当年成昆铁路碰到的地质问题，成兰铁路都遇到了，而且更复杂。

2009 年 2 月 21 日，成兰铁路开工动员大会在阿坝州松潘县举行。工程实际拖到 2011 年 2 月开工，建设进展不顺，中途还经过了设计修改、线路调整，竣工日期一再后延。全线超过 20 公里的特长隧道就有 3 个，最长的平安隧道长达 28 公里，松潘隧道修了 8 年才贯通。

跃龙门隧道是首条洞穿龙门山断裂带的铁路隧道，堪称世界"地质博物馆"。单洞长约 20 公里，加上辅助坑道，施工总里程达 71 公里，同时面临十几项不利地质条件，修了 9 年才贯通左侧单洞，修了 10 年才在 2022 年 4 月实现双洞贯通。通过跃龙门隧道施工的科研攻关，施工单位获得专利 240 余项、科技进步奖 12 项，取得复杂特长越岭隧道设计施工的新突破，为世界高原山区铁路建设提供了宝贵经验。

2018 年，为了成兰铁路通车运营，四川铁道职业学院对阿坝州当地学员开展了铁路技术培训。到 2023 年，工程建设仍在进行，面临的新考验一个又一个，意外不断出现，技术攻关成果不断积累。

2023 年成兰铁路更名为川青铁路，开始部分通车。川青铁路连接成都和西宁，在黄胜关分线连接兰州。川青铁路是双线客货共用铁路，客车设计时速 200 公里，货车设计时速 120 公里。祖国的大西北和大西南更紧密地连在了一起，具有重大的战略意义。

成格铁路，由成都经马尔康到青海省的格尔木，是从成都平原走上青藏高原的又一条天路，是阿坝州的第二条铁路，也是成都到新疆库尔勒铁路的南段。成格铁路建成后将是西北到西南的又一条铁路通道，已列入《中长期铁路网规划》。

川藏铁路、川青铁路、成格铁路，都是西出盆地的新天路，都在不断刷新高原铁路建设技术的新高度。

铁路蜀道的技术进步

我每次看见蒸汽机车的时候，都好像看见一只虎视眈眈的怪兽，黑头圆脸大眼，瞪着前方，随时准备吼叫着扑过来。而内燃机车和电力机车就朴实多了，拉长了一张大方脸，不管情不情愿，都老老实实地趴在地上跑。动车组是个喜欢表现自己的小燕子，总想贴地飞行，炫酷一番。

铁路是技术密集型行业，每一次技术进步，都带来铁路的大发展。回顾铁路技术进步的历史，展望铁路技术发展的方向，我们更加期待铁路蜀道的未来。

一、牵引动力革命

火车使用三种能源（煤炭、柴油、电力），有三种牵引动力（蒸汽机、柴油机、电动机），经历了四个发展阶段（蒸汽机车、内燃机车、电力机车、动车组）。每一次动力的换代，都带来运力的大幅提升，带来铁路管理方式、组织形式等方面的一系列变革，所以历史上常常把这种动力的换代称作牵引动力革命。

第一次牵引动力革命是蒸汽机车转产内燃机车，动力提高了，污染减少了。

四川盆地最早的蒸汽机车在猫儿沱机务段（后改名江口机务段），隶属于綦江铁路局。1947年有小型蒸汽机车3台，后增至5台。新中国成立后，随着成渝铁路的建设，大批蒸汽机车从省外调到川内。1953年成渝铁路、綦江铁路共有蒸汽机车47台，1957年末共有106台。这些蒸汽机车大多是新中国成立前遗留下来的老式机车，型号庞杂。1958年旅客列车改用国产的人民型和胜利型蒸汽机车。1980年后，成渝铁路等线陆续将解放型更换为前进型。这些型号的改变是技术更新，是渐变的。

成都东郊记忆音乐公园收藏的前进型蒸汽机车
（中国自行设计的大功率干线货运机车）

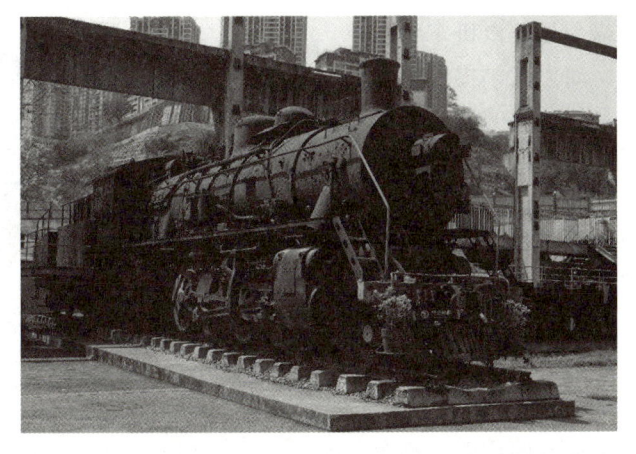

重庆工业博物馆收藏的上游型蒸汽机车（多用于企业专用线）

西南交通大学收藏的建设型蒸汽机车（主要用于货运）

　　1965年10月，川黔铁路开始使用内燃机车。1966年成昆铁路通车时，全部使用内燃机车。蒸汽机车的牵引力太小，无法适应山区铁路的需要。内燃机车的运用，是牵引方式的突变。1988年成都铁路局共有内燃机车657台，占机车总数的62%。

　　至今，蒸汽机车古朴、雄伟的身姿仍然深受火车迷的钟爱。它无论进入哪个博物馆，都会成为镇馆之宝。

用于调车的东风型内燃机车

第二次牵引动力革命是蒸汽机车和内燃机车转产电力机车，动力大幅提升，污染大幅下降，带来一系列深刻的变化。

在全国其他地区，第二次动力革命多为内燃机车转产电力机车，但成都铁路局以山区铁路为主，内燃机车也常常感到吃力。所以，成都铁路局的第一次动力革命还没有完成，就同时开始了第二次动力革命，既有内燃机车转产电力机车，也有蒸汽机车直接转产电力机车。

用于干线客货运输的东风型内燃机车

1969年10月，宝成铁路广元至马角坝段电气化开通，配备7台韶山1型电力机车，1976年增至58台。要翻越秦岭和大巴山，只有电力机车才够劲，宝成铁路由蒸汽机车直接转产电力机车，跨过了内燃机车阶段。1985年成渝铁路电气化改造完工，也跨过了内燃机车阶段，全线使用电力机车牵引。1988年成都铁路局有电力机车202台，只占机车总数的19%。进入21世纪后，蒸汽机车被完全淘汰，内燃机车只用于支线、调车、救援等方面，电力机车成为绝对主角。

电力机车的牵引动力比蒸汽机车、内燃机车大幅增强，速度大幅提高，使机车交路延长，沿线的机务段陆续合并，机务折返段数量减少。伴随着第一次和第二次动力革命，组织管理方式也发生了一系列变化。20世纪70年代中期，机务乘务制度由包乘制逐步改为轮乘制，机车乘务员不再固定驾驶某台机车，而是依次出乘，

韶山型电力机车

机车运用效率进一步提高。

第三次牵引动力革命是电力机车转产动车组。

我国的动车组基本都使用电力作动力，以动力分散型为主，也有少量动力集中型。由于动力的分散，头车和部分车辆都可能有动力，与电力机车牵引方式相比有重大变化。如：牵引力大、加速度快、最大轴重小、制动性能好、对轨道冲击较小，而且无须掉

和谐型电力机车

头，无须更换机车，可靠性高，运用成本低。这次动力革命也带来了铁路组织方式等方面的一系列变化：动车段成立，机车交路进一步延长，司机劳动条件进一步改善。

2007年7月7日，成遂渝铁路开行先锋号动车组，是国产实验型号，动力集中型动车组，运行了两年。2009年9月26日，成遂渝铁路开行首列和谐号动车组，时速200公里。动车

组大幅压缩了成渝两地的通行时间,提高了乘坐舒适度,使成渝高速公路上的大巴车大幅减少,铁路客运全面超越公路。成渝高铁通车后,全部采用高速动车组,开行密度很高,导致成渝高速公路的长途客运彻底衰落,基本退出市场。

成渝高铁、郑渝高铁、成宜高铁运行时速350公里的动车组;西成高铁、成贵高铁运行时速250公里的动车组;渝利铁路、渝贵铁路、兰渝铁路运行时速200公里的动车组;普速铁路正在大力推广CR200J动力集中型复兴号动车组,替代普速客车,时速160公里,俗称"绿巨人"。无论是在高速铁路还是普速铁路上,动车组的市场反应都极好,运用范围不断扩大。

和谐号动车组

在西南地区的铁路牵引动力中,客运陆续演变成以复兴号、和谐号动车组为主,以电力机车牵引的客车为辅;货运演变成以和谐型电力机车为主,韶山型电力机车为辅。

伴随速度的提高,铁路信号系统、供电系统相应进行了技术改造。如:铁路信号从最初的人工闭塞,发展为半自动闭塞,再发展为全自动闭塞,动车组线路采用准移动闭塞,高铁线路采用移动闭塞。

复兴号动车组

二、铁路大提速

四川盆地被群山环绕,没有出海通道,出川的公路、水路、航空运量都很小,出入盆地的运输绝大部分靠铁路。特别是大宗货物长途运输,更是严重依赖铁路。高铁入川之前,成都铁路局有上西坝、大龙、麻尾、达县4个局分界口,其中宝成线的上西坝口是运输量最大的分界口,1990年出入量就达1 000万吨以上。西北进川的石油、陕西的煤炭,都要通过这里入川;攀钢、重钢的钢材,川化、云天化、泸天化的尿素,也都通过这里运往全国各地。在运量和经济效益方面,宝成铁路是西南地区最重要的通道,长期满负荷运转,不仅买票难,要车皮更难。

随着西部大开发的实施,铁路运量与运力的矛盾日益突出。新建铁路太慢、太花钱,短期内提高运力靠提速,投入少产出多。

1997年开始,铁道部实施既有铁路线大面积提速战略,受到市场欢迎,铁路客运量扭转下滑趋势，开始大幅增长。前两次大提速主要在东部地区实施，2000年实施第三次大提速，提高了东西向列车的速度。2001年成都铁路局开始提速，襄渝铁路、宝成铁路、成昆铁路等出川铁路速度略有提高。2002年对几条铁路干线进行了提速改造。2004年，第五次大提速开始对机车实施长交路、单司机操纵。成渝铁路西段（成都—内江）进行了应急扩能改造，提升供电能力，改造信号系统，建成自动闭塞工程，投运大功率电力机车，使货运能力得到较大提升。

2007年4月，全国第六次大提速开始实施，和谐号动车组上线运营，东部、中部的铁路干线大面积提速至时速200公里，部分区段可达时速250公里。中国高铁元年正式到来。和谐号动车组给中国民众带来的心理冲击是巨大的。火车居然能够跑得这么快，超出了人们的认知；民间常说的"火车跑得快，全靠车头带"被颠覆了，原来火车跑得快，不仅需要车头带，还需要车厢带，因为动车组的部分车厢也有动力。四川盆地的既有铁路也在提速，但受限于线路标准低，山区铁路弯多坡大，提速幅度远低于东部和中部的铁路，特别是出川的既有铁路线，时速能跑120公里就不错了，继续提速需要建设标准更高的新线。

长江沿岸的货运列车

这六次大提速，为高速铁路的到来做好了技术准备。

三、高速与重载

速度更快，载重量更大，一直是铁路发展的方向。渝贵铁路、襄渝铁路复线、新成昆铁路等新建铁路，把普速铁路的速度大幅提升到时速160公里、200公里。

中国高铁时速350公里，是世界最快速度。四川盆地的第一条高铁是成渝高铁。2020年12月24日，复兴号动车组由重庆沙坪坝站开往成都东站，成渝高铁提质提速，达到设计标准。从此，时速350公里的复兴号动车组，将成渝之间的时空距离缩短到62分钟。郑渝高铁时速350公里，是目前最快的出川铁路。

西成高铁

待成渝中线高铁通车后，成渝两地将实现高铁50分钟通达。特别值得注意的是，大足石刻至简州段预留提速至400公里/小时条件，这将是全国首段时速400公里的铁路。

中国重载铁路技术也走在世界前列，每列重载列车牵引质量达到1万~2万吨。大秦铁路（大同—秦皇岛）更是达到3万吨，年运输量世界第一。和谐1B型、2B型、3B型电力机车，是我国重载铁路的主型机车，单机可牵引5 000~6 000吨的货物列车。重载组合列车可以双机、多机牵引。

2012年成渝铁路改用和谐型电力机车，拉得多，跑得快，故障率低。2019年重庆机务段在全路率先配属和谐型重载机车，主要用于牵引襄渝铁路货车。受山区铁路的线路限制，四川盆地的货车达不到东部平原地区的重载水平，只能不断超越自我。

四、信息化与智能化

信息化、智能化是全球铁路发展的重要方向。

和谐型电力机车

信息化包括七大系统：铁路工程建设管理信息化、客运服务信息化、安全防护信息化、动车组检修信息化、基础设施维护信息化、运营调度信息化、经营管理信息化。中国高铁在信息化方面走在世界前列。

智能高铁是新一代高铁系统，广泛运用云计算、大数据、物联网、人工智能、北斗导航、5G等信息技术，实现信息的全面感知、泛在互联、融合处理、主动学习、科学决策。

2019年京张高铁（北京—张家口）开通运营，为2022年北京冬奥会提供交通服务。它是我国第一条智能高铁，包括智能建造、智能装备、智能运营三大领域，处于世界领先水平。京张高铁引入了自动驾驶技术，能够实现车站自动发车、区间自动运行、车站精准自动对标停车、车门自动打开等功能。但这条线较短，具有试验性质。

智能动车组是智能高铁的组成部分。2021年7月1日，成渝高铁开始投运复兴号智能动车组。智能动车组由我国自主研制，具有完全自主知识产权，采用以太网控车、车载安全监测等9项智能运维和监控系统。

国务院印发的《"十四五"现代综合交通运输体系发展规划》，部署了智能铁路的发展任务："实施新一代铁路移动通信专网工程。选择高速铁路线路开展智能化升级。推进川藏铁路应用智能建造技术。实施铁路调度指挥系统智能化升级改造。"

中国铁路现代化的目标是：旅客运输高速化、快速化，货物运输重载化、快捷化，运输组织多样化，运输管理信息化，安全装备系统化，牵引动力电气化，车辆大型化、专用化，铁路建设技术现代化，铁路经营管理科学化。

智能高铁正在开发的路上，未来会出现全自动驾驶、量子计算等新技术，将给旅客带来难以想象的旅行体验。

延伸阅读

罕有的铁路全产业链

铁路蜀道的毛细血管

一个完整的肌体需要大动脉，还需要毛细血管。铁路干线是蜀道的大动脉，市域铁路、城市轨道则像毛细血管，将铁路蜀道延伸到盆地腹地，延伸到社区门口。

一、市域铁路

对于成都、重庆这样的超大城市，在中心城区之外，还有很多组团城市、卫星城市，它们之间存在频繁的通勤、通学、购物、娱乐等交流。这种短途城际旅行，坐汽车容易堵车，速度慢，载客量小，环境污染大，最好的交通方式就是市域铁路（也叫市郊铁路）。

一般市内地铁线路长度只有二三十公里，市内地铁站距为 1 公里左右。而市域铁路线路一般在几十公里到一百多公里，平均站距一般为 2～5 公里。

2010 年 5 月 12 日，汶川大地震两周年纪念日，成都首条市域铁路成灌快速铁路（成都—都江堰）建成通车。都江堰是县级市，旧称灌县，是汶川地震的重灾区。这条线为都江堰灾区重建而修建，从动议到建成仅用了 18 个月，设计、施工单位超常规作业，被称为"魔速"。成灌快铁正线是成都—青城山段，运行和谐号动车组，最高运营时速 120～200 公里，全线采用无砟轨道、无缝钢轨、全封闭、全立交。这样高标准的快速市域铁路，成灌快铁是全国第一条。

成灌快铁线路全长 94.2 公里。线路虽短，却有一个特别之处：首次采用我国自主研发的 CRTSⅢ型无砟轨道技术，代表我国无砟轨道技术上了一个新台阶。

成灌快铁建设了全国第一个零换乘车站。犀浦站是 2 层双岛式站台车站，与地铁 2 号线的终点站在同一个平面上，分列站台左右两侧，乘客下了地铁就可上快铁，实现了乘客同站换乘。

成灌铁路犀浦站

成灌快铁还有两条支线：离堆公园支线于 2013 年 7 月 23 日开通，以地铁的形式贯穿都江堰市区，直达灌县古城（宣化门），运营时速 80 公里；彭州支线于 2014 年 4 月 30 日开通。

2021 年 2 月 22 日起，线路实行公交化运营，乘客只需出示手机的天府通 APP 乘车二维码，或者经身份绑定的天府通卡、NFC 卡，就能开闸进出站。乘坐这条线路十分方便、快捷，广受市民欢迎。

成灌快铁由成都市域铁路有限责任公司负责建设与管理，由中国铁路成都局集团有限公司托管运营。

成都正在建设的市域铁路有：成都—资阳，成都—德阳，成都—眉山。德阳、眉山、资阳是成都的组团城市，市域铁路的建设有助于推动它们与成都同城化发展。成都—金堂的市域铁路48.4公里，对宝成铁路部分线路进行公交化改造，新建部分线路，已列入规划。

成都的卫星城都江堰市到四姑娘山的铁路是全国首条齿轨铁路，两条轮轨的中间还有一条齿轨。铁路从成都平原的边缘走上横断山脉，深入旅游胜地，于2024年建成。齿轨铁路是一种用于山区的新型铁路，在列车走行部配备齿轮，爬坡时与安装于轨道上的齿条咬合，借助齿轮齿条的咬合力行进。这种列车安全性好，适应性强，建设成本低，特别适宜山区观光线路。中车资阳机车有限公司生产的首列齿轨列车在2022年下线，是国内首创，具有完全自主知识产权。它创新采用"轮轨+齿轨"双制式牵引模式，列车可以爬的最高坡度高达48‰。这条"都四线"实际最高坡度有12‰，轮轨列车只能望洋兴叹，齿轨列车就轻松多了。通车后，成都游客可以乘坐成灌快铁的和谐号动车组到都江堰站，然后换乘都四铁路的齿轨列车到四姑娘山，一路顺畅很多。

重庆2022年6月建成通车市域铁路江跳线，从城轨5号线的跳磴站到江津区圣泉寺站，全长约28.22公里，最高时速120公里。这是国内首条市域铁路直接与城轨贯通运营的线路，乘客在市域铁路和城轨之间不用换乘。它在全国首次采用铁路交流25千伏供电与城轨直流1 500伏供电的双流制技术，实现列车在两种供电系统间自动切换。

重庆正在建设的市域铁路是渝合铁路，由主城到合川，长66公里，与襄渝铁路、兰渝铁路接轨。成渝铁路重庆至江津段2019年开始改造，在保留既有线的基础上增建二线，长60.9公里，开行公交化列车，实际起到市域铁路的作用。

除了建设专门的市域铁路，中国铁路成都局集团有限公司还利用现有铁路干线，开行辐射周边绵阳、乐山、宜宾等14个地市的城际（市域郊）公交化动车，2021年已经达到308.5对；在重庆境内开行覆盖38个区县的公交化动车，2021年达到35对。

2022年，成都铁路枢纽已经形成铁路环线，重庆铁路枢纽正在建设东环线（包括重庆东站），也将形成铁路环线。利用这些环线开行市域公交化动车也是市域铁路交通的组成部分。

市域铁路有两种制式：国铁制式、城轨制式。成都、重庆以国铁制式为主。

2021年2月，中共中央、国务院印发《国家综合立体交通网规划纲要》，要求成渝地区双城经济圈与京津冀、长三角、粤港澳大湾区一道，率先建成城际铁路网。按照《成都市城市轨道交通线网规划》（2021版），成都要建设19条市域铁路，强化"成德眉资"同城化区域轨道交通联系。按照《重庆市城市轨道交通建设"十四五"规划（2021—2025年）》，重庆规划要建8条市域铁路。

二、成都地铁

城轨和国铁是两种不同的轨道交通制式。城轨包括地铁、轻轨、有轨电车、磁浮列车等。地铁、轻轨、磁浮列车都有独立的路权，不与街道平面交会，通行效率高。一般来讲，地铁的载客量比轻轨更大。成都以地铁为主，是全国第十个开通地铁的城市。开通时间不算早，但发展后劲惊人。

成都首条地铁线是1号线一期工程，于2010年9月27日正式开通。成都地下水十分丰富，施工需要克服很多困难。积累了相关经验后，地铁施工速度越来越快。

特别引人瞩目的是，2020年12月18日，成都"五线齐发"，成为国内首个一次性开通5条地铁新线的城市。成都地铁开通10年，运营里程就突破了500公里，发展速度是全国第一。成都地铁运营线路的长度仅次于北京、上海、广州，跻身国内轨道交通"第四城"。其中，6号线长达68.76公里，是全国一次性开通里程最长的地铁线；9号线是西部第一条无人驾驶的地铁，旅客可到驾驶室自由参观；18号线是通往天府国际机场的快线，长达69.39公里，是全国首条兼顾中心城区客流、市域客流、机场客流的复合线路，最高时速达到140公里，是全国最快的地铁。

成都地铁2号线犀浦站与成灌铁路犀浦站共用站台

截至2021年年底，成都地铁共开通12条线路，线路总长518.96公里，共373座车站投入运营，有46座换乘站；另有8条线路还在建设之中。成都还建设了两条有轨电车试验线，但速度慢，载客量小。成都的市内交通基本形成以地铁为主体，公交车和私家车为补充的格局。用不了多久，地铁和市域铁路还将实现区（市）县全覆盖，切实提高城市通勤效率。

成都地铁9号线开放式无人驾驶室

三、重庆城轨

重庆又称山城，有特殊的地形，街道狭窄，弯多坡陡，对城轨特别渴望。1944年建设了望龙门缆车，一节车厢运行在两根细细的轨道上，拉着市民上山下山。这算是第一条城轨，1993年因城市建设被拆除。

20世纪五六十年代，重庆几次打隧道，建城轨，都没有成功。重庆第一条现代城轨线路是轻轨2号线一期工程，于2004年11月6日开通观光运行，2005年6月18日试运营。这是西部地区第一条城轨线路，是全国第一条单轨线路。2号线在高架桥上运行，是观景效果最好的线路，在李子坝站还要从居民楼的第八层穿

重庆轨道交通2号线（单轨列车）通过鱼洞大桥

过，一时成为奇观。

　　成都地铁全是钢轨双轨线路，而重庆轻轨2号、3号线则是跨座式单轨线路，用混凝土轨道梁做成单轨，车辆跨坐在轨道梁上，极为少见。3号线是世界上最长的单轨线路，也是全国最繁忙的轻轨线之一。单轨线路是从日本引进的，代价较高。重庆后来修建的城轨线路改用双轨线路，回归常规的地铁制式。9号线要跨越嘉陵江大桥，还要钻进深达116米的红岩村站——全国最深地铁站。它到底是地铁，还是轻轨？

　　重庆的城市轨道交通与其他城市不同，极具山城特点。其他城市的地铁列车一般都在地下行走，而重庆的城轨列车一会儿穿山越岭，一会儿跨越江面，一会儿从楼房中穿出，一会儿又钻入隧道，上下起伏极大，弯道极多，恍如过山车。坐惯了其他城市的地铁，第一次坐重庆2号线的人，常常会不适应，甚至心里发慌，生怕被列车甩出去。

　　重庆城轨分不清哪是轻轨，哪是地铁，经常混用，还是统称城轨吧。也有人说重庆的单轨列车不算轻轨，应单列一类，就叫单轨列车。轻轨的本义是指载重量小的轻便铁路，不管单轨双轨，所以重庆的单轨列车还是可以叫轻轨；而且重庆单轨列车的载客量确实比一般的地铁小，又不在地下行走，叫轻轨比叫地铁更准确，当地人也习惯叫轻轨。重庆的双轨城轨列车都可以称作地铁，尽管它们经常不在地下行走。只有重庆才有这种名称上的烦恼。

重庆轨道交通3号线（单轨列车）通过牛角沱

　　截至2021年年底，重庆城轨形成"一环七射"的轨道交通运营网络，总里程370公里，位居全国第七。已运营的线路和在建线路基本覆盖中心城区21个城市组团。重庆各个城区呈块状散落，相隔较远，迫切需要城轨。尽管重庆城轨的建设难度大，建设投资高，发展速度远低于成都，重庆还是坚持打造"轨道上的都市区"。

　　成渝两地完成了全国"一卡通"改造，实现两地轨道交通二维码互通，有效提升了市民乘坐轨道交通的便捷性与舒适性。

　　城轨的建设和运营都由市政府指定的

重庆轨道交通1号线采用地铁制式

市属国企负责，如成都轨道交通集团有限公司、重庆市轨道交通（集团）有限公司。地铁、轻轨的投资运营主体与国铁不同，技术制式也不同，载重量更小、运行速度更慢。在技术原理上两者是相通的，在站点设置上城轨与国铁越来越多地实现同站换乘。城轨的广泛运用，像毛细血管一样，把国铁的客流导入城市社区。城轨难以导入的，就需要公路了。公路是更细的毛细血管，可以导入家门口。

　　2021年12月，国家发展改革委印发《成渝地区双城经济圈多层次轨道交通规划》，提出"四网融合"的要求："以重庆、成都'双核'为中心，成渝主轴为骨架，统筹干线铁路、城际铁路、市域（郊）铁路、城市轨道交通规划布局和衔接，加快补齐城际和市域（郊）铁路短板，发挥不同轨道交通特点和优势，适应多种运输需求，构建层次清晰、功能明确、布局合理的多层次轨道交通网络。"

重庆菜园坝

注：左侧是菜园坝长江大桥和地铁 3 号线，右侧是重庆火车站，中间是重庆汽车站。

延伸阅读

谁是"火车头"

高速公路的险和美

除了高铁，进出盆地还有一种便捷通道——高速公路。它没有高铁速度快、运力大，它的特点是险和美。建设难，行车险，事故多，比高铁、航空、水运都险；沿线桥隧密布，线路本身具有工业之美，沿途可欣赏的山川美景很多。"无限风光在险峰"，这种险和美是盆地内的高速公路所不具备的。

一、云端上的高速公路

雅西高速（雅安—西昌），从雅安市对岩镇到凉山州冕宁县泸沽镇，是京昆高速的一部分。线路全长 240 公里，设计时速 80 公里，2012 年 4 月 28 日全线通车。

雅西高速由四川盆地边缘向横断山区爬升，途经地质灾害频发的深山峡谷，跨越青衣江、大渡河、安宁河等水系和 12 条地震断裂带，地形极其险峻，共有 270 座桥梁、25 条隧道。它被国内外专家公认为全世界自然环境最恶劣、工程难度最大、科技含量最高的山区高速公路之一，被称为中国高速公路建设史上的"逆天工程"，荣获了中国土木工程詹天佑奖。

这是条名副其实的景观大道，沿途可观赏各种奇特的大桥，欣赏云雾缠绕的山水。

行驶在干海子特大桥上，仿佛有一种行在云端的感觉。干海子特大桥创下了七项世界之最：第一座最长全钢管混凝土桁架梁、工程难度最大、科技含量最高、自然环境最恶劣、坡度长度最陡、海平面最高、危险系数最大。在干海子隧道，针对连续升坡、高差巨大的难题，工程技术人员设计了小半径双螺旋隧道展线，属世界隧道首创；发明了针对复杂山区公路施工的一系列新技术，创造了多项世界第一。

腊八斤特大桥、泥巴山深埋特长隧道……一个个惊世骇俗的逆天工程，组成了这条"天梯高速"。

这条高速公路是人类智慧的伟大杰作，改变了横断山区交通不便的历史，带动了凉山州彝族聚居区的脱贫致富。

雅西高速的双螺旋隧道展线

二、隧道里的高速公路

雅康高速（雅安—康定），是川藏高速公路的一段，全长约 135 公里。线路从四川盆地向青藏高原延伸，穿越横断山区，全线海拔高度差达到 1 900 米，桥隧比高达 82%，是全国桥隧比最高、施工难度最大的高速公路之一。

交通天下
——从蜀道难到蜀道畅

从雅安开车经过天全服务区，远道的司机都会歇一脚，因为它不是一般的服务区。这里有川藏公路纪念馆，有房车基地，是"全国首个大熊猫主题文化服务区""318国道景观大道入藏门户的桥头堡"。这里有很多"此生必驾318"的标志，是一个网红打卡点。

继续上路，穿过我国高海拔地区最长的高速公路隧道——长达13.4公里的二郎山隧道。当年修建老川藏公路时，这里诞生了一首表现建设者豪情的歌曲《歌唱二郎山》，红遍全国。在那个没有隧道的年代，这里是司机的畏途。

到泸定时，出现了一座红色大桥，号称"川藏第一桥"的泸定大渡河大桥。主桥跨径达1 100米，桥面比大渡河水面高出239米，河中没有一座桥墩。它是一座钢结构的索桥，用两岸的锚和主墩支撑起整个桥面。锚，是大渡河两岸浇筑的两个巨大的钢筋水泥墩，把大桥钢索系在锚上，利用锚的重量把桥面绷直。大桥西端的地形相对开阔，修建了一个面积达5 000平方米的重力锚，有13个篮球场大；大桥东端地势陡峭，不宜建重力锚，建了一个隧道锚，向山体斜下方开凿了一个长达159米的隧道，把上百根钢缆固定在隧道尽头。好像在山体里浇筑了一个巨大的膨胀螺钉，把钢缆拴在上面，利用整座山的力量支撑起索桥的巨大拉力。这是世界上最长的隧道锚，可以承受索桥2.8万吨的拉力。这座大桥获得第36届国际桥梁大会杰出成就奖——古斯塔夫·林登少金奖。

雅康高速的天全服务区

泸定大渡河大桥

过了这座恢宏的大桥，很快便进入隧道群。从泸定到康定40公里，桥隧比高达96%，线路沿大渡河西岸山腰展线升坡。长达28公里的隧道群穿越一座座大山，刚刚走出一座隧道，马上又进入另一座隧道，共有9座隧道、7座隧间桥密密相连。为了让司机不至于太压抑，隧道里布置了一些彩色灯光。

走过雅康高速的人，都会感叹施工极其艰难，全线几乎"脚不沾地"，除了隧道就是桥梁。这是甘孜州的首条高速公路，是公路建设的珠穆朗玛峰，为甘孜藏族聚居区的经济发展打通了主动脉。

三、深入川西北高原的高速公路

通往川西北的阿坝州，最早的高速公路是都汶高速，起于都江堰市，经映秀镇到汶川县城，全长82公里。它是蓉昌高速的组成部分，2003年动工建设。这条路不长，但汶川境内每年雨季时经常遭受塌方、泥石流灾害。2008年地震时，龙溪隧道遭受严重损毁。经过抢修，2009年5月12日正式通车。至今，这条路每逢节假日都会被游客的自驾车堵满。

汶马高速，起于汶川县城，经理县、古尔沟、米亚罗、卓克基，止于马尔康市城东，全长172公里。全线双向四车道，设计时速80公里，主线设置桥梁121座、隧道32座，桥隧比86.5%。这条路有5个特点：极其复杂的地形、极其复杂的地质、极其复杂的气候条件、极其脆弱的生态条件、极其复杂的工程建设环境。施工中解决了长大纵坡、冰冻积雪、生态环境、地质灾害等难题。鹧鸪山隧道海拔3 100米，全长8.8公里，是全国海拔3 000米以上的最长高速公路隧道，也是全世界最长的高原高瓦斯高速公路隧道。工程量巨大，施工条件艰苦，修了5年多，2020年12月31日全线通车运行。自此，四川省21个市（州）政府所在地都通了高速公路。

通往阿坝州的高速公路还在规划和建设的有：成汶高速，从成都穿越龙门山到汶川，与汶马高速连接；汶九高速，从汶川经茂县、松潘到九寨沟县，与绵九高速相接。汶九高速公路建成通车后，将成为四川省大九寨旅游环线重要的组成路段。

四、北上出川的高速公路

自古以来，北上出川的通道都是最重要的蜀道。

广陕高速公路，从四川广元市利州区到川陕交界处的棋盘关，全长56.78公里，2011年5月通车。这是京昆高速的一部分，成都到广元段、棋盘关经陕西宁强到西安段都早已通车，中间这段需要穿越大巴山，打通明月峡隧道，最为艰难，最后通车。它是典型的山区高速公路，设计为双向四车道，时速80公里。此后，从成都出发可以全程高速直达西安，仅需8小时，从根本上缓解了四川北大门的公路交通状况。不过，从汉中到西安的高速公路需要穿越秦岭，比穿越大巴山更险，连续的隧道群加上弯多坡陡，事故多发，驾车需要格外谨慎。

广陕高速公路在嘉陵江峡谷似长龙卧波

达陕高速公路，从四川省达州市通川区，经宣汉县、万源市，过大巴山隧道到陕西省紫阳县，全长143公里，是包茂高速公路的一部分。达陕高速公路2012年4月通车，北连安川高速公路，南接达渝高速公路，是四川、陕西两省间建成的第二条高速公路，路况更好。

巴陕高速公路，从四川省巴中市巴州区，经南江县到米仓山隧道，全长约117.8公里，建设工期长达5年，2018年通车。它有55座桥梁、20个隧道，全线桥隧比高达78.2%。米仓山隧道位于川陕交界处，全长 13.8 公里，是当时西南最长、国内第二长、世界第三长的公路隧道。随后，宝鸡经汉中到川陕交界处的高速公路建成，设计时速 80 公里。其中秦岭天台山隧道长 15.56 公里，为双洞六车道，是继秦岭终南山隧道之后世界上建设规模最大、施工难度最大的公路隧道。穿越米仓山一段为双向四车道，米仓山隧道通车后，两条高速公路连通，汽车再也不用翻越米仓山，冬季大雪封山中断交通的情况一去不复返。从四川巴中到陕西汉中的路程，由原来的 3.5 小时缩短为 1 小时。

三条出川高速公路进一步完善了川东北地区的高速路网，推动了川陕革命老区的脱贫攻坚。沿线行车之险、风光之美，各具特色。

兰海高速公路广甘段，广元至川甘交界处，是兰州至海口高速公路的一部分，于 2012 年年底建成。

高速公路、普通公路、高速铁路、普速铁路在广元嘉陵江峡谷口汇聚

还有一条"渝川陕高速公路"还在规划中，由重庆经广安、巴中、汉中到西安。

五、东出南下的高速公路

盆地四面的高山屏障，西面最险，北面次之，东面和南面要缓和一些，修路自然就容易一些，高速公路也多一些。

沪渝高速公路，是重庆通往东部发达地区的大通道，在重庆段有石忠高速、忠垫高速、渝宜高速、渝长高速。还有重庆沿江高速，从重庆主城区经涪陵到石柱。联络线有芦合高速、恩广高速、渝蓉高速。重庆石柱与湖北利川之间交界的大部分路段，海拔有 1 000 多米，是全线最困难的地段。

南下出川的高速公路比较多。宜水高速公路，从宜宾到云南水富，2006 年 11 月建成，打通了四川通往云南的通道。

川黔高速，从泸州市纳溪区，经叙永县城，跨赤水河与贵州相接。全长 136 公里，双向 4 车道，是厦门至成都高速公路的组成路段，2012 年 12 月通车。向北通过隆纳高速与成渝高速、内宜高速、成雅高速、成绵高速等高速公路相连，向南与毕节至六盘水高速公路、毕节至贵阳高速公路、纳溪至贵州大方高等级公路相接，并与成渝地区环线高速公路交叉互通。

成自泸赤高速，从成都出发，经自贡、泸州到川黔交界的赤水河大桥，2014 年 6 月完工。贵州的仁赤高速与这条连接，形成川黔两省的大通道。

丽攀高速，从云南丽江到四川攀枝花，2016 年 2 月建成。

另外还有渝黔高速，起于重庆市江北，止于綦江，全长 134 公里，与贵州省遵崇高速相接，最终通向广西北海。古金高速，从四川省泸州的古蔺县到贵州省毕节的金沙县，全长158公里。西昌至攀枝花的高速公路，全长163公里，2008年8月完工。攀枝花到川滇界田房的高速公路，全长59.5公里，2008年12月完工。

2018年，四川和云南两省规划在两省间建设13条高速公路，包括已建成的北京至昆明、银川至昆明、攀枝花至丽江3条高速公路，规划建设攀枝花至大理、宜宾至彝良、宜宾至威信等高速公路。可见，南下高速公路已经连成网。

重庆巫山长江大桥

六、特点与未来

由于地形限制，进出盆地的高速公路需要翻山越岭，建设标准都不高，基本为双向四车道，设计时速大多只有80公里，有的路段更低。论速度和运力，它们都无法和高铁相提并论。穿越大巴山的新蜀道，高速公路上的时速只有80公里，而高铁有250公里；一条8车道的高速公路才能达到一条双车道高速铁路的运力，而这些高速公路只有4车道。这些高速公路主要用于中短距离客货运输，大宗货运走高速公路成本很高，国家一直提倡"公转铁"，走铁路。

沪蓉高速公路神农湾大桥（远处是郑万高铁大桥，下方是川江支流神农溪水道）

盆地内的高速公路比较容易建设，最早通车的是1995年建成的成渝高速。进入21世纪后，川渝地区的高速公路建设进入迅猛发展时期。十几年的时间，盆地内高速公路就密集成网，最高限速大多为时速120公里。

盆地内还有一条智能高速公路——成宜高速，2021年年初通车。乘车从成都天府国际机场高速公路南线出发，行驶157公里，90分钟左右即可到达宜宾市。这条路支持自动驾驶，沿线密布气象传感器、高清摄像头、车联网设备、边缘计算设备，后台的云计算、大数据、人工智能等高新技术实时监测运营。这展现了智能之美。

公路是短途客货运输的主力，高速公路在中短途运输中的作用越来越大。公路网的密度比铁路网、水路网大十几倍，几乎无处不到、无处不在，可以实现"门到门"的直达运输。铁路作为新蜀道的主力，需要与公路网联运，才能把人和货运往盆地的各个角落。

截至2020年年底，中国高速公路通车里程达16.1万公里，居世界第一；四川省的公路里程居全国第一，其中高速公路超过8 000公里；2022年四川省高速公路超过9 000公里，居全国第三。四川省村村通公路，市市通高速；重庆市已实现县县通高速公路。

175

四川省交通运输厅、发展改革委印发《四川省高速公路网规划（2019—2035年）》，规划到2035年，全省高速公路省际出口将增加23个，达到63个，省际出口进一步增强，对接周边省（市）的进出川高速公路，提升通道能力。重庆规划2030年建成"三环十二射七连线"高速公路网，十分宏伟。

莫说蜀道难，不止蜀道通，而今蜀道畅。

中国民航第四极

在客运市场，各种交通工具之间有一定的竞争关系。50 公里以内，汽车和城轨拥有绝对优势；50 至 800 公里间，高铁具有绝对优势；800 至 1 200 公里间，高铁与民航竞争激烈；1 200 公里以上，民航更具优势。

成渝地区是"国家综合立体交通第四极"，成渝地区的机场群也是全国第四极，航空运输量的排名靠前。

一、成都双机场并飞

2021 年，成都成为全国第三个拥有双国际机场的城市。这一年，成都双流机场、天府机场合计完成旅客吞吐量 4 447 万人次，仅次于北京、上海，名列全国第三。从这两个角度来讲，成都是名副其实的中国航空第三城。成都还是继北京之后，第二个拥有双 4F 级机场的城市（4F 级机场是最高等级的机场）。

成都双流机场的历史比较久远。

1938 年 12 月，省政府开始建设成都双桂寺机场，列为"紧急国防工程"，调集附近 12 县 20 余民工参加修筑。最初路面为泥面，仅能供小型双翼飞机起降。1939 年 4 月机场竣工，由空军接管。1944 年机场扩建，可起降 15 吨以下飞机，命名为"成都双桂寺机场"。抗日战争结束后，机场基本闲置。

1956 年 12 月，解放军总参谋部批准将成都双桂寺机场划归民航使用，更名为"成都双流机场"。经过简单扩修后，1957 年成都的民航飞行由凤凰山机场转至双流机场，开辟了成都至北京、太原、西安、重庆、昆明、贵阳、南充等航线。

机场经过多次扩建，1983 年达到一级机场标准，可供波音 707 以下各型飞机起降，机场的空运业务猛增。1987 年每周已有 200 多个航班飞往全国各地，进出旅客 1 000 多人。

1993 年，成都双流机场被国家批准为国际口岸机场。1995 年 11 月 30 日，更名为"成都双流国际机场"。2009 年 12 月成为拥有双跑道机场的航空枢纽，是中国继北京、上海、广州之后的第四个。

2012 年 8 月 9 日二号航站楼正式运行。机场共有 2 座航站楼、3 座航空货运站。2013 年，成都双流国际机场与新加坡樟宜机场一道荣获亚洲航线大会颁发的"亚太地区最佳机场成就奖"。

2017 年 12 月 14 日，成都双流国际机场全年出入境客流突破 500 万人次，成为全国第四个、中西部唯一一个出入境流量突破 500 万的一类航空口岸，仅次于上海浦东、北京首都、广州白云国际机场。

截至 2019 年 9 月，成都双流国际机场开通航线 349 条，通航国内外 209 个城市（其中，国际和地区城市 78 个，国内城市 131 个）。它是四川航空、成都航空的基地机场，中国国际航空、东方航空、南方航空、祥鹏航空、深圳航空等在这里设有分公司。

飞友科技发布的《2020 年民航运营报告》显示，2020 年在全球起降架次最多的民航机场中，成都双流国际机场位居第八位，并以 4 071.2 万人次的旅客吞吐量位居全球第三。

成都双流国际机场是世界上最繁忙的机场之一，增长势头迅猛。2016年，位于双流国际机场50公里外的成都天府国际机场开始兴建。新机场位于简阳市芦葭镇，距成都市中心也是50公里，是4F级国际机场。

　　成都天府国际机场2021年6月27日正式通航，有2座航站楼、3条跑道，可满足年旅客吞吐量6 000万人次、货邮吞吐量130万吨的使用需求。T1航站楼是国内、地区和国际航线综合用航站楼；T2航站楼是国内航线专用航站楼。俯瞰两座航站楼，形似金沙遗址出土的太阳神鸟，好似古蜀文明新生，正欲腾飞天下。它是中国国际航空、四川航空、成都航空、东方航空、南方航空、西藏航空、祥鹏航空和浙江长龙航空的基地机场。这是一个智能化的机场，航站楼内设有大量自助设备，旅客可享受自助值机、自助行李托运、智能安检线、自助登机等全流程自助服务。

　　天府国际机场定位为成都国际航空枢纽的主枢纽，双流国际机场定位为区域航空枢纽。天府国际机场的客运将以综合性国际业务为主，重点面向洲际航线市场（欧、美、澳等）；双流国际机场将逐渐以国际点对点商务精品快线为主，重点面向东南亚、日韩等短距离航线。天府国际机场货运以国际全货航、洲际中转货运为主，建设国际航空物流中转枢纽；双流国际机场有综合保税区、保税物流中心，还将继续承担部分国际货运业务。

　　2022年3月，大部分航空公司从双流机场迁往天府机场，留下四家公司在双流机场经营。两个机场的共同繁荣，反映了四川经济的蓬勃腾飞。

　　2022年，四川共有16个民用机场，在四川省机场集团有限公司的整合下，正在形成双流、天府两大枢纽机场带动各支线机场协同发展的格局，做到资源一体化配置、运营一体化管理。

二、重庆机场紧随其后

　　重庆江北机场的排名一直紧跟成都双流机场。2021年全国航空旅客吞吐量，按城市来排，成都（双流机场和天府机场）第三，重庆第四；按单机场来排，成都双流机场第二，重庆江北机场第四。

　　重庆江北机场1990年1月正式建成通航。白市驿机场的民航业务全部迁入江北机场，改为军用机场。江北机场1995年成为对外籍飞机开放的口岸机场，1998年更名为"重庆江北国际机场"。机场陆续进行了多次扩建，拥有3座航站楼、3条跑道。截至2021年年底，共开通国内外航线377条，通航城市达到230个。

重庆江北机场

重庆正在筹划建设第二座机场，位于璧山区正兴镇。

在中国中西部，成都、重庆都是重要的航空枢纽。2021年12月，中国民用航空局、国家发展和改革委员会、交通运输部印发《"十四五"民用航空发展规划》，提出建设十个国际航空枢纽，其中就包括成都、重庆；扩容四大世界级机场群：京津冀、长三角、粤港澳大湾区、成渝。2022年3月，中国民航局发布《民航局关于加快成渝世界级机场群建设的指导意见》，规划到2025年成渝世界级机场群初具规模，2035年全面建成。

在成渝双核引领下，将有一批新机场建成，届时成渝地区民航第四极的地位将更加巩固。

三、航空公司与学校

蜀地航空公司的实力大致也相当于全国第四极。

1987年10月，原民航成都管理局分立为民航西南管理局、中国西南航空公司、成都双流机场。西南航空是中国民航第一家按照政企分开原则组建的国家骨干航空公司，是当时中国六大骨干航空公司之一。1996年和2000年，公司两度荣获中国民航航空安全最高奖"金鹏杯"。西南航空还成功开辟了成都通往世界海拔最高的民用机场西藏邦达机场的航线，在国际航空界享有盛誉。2002年它与中国国际航空公司重组，改为中国国际航空公司西南分公司，总部仍设在成都。

四川航空股份有限公司成立于1986年，1988年7月14日正式开航营运。它的总部设在成都双流国际机场，是中国最大的全空客机队航空公司。航线达到200多条，覆盖全国80多个大中城市和十几个国外城市。2018年，四川航空3U8633航班成功处置驾驶舱风挡玻璃破裂险情，惊险实现安全降落。机组获授"中国民航英雄机组"称号，机长刘传健获全国五一劳动奖章。故事被改编成电影《中国机长》，风靡一时。在2019年中国服务业企业500强榜单上，四川航空排名第218位。截至2021年5月，四川航空机队规模达170架，连续盈利20年，刷新了中国民航创业史的发展纪录。

四川航空公司的熊猫飞机

在2020年全球航空公司投放运力TOP30榜单中，共有9家中国航空公司上榜，其中就包括国际航空和四川航空。

蜀地本土还有几家较小的航空公司。

成都航空有限公司成立于2010年1月，前身是2004年成立的全国第一家民营航空运输企业——鹰联航空有限公司。总部设在成都，主运营基地在成都双流国际机场，先后开通运营 70 余条国内外航线。

西部航空有限责任公司成立于 2007 年，主运营基地在重庆江北国际机场，是国内领先的低成本航空公司（也叫廉价航空公司）。

重庆航空有限责任公司成立于 2007 年 6 月，由重庆市政府与中国南方航空合作组建，主要从事国内客货运输业务。

中国有 70 多家运输航空公司，国际航空属于第一梯队，四川航空属于第二梯队，另外三家属于第三梯队。

为这些航空公司培养飞行员的主要是中国民用航空飞行学院。中国民用航空飞行学院的本部设在四川广汉市，始建于 1956 年，几十年来发展迅猛，形成了跨四川、河南两省五市的七个校区，管理运行五个通用及运输航空机场，是全球民航职业飞行员培养规模最大、能力最强、水平最高的学校。它培养了中国民航 70%以上的飞行员、80%以上的机长，被称为"中国民航飞行员的摇篮"。

成都航空职业技术学院是培养飞机维修人员的骨干学校，始建于 1965 年。"航空报国、追求卓越"是他们的精神，也是他们的实力。

航空业的技术壁垒很高，进入的学校很少。一些民办学校开办了技术壁垒最低的空中乘务等专业。

蜀地培养航空人才的学校实力超众，也是建设中国民航第四极的重要保障。

双核 双枢纽 双城经济圈

四川盆地的面积 26 万多平方公里，在世界上排不进前十名，但人口超过一亿，列世界各盆地之首，还是世界上人口最稠密的地区之一。四川盆地是世界上最富饶的盆地，川西平原养育了成都，川东平行岭谷养育了重庆。一个不大的盆地养育了两个超大城市，人口都超过两千万，这在全世界都绝无仅有。

同在一个"盆"，东边、西边不一样。从相争到相融，根本在交通。

一、成渝双核

因为历史和地理的原因，盆地内的发展极不均衡。从地理的角度看，四川盆地是个典型的盆地。从经济的角度看，四川盆地像个哑铃，成渝两地是两个硕大的铁球，连接两地的是一根细细的铁棍。这种现象被称作"中部塌陷"。

这种状况始于先秦，巴蜀两国分别建设自己的国都，成渝两地成为两个政治核心。后来巴蜀两郡各自发展，成都有平原经济优势，重庆有水运优势，形成经济双核。新中国进行"三线建设"，成渝都是建设重点，都配置了大批现代工业项目，西南局三线建设委员会还设在成都。改革开放后，双核继续壮大。

中国沿海有三大经济区：长三角、珠三角、环渤海。它们离西部太远，难以带动内陆发展，要打造内陆经济增长极，就需要成渝双核。2011 年 6 月 2 日，国家发改委公布《成渝经济区区域规划》，将成渝经济区的总体布局定调为"双核五带"。这是对成都、重庆双核地位的官方确认。

《国家发展改革委关于成渝地区城际铁路建设规划（2015—2020）的批复》，要求实现双核间 1 小时到达，形成"5 个骨架网、18 个辅助线和市域线"的城际网。成渝高铁开行时速 350 公里动车组后，这个目标已经实现。

进入新时代后，建设国际交通枢纽，开通中欧班列，构建西部陆海新通道，都从这两个核心始发。但两个核心存在协调不好、同质化严重的问题。

2016 年，《成渝城市群发展规划》作出部署，成渝地区在 2030 年实现由国家级城市群向世界级城市群的历史性跨越。两个核心不仅要自己发展，还要把周围的组团城市带上，组成两个群，共同发展。

二、成渝双枢纽

自古以来，成都就是盆地的交通枢纽，往北出川，往东连接重庆，往南连接"西南夷"地区，往西连接

两组和谐号动车组重联

下篇 蜀道畅——新蜀道通天下

181

"西番"地区。进入工业时代后,成都、重庆都发展成重要的交通枢纽。

新中国成立后,随着成渝铁路的动工,1950年西南铁路工程局开始勘测设计成都铁路枢纽。选定的成都站位于城市近郊,周围都是农田。铁路编组站设在成都站以东4公里的成都东站。铁二院1956年完成枢纽的设计,包括到发编组场16股道、简易驼峰、机务段、三角线、车辆段、货场、仓库等,并增设东郊工业站,以适应成都东郊工业区的需要。1958年,铁二局完成枢纽的施工。

随着宝成铁路等其他铁路线的投产和开工,成都铁路枢纽不断扩建,新建了几条联络线、引入线,改扩建了成都南站、青白江站等十几个中间站。1988年,枢纽编解能力达到每天5 513辆,旅客发送量1 262万人,货物发送量377万吨。

重庆也是一个重要的铁路枢纽,建设时间比成都枢纽稍晚。为适应成渝铁路与川黔铁路的交会,1957年开始设计重庆铁路枢纽。重庆枢纽的地形条件不好,低山和丘陵占了90%,设计、建设都更困难,枢纽的分布特别分散。1988年时,重庆枢纽已经有19个车站,重庆、沙坪坝为主要客站;重庆西是主要编组站,编解能力为每天3 111辆;九龙坡是地区编组站和主要货运站。这一年重庆枢纽的旅客发送量达到844万人,货物发送量达到393万吨。

总体来讲,成都枢纽的客运量远超重庆枢纽,而重庆枢纽的货运量略大于成都枢纽。这种差异进一步印证了民间的一个说法:成都是消费城市,重庆是工业城市。

两个铁路枢纽都在不断改扩建。

成都铁路枢纽最大的改造是2007年建成的成都北编组站,在青白江区郊外。撤销原来的成都东编组站,成都东站的站名被2010年新建的大型客运站接过去用。成都北站大量运用新技术、新设备,是中国首座采用编组站综合集成自动化系统的车站。成都市民经常把成都站称作"成都北站",其实是误称。成都站是客运站,在二环路边;而成都北站是位于青白江区的编组站,在郊外很远的地方,不办理客运业务。成都北站的旁边还建成了国际

成都东站

铁路港城厢站。成都、成都东是主要客站,成都南、成都西是辅助客站。

重庆铁路枢纽最大的改造是2016年建成的兴隆场编组站,位于沙坪坝区郊外,占地5 000余亩(3.33平方千米),是西南地区最大的编组站,日编组能力2.4万辆,是原重庆西编组站的5倍。同时新建了2个全国性铁路物流中心:团结村集装箱中心站、小岚垭铁路物流中心。重庆西站改建为动车维修所;重庆东站(原上桥站)改名为重庆西站。重庆北、

重庆北站

重庆西是主要客站，沙坪坝是辅助客站；重庆站被当地人称为菜园坝火车站，功能已退化，2022年6月开始关站改造。2022年年底，重庆铁路枢纽东环线建成通车，把重庆西、团结村中心站、重庆北、江北机场和正在建设的重庆东站等综合交通枢纽串联起来。它是客货双线铁路，连通了重庆主城外围的9个工业园区、3个物流基地，还运行了复兴号动车组，发挥了市域交通的作用，意义重大。

成都、重庆都拥有国家级特大型铁路枢纽，成都车站、重庆车站都是特等站。2016年，国务院批准印发《中长期铁路网规划》，把成都、重庆都列为全国铁路综合枢纽。这样的枢纽全国只有19个，四川盆地就占了2个。

国务院印发的《"十四五"现代综合交通运输体系发展规划》，要求提升成都、重庆等枢纽城市的全球辐射能级，把成都天府机场、重庆东站列为综合客运枢纽场站，对重庆铁路枢纽实施优化工程，提升重庆陆港型物流枢纽。

成渝两地不仅有国际铁路枢纽，还有国际航空枢纽，成都机场（含双流国际机场和天府国际机场）航空客运货运量长期居中西部第一。两地都是公路枢纽，还要共建长江上游航运中心。

2009年成都市新都区建成"成都传化公路港"，聚集了1 000多家物流企业，开展"互联网+"业务，解决了物流企业的信息流、货物流、资金流三大核心问题，大幅提高了货车运营效率，降低了所在区域企业的综合物流成本，成为西南地区最大的联运集配中心。

成渝枢纽各有特点，各具优势。成都在铁路客运、航空、公路方面更有优势，重庆在铁路货运、水运方面更有优势。这些特点与两地在历史和地理上的特点相吻合。

川江上的集装箱货船

重庆铁路枢纽井口地区铁路线纵横交错

三、成渝地区双城经济圈

1997年重庆成为直辖市，实现川渝分治。成渝高速公路川渝分界处立刻建起一座收费站，实行川渝分段收费，人为地降低了高速公路的通行效率。2018年12月川渝间的10个高速公路省界收费站同步取消，通行效率明显提高。

2020年1月3日，中央财经委员会第六次会议提出建设成渝地区双城经济圈："强化重庆和成都的中心城市带动作用，使成渝地区成为具有全国影响力的重要经济中心、科技创新中心、改革开放新高地、高品质生活宜居地，助推高质量发展。"成渝双城经济圈建设上升为国家战略，涵盖了四川盆地绝大部分地区。

这大概就是分久必合吧。成渝两地在一个"盆"里吃饭，怎么能分开呢？一定要携手，解决"中部塌陷"问题，把双核连成片，形成一个圈。双核之间的内江、遂宁、资阳、自贡等都需要发展壮大。

2021年2月，中共中央、国务院印发《国家综合立体交通网规划纲要》，明确成渝地区双城经济圈为国家综合立体交通第四极，建设国际性综合交通枢纽集群。与另三个极（京津冀、长三角、粤港澳大湾区）之间建设综合性、多通道、立体化、大容量、快速化的交通主轴，建设西部陆海、成渝昆等多方式、多通道、便捷化的交通走廊，川藏、厦蓉等交通通道。成都、重庆都是国际性综合交通枢纽城市、国际铁路枢纽和场站、国际航空（货运）枢纽，要求"成渝地区双城经济圈以提升对外连通水平为导向，强化门户枢纽功能，构建一体化综合交通运输体系"。可见，进出盆地的蜀道始终是川渝地区交通的主题。

双城经济圈要成为中国经济第四极，首先要成为中国交通第四极。这一极是"一带一路"、长江经济区的交汇区，是西部陆海新通道的起点，连通西南西北，沟通东亚东南亚。

这一极要推动这个圈的交通一体化发展，打造1小时交通网，畅通多方向出川出渝综合运输通道，构筑高效互联的交通网，铁路、公路、民航、水运协同发展，促进物流服务经济高效，推动行业管理协同共治。到2025年，川渝间将形成17条以上高速公路大通道，水运Ⅳ级及以上航道总里程达到1700公里，基本建成西部陆海新通道。这个圈的城际铁路和市域（郊）铁路建设还要加快，与高速铁路、普速铁路一体衔接，扩大对5万人口以上城镇的有效覆盖。

"推动成渝地区双城经济圈建设，强化成渝双核主轴。"这是国家发展改革委火速批复成渝中线高铁的理由。成渝"双核"之间最重要的通道是铁路，算上正在建设的成渝中线高铁，成渝之间有5条铁路。成渝中线高铁位于成渝高铁、成遂渝铁路之间，从成都经乐至、安岳、大足、铜梁至重庆，在双核间拉出一条直线。此外，双核之间还有绕行的高铁，南面有渝昆高铁，北面有成达万高铁，时速都是350公里。

国家"八纵八横"高铁网规划了从上海、南京、武汉到重庆、成都的沿江通道，其主线也被称作沿江高铁，行经5个千万级人口中心城市，对沿线城市有极大的带动作用。沿江高铁不是一条线，而是一组线。在沿江高铁西段，成达万高铁是北线，是四川东出盆地最重要的客运通道，兼顾城际功能；成渝中线高铁是南线，是成渝间城际客运主通道，兼顾市域客流。

根据国家发展改革委、交通运输部印发的《成渝地区双城经济圈综合交通运输发展规划》，成渝地区双城经济圈将着力构建对外运输"一张网"，打造1小时交通圈、通勤圈，推动出行"同城待遇"、安检一体化、票制多样化等。预计2025年基本建成"轨道上的双城经济圈"，2035年全面建成现代化综

两组复兴号动车组重联

合交通运输体系。

　　成渝地区双城经济圈建设已经按下"快进键",将推动西南铁路加快形成产品公交化、服务智能化、换乘便捷化的现代化客运体系。到 2025 年,成渝地区轨道交通总规模将达到 1 万公里以上,其中铁路网规模要达到 9 000 公里以上,实现 20 万以上人口城市全覆盖。

　　成渝两地的一体化发展,始于交通的一体化建设。从两个核心城市,到两个都市圈,再到一个经济圈,"哑铃"的连接部位将变得越来越粗,最后不分彼此。

大一统 大交通 大蜀道

两千多年前的春秋时期，辽阔的华北平原中部有个鲁国，位置在今天的山东省南部，交通条件比较好。

据《春秋左传正义》记载，鲁僖公到北面的齐国去，两国间只隔了一座泰山，往返用了两个月。鲁襄公到晋国去，也就是今天的山西，往返用了一个季度。鲁昭公到楚国去，也就是今天的湖北，往返用了半年。

国君们的交通工具是当时最好的马车，比普通商旅的交通条件肯定好很多。这样的交通效率，周天子能对他们实施有效的行政管理吗？不能。只能实行分封制，任由各路诸侯野蛮生长。

所以，秦实现大一统后，在全国推行郡县制，就得大建驰道。驰道是当时的"国道"，相当于古代的"高速公路"，宽达几十米，以咸阳为中心，通往全国各地。大一统王朝需要文化认同，还需要物质基础，最重要的物质基础就是驰道。

四川盆地很特殊，修不了驰道，只能修栈道。蜀地由此被纳入中原文化体系，天然的地理屏障又使它与中原的关系与别处不同，比较微妙。

当中原发生战乱时，蜀地是天然的避难所，也是割据的小天堂。守蜀的蜀主常常据险自保、偏安一隅，但不能长久。自汉朝到清朝，蜀地共产生了14个割据政权，除了清朝外，每个朝代都有偏安的小朝廷。

比如，东汉初期中原大乱，公孙述在蜀地建立小朝廷称帝，关起门来过起了小日子。刘秀平定中原后，派两路大军把他灭了。西晋时天下大乱，李特在蜀地建立成汉政权，也想建小朝廷过小日子，错过了对外扩张的时机，最后被桓温所灭。五代十国的前蜀、后蜀大体上都是如此。

如果蜀主有宏图大略，不愿割据，可以蜀地为根据地，东出川江，平定中原。秦灭六国就是如此，凭借蜀地丰沛的粮草、兵员东出，灭了楚国。安史之乱时，唐朝皇帝避难蜀地，获得喘息后，又重新平定中原。抗日战争时期，民国政府也退守蜀地，以此为根据地组织反攻。

当中原安定时，蜀地就无法偏安，中原大军必然会进攻蜀地，把蜀地纳入大一统。一方面是因为蜀地富饶，无法不垂涎；另一方面是不能容忍蜀地对长江中下游的威胁。只要中原大军一到，蜀地纵有天然屏障，也只有招架之功，多挨几日而已。进攻蜀地主要有两条路线，只要突破天堑攻入盆地，蜀地守军便无法抵挡。

一是北线走金牛道，攻入绵阳、成都。北线难在剑门关，极难破关，往往需要绕道入蜀。三国时魏国灭蜀就是如此，宋朝灭后蜀也是如此。

二是东线走川江水道，逆流而上攻入万州、重庆。东线难在瞿塘峡，硬攻很难，往往要绕道走山路。桓温灭成汉就是如此。

明军入蜀灭明玉珍，则是从北线、东线同时发兵，绕过剑门关、瞿塘峡天险，成功入蜀。两道天堑一破，守军的意志就垮了。解放军入蜀也是北线、东线配合，以北线佯攻吸引国军主力，而东线则向南绕到贵州，从山路入蜀，一进盆地便势如破竹。

历史经验告诉我们，蜀地是图谋中原的大后方，雄霸天下的根据地，而不是关起门来过小日子的后花园。守蜀者必须心怀天下、图谋天下；凡是安于自保、只想偏安的小王朝，都是短命的。

不要相信"蜀道之难，难于上青天"，这种极度夸张误导了外地人。外地枭雄初入蜀地，往往被这种说法引入歧途，以为凭借自然天险就可以当土皇帝。所以有个现象特别有意思，蜀地历代的割据小朝廷都是外省人建的。

从汉到宋，是蜀地割据最多的时期；元明时，割据已经很少；清朝时，已经没有人能成功割据。蜀地割据越来越难，是因为蜀道在发展。蜀地与中原的关系严重受制于蜀道的发展水平。当蜀道足够通畅后，即便使用栈道、马道、水道，只要通道越来越多，割据就注定失败。民国时期，四川军阀搞变相割据，结果连一代人都维持不下去。

当蜀地无法与中原分开的时候，就成为中原的战略大后方，并且证明一个真理：不管面临多大的灾难，只要川渝不灭，中国就有翻本的机会。

蜀道的发展改变了蜀地的命运，还改变了国家的战略格局。

大桥横跨大渡河

大桥横跨长江

现代工业文明进入中原和蜀地后，公路、铁路、航线越来越密集，蜀地彻底失去偏安一隅的可能。如今，高速铁路、高速公路、军民航空、长江水道，让蜀地融入全国一体化的大交通格局。蜀道畅了，蜀地与周边同时成为大一统的一块铁板，与中原更紧密地捆绑在一起，成为中原的战略备份区。

《四川省"十四五"综合交通运输发展规划》提出，构建"四向八廊"战略性综合交通走廊，在四个方向建设八条交通走廊，着力畅通出川出渝大通道。大交通格局的形成，带给我们的深刻影响还在持续。新蜀道遍布四川盆地的四面八方，涵盖铁路、公路、航空、水运各种交通方式，迈向高速、重载、绿色、智能的更高水平。这样的广义蜀道远比古蜀道更加博大而宏伟，是谓大蜀道。

纵观人类历史，每一次交通方式的变革，都带来经贸交往升级、生活质量升级、文化交流升级，深刻影响经济社会发展。2021年2月，《国家综合立体交通网规划纲要》把成渝地区确定为"全国综合立体交通网的第四极"。蜀道畅通绝不仅仅是川渝地区的幸事，而是"一带一路"发展的大事。我们正在进入这样一个伟大的新时代。

跳出盆地看蜀道，才能看清它的独特价值、它的全局意义。高速公路、高速铁路深入蜀地，编织成网，中欧班列、西部陆海新通道、沿江班列从蜀地出发，通往辽远的地方。起初的贸易通道都会逐渐发展为文化通道，让越来越多的人增进了解，创造凝聚人心的新文化，让远人心向往之。也就是说，它不仅是一个战略腹地，还是一个文化原创地。

交通天下
——从蜀道难到蜀道畅

桥都重庆

  上下五千年，蜀道千百条，蜀道文化绵远悠长、独具特色。它的物质成果世界罕见，很多蜀道堪称伟大：建设技术高超，有世界级水平；运营维护优良，有世界级难度；历史作用巨大，有世界级意义。它的精神成果丰富而伟大，需要整理和传承。我们的很多伟大实践还没有理论化，蜀道文化的发展还没有跟上新蜀道建设的步伐。巴蜀大地诞生过三星堆这样的原创文化，今天的川渝文化应该向三四千年前的先辈致敬，培育出新时代的蜀道文化。实践在快跑，理论要提速。

  致敬——伟大的古栈道、剑门蜀道、川江水道、南方丝绸之路、川藏公路、成昆铁路、宝成铁路、川藏铁路、中国高铁……

  期待——新时代的大蜀道……

蜀道纪念地

北上

1. **明月峡**，位于四川省广元市朝天区。

推荐指数：♥♥♥♥♥

栈道、公路、铁路、水路等众多古今蜀道汇聚于此，建有中国蜀道文化陈列馆。

2. **千佛崖**，位于四川省广元市利州区。

推荐指数：♥♥♥

千年佛窟群，汇聚了金牛道、公路、铁路、高铁、高速公路等众多古今蜀道。

3. **昭化古城**，位于四川省广元市昭化区。

推荐指数：♥♥♥♥

金牛道穿城而过，古蜀国和三国时期重要历史故事发生地，最完整、最古朴的三国古城。

4. **剑门关**，位于四川省广元市剑阁县。

推荐指数：♥♥♥♥

金牛道必经之地，古战场汇聚之地，"剑门天下险"。

5. **翠云廊**，位于四川省广元市剑阁县。

推荐指数：♥♥♥♥

金牛道遗迹保存最完整之处，举世无双的古柏群。

6. **金牛道剑门关到昭化段**、**汉阳镇到抄手铺段**、**凉山乡拦马墙段**，位于四川省广元市剑阁县。

推荐指数：♥♥♥♥

不收门票的原生态金牛道遗址，有绵延几十公里的古柏群、石板路。

7. **七曲山大庙**，位于四川省绵阳市梓潼县。

推荐指数：♥♥♥♥

金牛道经过之地，五丁开山传说之地，文昌帝君祖庭，古柏森森。

8. **白马关**，位于四川省德阳市罗江区。

推荐指数：♥♥♥♥

金牛道车辙遗迹保存较好，三国时期大战之地，庞统祠墓。

9. **石门栈道**，位于陕西省汉中市勉县。

推荐指数：♥♥♥

褒斜道经过之地，褒姒故乡，栈道、公路等古今蜀道汇聚地。

10. **大散关遗址**、**观音山火车站**，位于陕西省宝鸡市渭滨区。

推荐指数：♥♥

陈仓道经过的"铁马秋风大散关"，观宝成铁路著名的观音山展线。

11. **宝成铁路文化体验馆**，位于陕西省宝鸡市凤县灵官峡。

推荐指数：♥♥♥♥

陈仓道经过之地，回顾宝成铁路建设的历史，观嘉陵江源头的大峡谷。

12. **宝成精神陈列馆、宝成铁路文学馆**，位于陕西省宝鸡市凤县秦岭火车站。

推荐指数：💙💙

了解宝成铁路的历史，学习宝成精神的内涵，观摩秦岭之巅的火车站。

13. **宝鸡机车检修厂厂史馆**，位于陕西省宝鸡市金台区。

推荐指数：💙💙

工厂是原宝鸡电力机务段，中国电气化铁路从这里走向全国。厂史馆完整展示了宝成铁路电气化的发展历程。

南下

14. **南丝绸之路起点广场**，位于四川省成都市新都区三河街道。

推荐指数：💙💙💙

南方丝绸之路起点之一，还有四川丝绸博物馆、民国风情街。

15. **伏龙口**，位于四川省宜宾市叙州区。

推荐指数：💙

南方丝绸之路、水路、公路、铁路等古今蜀道汇聚地。

16. **盐津老县城**，位于云南省昭通市盐津县。

推荐指数：💙💙

"世界最窄城市"，铁路、公路穿行关河峡谷，高架桥上的火车站。

17. **豆沙古镇**，位于云南省昭通市盐津县。

推荐指数：💙💙💙

保存最完好的秦五尺道遗址，水路、铁路、公路、高速公路、南方丝绸之路在此汇聚并行，古镇宁静安详。

18. **土城古镇**，位于贵州省遵义市习水县。

推荐指数：💙💙💙

川江支流航运的重要码头，建有赤水河航运历史展览馆、赤水河盐运文化陈列馆、红军四渡赤水博物馆。

19. **铁道兵博物馆**，位于四川省乐山市金口河区关村坝火车站旁。

推荐指数：💙💙💙

纪念英雄部队，回顾成昆铁路建设史，观金口河大峡谷。

20. **成昆精神教育基地**，位于四川省凉山州西昌市马道镇西昌铁路文化宫。

推荐指数：💙💙

回顾成昆铁路的建设和运营所创造的奇迹，学习成昆精神。

21. **中国三线建设博物馆**，位于四川省攀枝花市。

推荐指数：💙💙

回顾成昆铁路等"三线建设"工程的历史。

22. **白沙沱长江铁路大桥**，位于重庆市大渡口区、江津区。

推荐指数：💙

原川黔铁路长江大桥、新建的川黔铁路与渝贵铁路共用长江大桥并列，最佳观景点在金剑山观景台。

23. **雅西高速公路双螺旋特大桥**，位于四川省雅安市石棉县。

推荐指数：♥

体验云中高速。

东出

24. **中国三峡博物馆**，位于重庆市渝中区人民广场。

推荐指数：♥♥♥

系统了解巴人的历史、重庆的历史、川江水道的变迁。

25. **湖广填四川移民博物馆**，位于重庆市渝中区湖广会馆。

推荐指数：♥♥♥

回顾那场移民潮的历史，看古建筑，观重庆"桥都"特色。

26. **朝天门码头**，位于重庆市渝中区。

推荐指数：♥♥♥♥♥

体验川江水道的航运，观赏重庆夜景。

27. **西沱古镇**，位于重庆市石柱县。

推荐指数：♥♥

中国历史文化名镇，古代川盐外运的重要口岸，吊脚楼"天街"景观。

28. **长江三峡**，位于重庆市奉节县、巫山县和湖北省巴东县、秭归县。

推荐指数：♥♥♥♥♥

体验川江水道航运，观赏三峡壮丽风光，体会三峡工程巨大作用。

29. **四川保路运动史事陈列馆**、纪念碑，位于四川省成都市人民公园。

推荐指数：♥♥

展示四川保路运动的历史，体会川人打通蜀道的渴望和斗争精神。

30. **成渝铁路筑路民工纪念堂**、纪念碑，位于四川省内江市梅山公园。

推荐指数：♥♥

回顾成渝铁路建设史，体会共产党的为民宗旨。

31. **罗泉古镇**，位于四川省内江市资中县。

推荐指数：♥♥♥

四川保路运动罗泉会议旧址，千年产盐重镇。

32. **沱江铁路大桥**，位于四川省内江市市中区。

推荐指数：♥

成渝铁路的控制性工程，钢梁桥古朴而雄伟。

33. **王二溪铁路大桥**，位于四川省资阳市雁江区忠义镇。

推荐指数：♥

全国最长的铁路石拱桥，正常运行至今。

34. **安康博物馆**，位于陕西省安康市。

推荐指数：♥

回顾襄渝铁路建设的历史，感悟铁道兵精神。

西进

35. **雅安博物馆**，位于四川省雅安市雨城区。

推荐指数：♥♥

茶马古道专题展，南方丝绸之路专题展。

36. **茶马古道雕塑群**，位于四川省雅安市茶马大道。

推荐指数：♥

较为生动全面的茶马古道雕塑群。

37. **都江堰西街**、**松茂古道**，位于四川省成都市都江堰市。

推荐指数：♥♥

通往阿坝藏族羌族自治州的茶马古道，已改造为商业区和景区。

38. **大渡河铁索桥**、**红军飞夺泸定桥纪念馆**，位于四川省甘孜州泸定县。

推荐指数：♥♥♥

茶马古道咽喉处，红军创造奇迹的地方。

39. **川藏公路纪念馆**，位于雅康高速公路天全服务区。

推荐指数：♥♥

介绍川藏公路的建设和改造，318国道自驾游爱好者聚集地。

40. **川藏公路博物馆**，位于四川省成都市温江区四川交通职业技术学院。

推荐指数：♥♥

介绍川藏公路修建和养护的历史，学习"两路"精神。

41. **雅康高速公路泸定河大桥**，位于四川省甘孜州泸定县。

推荐指数：♥

宏伟的高速公路特大桥，"川藏第一桥"。

走四方

42. **渝新欧零地标广场**，位于重庆市沙坪坝区团结村。

推荐指数：♥

纪念中欧班列的开创，观重庆货运班列通达天下。

43. **成都铁路港展示中心**、**亚蓉欧国际馆**，位于四川省成都市青白江区城厢镇。

推荐指数：♥♥

展望成都货运班列通达天下，采购欧亚进口商品。

44. **空港运动公园**、**空港花田**，位于四川省成都市双流区。

推荐指数：♥

近距离观看飞机起降。

45. **高铁城市公园**，位于四川省成都市成华区。
推荐指数：💙
近距离观看火车进出站。

46. **各高铁站**。
推荐指数：💙
体验世界上最先进的高铁设施、最快的火车速度。

参考文献

[1] 徐中舒. 论巴蜀文化[M]. 成都：四川人民出版社，2019.

[2] 李楠. 中国古代交通[M] .北京：中国商业出版社，2015.

[3] 白寿彝. 中国交通史[M] .北京：团结出版社，2011.

[4] 龙腾，屈嫚莉. 蜀道的前世今生[M].北京：北京大学出版社，2013.

[5] 顾颉刚. 论巴蜀与中原的关系[M] .成都：四川人民出版社，2019.

[6] 李世化. 四川人性格地图[M] .北京：企业管理出版社，2015.

[7] 陈世松. 天下四川人[M] .成都：四川人民出版社，1999.

[8] 马恒健. 你不知道的四川[M] .成都：成都地图出版社，2018.

[9] 周勇. 重庆通史[M] .重庆：重庆出版社，2014.

[10] 段渝. 四川简史[M] .成都：四川人民出版社，2019.

[11] 张雪永，田永秀，胡子祥，等. 百年铁路与中国道路[M] .成都：西南交通大学出版社，2021.

[12] 于天宇. 秦蜀文化的融合与秦文化的强盛[J]. 西南民族大学学报（人文社科版），2020，41（6）：203-210.

[13] 商震. 蜀道或茶马古道[J]. 延河，2020（5）：159-168.

[14] 刘艳伟. 三十年来蜀道研究综述[J]. 重庆交通大学学报（社会科学版），2012，12（6）：80-83.

[15] 尉艳芝. 略论古蜀的行旅交通[J]. 文化产业，2019（22）：14-16.

[16] 樊莉娜. 传统蜀道的衰落与新生[J]. 三门峡职业技术学院学报，2016，15（4）：89-94.

[17] 李育平，周凝豹，等. 天险川江今何在——川江航行考[M] .北京：人民交通出版社股份有限公司，2017.

[18] 成都铁路局志编纂委员会. 成都铁路局志[M] .北京：中国铁道出版社，1997.

[19] 中国铁路史编辑研究中心. 中国铁路大事记[M] .北京：中国铁道出版社，1996.

[20] 冯金声. 中国西南铁路纪事[M] .成都：西南交通大学出版社，2017.

[21] 马述林，孙力达，张海荣. 重庆铁路发展：历史与愿景[M] .重庆：重庆大学出版社，2020.

[22] 单孝虹. 论老成昆铁路的中国精神意蕴及时代价值[J].中国西部，2020（3）：37-47.

[23] 邱潇. 新中国成立后的第一条铁路——成渝铁路[J]. 先锋，2021（1）：44-47.

[24] 冯小露，梁秀瑛. 辛亥四川保路运动始末[J]. 文史精华，2010（10）：8-16.

[25] 高铁见闻.大国速度：中国高铁崛起之路[M]. 长沙：湖南科学技术出版社，2017.

[26] 钱桂枫，等. 走近中国高铁[M]. 上海：上海科学技术文献出版社，2019.

[27] 冯芬玲. "一带一路"与中欧班列[M].北京：中国铁道出版社有限公司，2019.

[28] 王雄. 丝路大通道——中欧班列纪行[M]. 北京：外文出版社有限责任公司，2018.

[29] 陈辉. 川藏公路：用生命筑就的"金桥"[J]. 炎黄春秋，2020（1）：48-53.

[30] 蒋蓝. 天路叙事——川藏公路、成阿公路筑路史[M]. 成都：四川大学出版社，2021.

[31] 李军，林明华. 中国民用航空史[M]. 北京：中国民航出版社，2019.

[32] 四川省交通运输厅. 四川高速公路建设实录[M]. 北京：人民交通出版社，2018.

后 记

本书是笔者主持的四川省社会科学规划项目（普及项目）"从蜀道难到蜀道畅"（项目编号 SC21KP009）的最终成果。

笔者在研究四川铁道职业学院校园文化的过程中，按学校原党委书记的指点，将学校文化建设主题确立为"川人·蜀道"。朝这个方向研究下去，时常被先辈们打通蜀道的坚韧顽强所感动，为蜀道缺乏完整叙事而遗憾。为了弥补这一缺憾，2021 年 9 月笔者申报获批该科研项目。学校为项目研究提供了很好的工作条件，使项目进展很快，2023 年 6 月结项，随后继续修改完善。本书从宏观视野出发，兼顾微观案例剖析，展现广义蜀道由"难"到"通"再到"畅"的历史进程，既普及知识，又尝试总结。

感谢四川省社科联的资助，感谢四川铁道职业学院的资助和支持。在这两年里，朱俐、王卫国成为笔者的得力助手，西南铁道文化研究中心、图书信息中心都为项目研究提供了帮助。各种机缘汇聚，才使本书得以顺利完成。

蜀道伟大，有学者倡议建立"蜀道学"；笔端渺小，本书只能描摹蜀道概貌。普及读本要求通俗、生动，本书在系统性、学理性上都不足。余生有涯，寄望伟大的蜀道得以继续研究书写。

王小玉

2024 年 1 月 20 日于安德